U0573972

新史学文丛

罗志田 著

昨天的与世界的

从文化到学术

北京师范大学出版集团
BEIJING NORMAL UNIVERSITY PUBLISHING GROUP
北京师范大学出版社

新　序

　　《昨天的与世界的》是我到北大教书后辑成的第一本面向非学院读者的书，这些文字大多不在学术刊物上发表，因写作机缘不同，虽不免时泛迂远之气，毕竟说话相对随意。而原序中所说的一些题外话，如今回看，颇有些感触。

　　我是 2003 年年初"非典"起而不宣的时候到北京的，当时如果公布了，我就会延迟赴京，甚或就不会去了，因为导致我离开川大的"契机"，就在那期间改变了——

　　2002 年我们历史系通过的两位博士生导师被学校否决了，我是分委员会的主席，不能不引咎辞职。学校当然挽留，先是一向很少过问他事的刘应明院士（时任副校长）拨冗给我这个后辈打了两个多小时的电话，说及两位中的一位别处已有大用，可以不必坚持了。随后分管校领导来寒舍晤谈，说得很坦诚，曰学校也不能没有面子，可否各退一步，两中上一？于是我们达成妥协。但这建议"上会"后却未能形成决议，无疾而终，于是我也就践诺北上了。

　　稍后川大更换了校领导，新校长是外来的院士，在"非典"警报解除后，带了八位部处院系领导专程到京请我吃饭，命回校服务。这样的阵仗，至少我是头一回遇到。对于校长的礼贤下士，不能说不感动！但我也只能诚实告诉校长，我已不是小青年，不能言而无信，既已正式入职北大，恐怕一时很难离开，唯有期以后来。事后想想，若"非典"提前公布，我的北上时间就要延迟数月。在此期间，很可能就被新校长挽留，便又是一段不同的人生了。

因感恩北大对我的收留，并予以超高的待遇，所以到京就给自己定了一个规矩——闭门读书教书写作，不在北京演讲（北大校内除外）。这个规矩基本遵循，在京十多年，只有极个别的时候以不公开发布的方式在校外有过几场演讲。这样的心态在初版序言中隐约可见，其中引了两段话，一是张彭春说"在他地教授者，多喜来京"，而"至京则懒惰优游，毫无出息，不如前之勤奋"。一是傅斯年说陈寅恪在清华能"关门闭户，拒人于千里之外"，于是"文章源源而至（其文章数目在所中一切同人之上）"。我是心里带着这两段话进京的，常以自勉。学问做不到前辈那样高的境界，至少在勤奋上可以跟进。

由于重看书中关于"非典"的命题作文，回忆起昔年的情状，不免心动，乃说些题外话。言归正传，本书的新版在两年前已经与三联书店签约，同时签约的还有最近刚出的《风雨鸡鸣》。因为两书同时编，所以内容有调整。其中本书"影响历史的人物"一编悉数移出，放到《风雨鸡鸣》中了。而新增的文字也不少，整体从原来的六编改为现在的七编，各编的具体内容也有不小的调节。因为人物的移出，书名的副标题也改为"从文化到学术"。

　　虽然签约已较长时间了，因我长期未交出新版序言，书的编辑也一再推迟。适北京师范大学出版社想要出此书，承三联书店高谊，同意转让。出版社惦记的背后，大约是读者的不弃，对此个人铭记在心，既非常感动，也非常感谢！既又签新约，新序的撰写也不能不加快了。

　　看稿时对比新增的文字和昔年的文字，颇觉那些年的心态比现在更积极，参与意识也更强，对学界的一些自以为不顺眼的现象，颇欲贡献意见。其实平心而论，我们的学术社会，包括常被诟病的大学管理层，虽总有让人不满的一面，却也有着不少温馨的人和事。这样的两面性，从上述我辞职的经历就可看出。然而当年的建言，还是偏于批评的多，而赞扬的少。后来新增的篇目，就要恬淡平静许多。可能是因为马齿渐增，锐气日减。不过最后一文里无意中提到了将无同和苍茫等人眼中闪烁的火花，或许那时的人就是比现在更理想化，亦未可知。

　　那是一篇为徐芳的《中国新诗史》所写的书评，尽管出以非学术的形式，探讨的却是一个大问题——诗歌何以离我们而远去。中国本是一个诗的国度，读诗写诗曾经相当普及。这个数千年持续的传统，一直延展到 20 世纪，却在世纪之交寂然淡出。究竟是什么力量，能不声不响地消解一个长期延续的传统，窃以为是一个亟须探讨的重大题目。

　　再插一段题外话，我自己少年时曾在前辈指点下学过旧诗，不过尚未入门（连韵都没来得及认真背就忽然可以考大学了），仅略知好坏，属于眼高手低的一类。大学虽然读的历史系，仍带点文学青年的遗风。进大学的第二年，上海古籍出版社印出了陈寅恪的文集，七册中我仅买了三册，就是《柳如是别传》。在陈先生的著作中，这是一般史学中人最不看重的一种。而且我们那时真没什么钱，买这三册书是要少吃很多份肉菜的。就因以前读过柳如是的诗，那句"珍重君家兰桂室，东风取次一凭阑"给我留下很深的印象。感觉能以如此疏淡的文字抒写深情，必是高手。惭愧的是，或因随后心思逐渐转入史学，那书买来也没认真看，然而对诗的感情是持续的。

要知道"诗可以兴，可以观，可以群，可以怨"。一个没有诗的文化，一群没有诗意的人，是不是缺了点什么？那篇书评的题目是"历史的不完全"，所本的是徐志摩的看法——历史如果"没有一部分想像的诗式的表现，是不完全的"。而本书的题目出自闻一多那句"除了我们的今天外，还有那二三千年的昨天；除了我们这角落外，还有整个世界"。当我们心怀如此理念时，却要面对一个逐渐无诗的中国，能不有深深的"不完全"感？

今天是冬至，昔以为阴极阳起之日。记得某位外国诗人说过，冬天来了，春天也就不远了。是为盼。

2019 年 12 月 22 日

于青城山鹤鸣山庄

原　序

> 我始终没有忘记，除了我们的今天外，还有那二三
> 千年的昨天；除了我们这角落外，还有整个世界。
> ——闻一多，1943 年 11 月 25 日

胡愈之 1948 年在其小说《少年航空兵——祖国梦游记》中说："永远向着未来，不要怀念过去；一切为了明日，不要迷恋昨日。"[①]这恐怕是那一时代以及其前后许多中国读书人的共同心态。与其心态相类但表述几乎相反的是闻一多在 1943年所说的："我始终没有忘记，除了我们的今天外，还有那二三千年的昨天；除了我们这角落外，还有整个世界。"[②]

这是闻先生不再以"代表某一派的诗人"为认同，而"以文学史家自居"之后的认真自白。他那时心中的"昨天"主要是负

---

① 参见胡愈之：《南洋杂忆》，见《胡愈之文集》(6)，289 页，北京，生活·读书·新知三联书店，1996。
② 本段与下段，闻一多：《致臧克家》(1943 年 11 月 25 日)，见《闻一多全集》(12)，380~381 页，武汉，湖北人民出版社，1993。

面的："经过十余年故纸堆中的生活，我有了把握，看清了我们这民族、这文化的病症，我敢于开方了。"他自谦说对这方单的形式还没有把握，但其基本精神实已确定，即虽然身在故纸堆中，却并非一个蠹鱼，而是"杀蠹的芸香"。

　　闻先生同年所写的另一文说，中国、印度、以色列和希腊这四个"对近世文明影响最大最深"的古老民族，都在纪元前一千年左右"差不多同时猛抬头，迈开了大步"。人们"都歌唱起来，并将他们的歌记录在文字里，给流传到后代"。四个文化"起先是沿着各自的路线，分途发展，不相闻问"；后则随着文化势力的扩张，慢慢开始接触，"于是吃惊，点头，招手，交谈，日子久了，也就交换了观念思想与习惯"；再以后，渐渐"都起着变化，互相吸收，融合，以至总有那么一天，四个的个别性渐渐消失，于是文化只有一个世界的文化"。[①] 据其生命后期的契友朱自清的看法，"这就是'这角落外还有整个世界'一句话的注脚"。[②]

　　这些见解洋溢着新文化运动时期那种反传统的世界主义精神，反映出抗战后期在昆明的西南联大那特殊环境里五四精神的复苏(在重庆的中央大学、重庆大学等便有着很不同的气象)。其实闻先生自己此前的主张相当不同，颇类陈寅恪所说的"议论近乎湘乡南皮之间"，至少也接近清季主张中西文明结婚的梁启超。他曾界定其所向往的"新的、理想的艺术"

---

①　闻一多：《文学的历史动向》(1943年)，见《闻一多全集》(10)，16页。

②　朱自清：《开明版〈闻一多全集〉序》(1947年)，见《闻一多全集》(12)，444页。

说：“这个艺术不是西方现有的艺术，更不是中国的偏枯腐朽的艺术底僵尸，乃是熔合两派底精华底结晶体。”①

同理也见于他所希望的“新诗”，即“不但新于中国固有的诗，而且新于西方固有的诗”。换言之，“他不要做纯粹的本地诗，但还要保存本地的色彩；他不要做纯粹的外洋诗，但又要尽量地吸收外洋诗底长处；他要做中西艺术结婚后产生的宁馨儿”。闻氏以为，“诗同一切的艺术应是时代底经线同地方底纬线所编织成的一匹锦”，应同时体现“时代精神”和“地方色彩”两要素。只有“时时不忘我们的‘今时’同我们的‘此地’”，才能创造出“既不同于今日以前的旧艺术，又不同于中国以外的洋艺术”那样一种“我们翘望默祷的新艺术”。②

因此，提倡世界文学不能作为不顾地方色彩的“托辞”。如果“将世界各民族底文学都归成一样的，恐怕文学要失去好多的美。一样颜色画不成一幅完全的画，因为色彩是绘画底一样要素。将各种文学并成一种，便等于将各种颜色合成一种黑色，画出一张 sketch[素描]来。我不知道一幅彩画同一幅单色的 sketch 比，那样美观些”。所以，“真要建设一个好的世界文学，只有各国文学充分发展其地方色彩，同时又贯以一种共同的时代精神，然后并而观之，各种色料虽互相差异，却又互相调和”。③

---

① 闻一多：《征求艺术专门的同业者底呼声》（1920 年），见《闻一多全集》(2)，15 页。

② 闻一多：《〈女神〉之地方色彩》（1923 年），见《闻一多全集》(2)，118～120 页。

③ 闻一多：《〈女神〉之地方色彩》（1923 年），见《闻一多全集》(2)，123 页。

可以看出，这样一种保持和发展多元"地方色彩"以成"世界"的文学，与闻先生后来所希冀的那种"个别性渐渐消失"的"一个世界的文化"，是非常不同甚至对立的，后者实不啻将各种颜色合成一种单色也。与此相类，闻先生心目中的"中国文化"，其前后认知也迥异，仿佛出自两人。

在 1944 年五四运动 25 周年时，闻一多对学生说：五四运动"当时要打倒孔家店，现在更要打倒。不过当时大家讲不出理由来，今天你们可以来请教我。我念过了几十年的经书，愈念愈知道孔子的要不得"。[①] 二十多年的读书，方认识到孔家店"现在更要打倒"，且悟出打倒的理由，这是个人的进步，还是时代的退步？其间或多或少流露出新文化运动时流行的那种为爱国而反传统的"故意说"，仿佛有一只无形的手，推促这些了解和挚爱本土"文化"的士人说那些他们认为应该说且不得不说的话。

其实闻先生自己曾明确表态："我爱中国固因他是我的祖国，而尤因他是有他那种可敬爱的文化的国家。"他以此区别于《女神》的作者郭沫若，后者"对于中国，只看见他的坏处，看不见他的好处。他并不是不爱中国，而他确是不爱中国底文化"。他"爱中国，只因他是他的祖国，因为是他的祖国，便有那种不能引他的敬爱的文化，他还是爱他"。[②]

当然，"爱祖国是情绪底事，爱文化是理智底事。一般所

---

① 闻一多：《五四历史座谈》(1944 年 5 月 3 日)，见《闻一多全集》(2)，367 页。
② 本段与下段，参见闻一多：《〈女神〉之地方色彩》(1923 年)、《〈女神〉之时代精神》(1923 年)，见《闻一多全集》(2)，120～123、110～115 页。

提倡的爱国，专有情绪的爱就够了；所以没有理智的爱并不足以诟病一个爱国之士"。而从理智上爱一国之文化，要体现在"鉴赏"之上。在《女神》中，作者"鉴赏中国文化底地方少极了，而且不彻底"；该诗处处显示出"作者对于中国文化之隔膜"，他"定不是对于我国文化真能了解、深表同情者"。根据前引"新诗"的标准，闻一多认为，《女神》一诗充分体现了20世纪的"时代精神"，但其"地方色彩"却更多是西方的。

可知闻先生确认自己曾经因为从理智上爱祖国文化而更爱中国。一般人随着年岁的增加，通常是理智越来越胜过情绪。而闻一多在读经书二十多年后，反因爱国而否定祖国的文化，岂不是弃理智而就情绪，越活越年少？二十余年间，同一个人对祖国文化的态度出现这样判若两人的反差，在其与往日之我战时，是怎样一种矛盾心境？他的心灵深处，埋藏着多少层次的紧张？

最值得玩味的是，这样一种近乎脱胎换骨的自我思想改造，虽然受到各种各样外在因素的影响，却不存在什么行政机构的压力，基本是自觉自愿的。如此心态，恐非常理所能解喻，却提示出某种时代的共性。就像闻先生自己说的："二十世纪是个悲哀与奋兴底世纪。二十世纪是黑暗的世界，但这黑暗是先导黎明的黑暗。二十世纪是死的世界，但这死是预言更生的死。这样便是二十世纪，尤其是二十世纪底中国。"[①]这段很像狄更斯《双城记》中的话，很能表现20世纪中

---

① 闻一多：《〈女神〉之时代精神》(1923年)，见《闻一多全集》(2)，114～115页。

国那充满矛盾和紧张的特色。

闻一多的同时代人胡适提出："在这个时代，新旧势力、中西思潮，四方八面的交攻，都自然会影响到我们这一辈人的行为习惯，所以我们很难指出某种人格是某一种势力单独造成的。"①有时候，新旧中西就集中在一人身上。胡适就曾说他自己身上同时有着"中国的我"和"西洋廿世纪的我"两个立身处世非常不同而对立的"我"在，他认为这是一种"过渡时代的现象"，可借此而"观世变"。②

吴宓稍早与陈寅恪等谈话时更曾提出非常形象的"二马之喻"，说他自己"心爱中国旧日礼教道德之理想，而又思以西方积极活动之新方法，维持并发展此理想"。然"此二者常互背驰而相冲突，强欲以己之力量兼顾之，则譬如二马并驰，宓必以左右二足分踏马背而絷之，又以二手紧握二马之缰于一处，强二马比肩同进。然使吾力不继，握缰不紧，二马分道而奔，则宓将受车裂之刑矣"！关键是其个人性情和时代境遇使他"欲不并踏此二马之背而不能"！③

吴宓自己是既看重中国传统又想要"间接承继西洋之道

---

① 胡适：《写在孔子诞辰纪念之后》，载《独立评论》第 117 号（1934 年 9 月 9 日），5 页，长沙，岳麓书社，1999 年影印版。
② 胡适致陶孟和，1918 年 5 月 8 日，见耿云志主编：《胡适遗稿及秘藏书信》（20），103 页，合肥，黄山书社，1994。
③ 本段与下段，参见《吴宓日记》（3），1927 年 6 月 14 日，355 页，北京，生活·读书·新知三联书店，1998。

统"的①，有时或反因此而误解了"过渡时代的现象"。他以为重效率而谋事功的入世积极态度是西方的，而认为退隐自顾，寄情于文章艺术，产出专门学术成就的态度是中国的，几乎可以说刚好弄反。其实中国传统从来把"立功"置于"立言"之前，而"澄清天下"更是士人的基本责任；历代确有部分读书人退隐自顾，寄情于山水之间，但为产生专门学术成就而避世，则除有清之乾嘉时代稍得提倡外，并不多见。

但吴宓所提出的一身而兼中西冲突的现象却是有代表性的(尽管他多数时候向往的西方更偏重古典时代，不像胡适那样看重现代西方)，尤其前引最后一语特别凸显出他所说的"悲剧"色彩，即过渡时代的社会仍不容士人遗世独立，却又要求他们有学术成就。治学首要心静，正如章太炎所说："为深求学术，必避嚣尘而就闲旷，然后用意精专；所学既就，出则膏沐万方。"②后一句还能体现士人"澄清天下"的传统抱负，然须在"所学既就"之后，已有些向"现代"过渡的意味了。问题是，到什么程度可谓"所学既就"，何时可以"出而膏沐万方"，其实也很难说。

当年学校体制内读书人的主要困窘之一，就是以什么证明自己，以什么回报社会。与"古之学者为己"不同，新学术体制充分体现了"今之学者为人"的特点，要求学者以本人的

---

① 吕效祖主编：《吴宓诗及其诗话·空轩诗话·二十一》，250～251 页，西安，陕西人民出版社，1992。

② 章太炎：《四惑论》(1908 年)，见《章太炎全集》(4)，446～447 页，上海，上海人民出版社，1985。

学术著述向机构和同僚证明自己。吴宓在清华教书时，曾与张彭春长谈，"张君谈次，谓在他地教授者，多喜来京，不知何故？乃至京，则懒惰优游，毫无出息，不如前之勤奋，是诚可惜"。吴宓认为是在讥讽他，私下以"《学衡》续办不衰"为自己也"发奋用功"的证据。[①] 其实也只有像吴宓这样的人才可以拿办刊物这类"为他人做嫁"的事来自表勤奋，从新的"学院"眼光看，尽管办文化刊物比议政更近于学术，但仍只是回报社会的"业余"事业——它并不能在学术上说服他人，证明自己。

吴宓虽向往著书立说，但竟然把"寄情于文章艺术"和"有专门之成就，或佳妙之著作"等同看待，于新于旧，都有些隔膜。比较能与新观念衔接的是傅斯年稍早的一句话："国故的研究是学术上的事，不是文学上的事。"[②]傅先生一直关心文学，治学则基本在往昔的"儒林"范围之内。他的话大致代表了"儒林"一方轻视"文苑"的传统看法，而以"学术"和"文学"一对新概念表出，又提示着传统的现代化，至少是传统观念的现代表述。

闻一多就曾体会到这其间的差别和"大学"体制的压力，他以前多从事文学创作和评论，兼及艺术，几乎还曾投身国家主义派的政治活动，1928年到武汉大学担任文学院教授兼院长，为适应新的学术体制，乃转入考据式的文学史研究。

---

① 《吴宓日记》(3)，1925年7月3日，40页。
② 傅斯年：《毛子水〈国故和科学的精神〉附识》，载《新潮》，1卷5号(1919年5月)，744页，上海，上海书店，1986年影印本。

梁实秋注意到这段经历对闻氏治学取向的影响，他说，"一多到了武汉，开始专攻中国文学，这是他一生中的一大转变"。他继续研究杜甫，但已改变计划，"不再续写泛论杜甫的文章，而作起考证杜甫年谱的工作。这一改变，关系颇大。一多是在开始甩去文学家的那种自由欣赏自由创作的态度，而改取从事考证校订的那种谨严深入的学究精神。作为一个大学的中文教授，也是非如此转变不可的"。① 大学中文系连文学的欣赏和创作都不接受，最能体现傅斯年所说的"学术"和"文学"的区别。②

就在吴宓对陈寅恪提及"二马之喻"后不久，二人又谈及北伐结束后若国民党要实行党化教育，为保全个人思想精神之自由，只有舍弃学校，另谋生活。按陈先生理想中的现代学者，"虽事学问，而决不可倚学问以谋生"，最好"于学问道德以外，另求谋生之地"。如果做了大学教员，则不仅"决不能用我所学"，且"只能随人敷衍，自侪于高等流氓"。实在"误己误人，问心不安"。③ 故这次的未雨绸缪，部分也是其向来主张的延伸。

或也因此，陈寅恪力劝吴宓"勿任学校教员，隐居读书，以作文售稿自活。肆力于学，谢绝人事，专心致志若干年。

---

① 梁实秋：《谈闻一多》，79 页，台北，传记文学出版社，1967。
② 参见罗志田：《文学的失语：整理国故与文学研究的考据化》，见《裂变中的传承：20 世纪前期的中国文化与学术》，255～321 页，北京，中华书局，2003。
③ 《吴宓日记》(2)，1919 年 9 月 8 日，67 页。

不以应酬及杂务扰其心，乱其思，费其时，则进益必多而功效殊大"。① 这些建议当然是在因应可能出现的"党化教育"局面，但也有与时局无关的常规意思在。陈先生虽同意吴宓作文售稿自活，却要其肆力于学，谢绝应酬及杂务等人事，遑论办刊物。

　　且陈先生所谓不扰其心、乱其思、费其时的"杂务"，实包括现代大学里的基本"常务"。他学术自期甚高，最能体会章太炎所说的"用意精专"，其刻意"避嚣尘而就闲旷"的程度，非常人所能及，也非常人所能理解。傅斯年却是知音，他在抗战爆发前夕比较陈寅恪和罗常培的治学说："寅恪能在清华闭门，故文章源源而至（其文章数目在所中一切同人之上）。莘田较'近人情'，寅恪之生活非其所能。故在寅恪可用之办法，在莘田本不适用。"傅先生特别强调，这是因为"寅恪能'关门闭户，拒人于千里之外'；莘田不能也"。②

　　然而在陈寅恪自己看来，那种"关门闭户"的方式已经非常不理想了。他在北伐后曾说，以其"居清华两年之经验，则教书与著书，两者殊难并行。此间功课钟点虽少，然须与学生谈话及阅改文卷等，仍无十分余暇及精神看书及作文"。且授课内容不论有无把握，总"须片段预备功夫，无专治一事、一气呵成之乐。况近日之为教授者，复多会议等杂务，尤为

① 《吴宓日记》(3)，1927年6月29日，363页。
② 傅斯年致胡适，约1937年5月27日，见《胡适遗稿及秘藏书信》(37)，426页。

费时耗力。此种苦处，想公等必知之甚明，不待详陈也"。[1]这应该就是陈先生所说"应酬及杂务扰其心、乱其思、费其时"一语最直接的注脚，然而身处新时代，他也只能"随顺世缘"，终其身在现代学术体制里讨生活。

可知陈寅恪治学所追求的安宁和专一，程度极高。盖史学面对的是已逝的往昔，心绪的宁静是获得"了解之同情"的先决条件，尤其不能"心里闹"。生活在北京这样熙熙攘攘之地，诱惑甚多，若稍"近人情"，便难有清静可言；心绪不宁，自谈不上"神游冥想，与立说之古人，处于同一境界"了。[2]张彭春所见外地教授来京则"懒惰优游，不如前之勤奋"，其实未必真懒惰，很大程度上还是不能"拒人于千里之外"（这方面今日学人的"境遇"亦类似，甚且过之——校内"杂务"已成责任，校外的采访、开会、讲学等邀约也络绎不绝，若稍"近人情"，就不能不日日"优游"于外了）。

然而学人似也不能轻卸其社会责任，胡适晚年自述道："我对政治始终采取了我自己所说的不感兴趣的兴趣。我认为这种兴趣是一个知识分子对社会应有的责任。"[3]鲁迅论"真的知识阶级"说："他们对于社会永不会满意的，所感受的永远是痛苦，所看到的永远是缺点；他们预备着将来的牺牲，社

① 陈寅恪致傅斯年、罗家伦函，1929 年 6 月 21 日，见《罗家伦先生文存（附编——师友函札）》，272 页，台北，国民党党史会，1996。
② 陈寅恪：《冯友兰〈中国哲学史〉上册审查报告》，见《金明馆丛稿二编》，279页，北京，生活·读书·新知三联书店，2001。
③ 唐德刚译注：《胡适口述自传》，36 页，上海，华东师范大学出版社，1993。

会也因为有了他们而热闹，不过他的本身——心身方面总是苦痛的；因为这也是旧式社会传下来的遗物。"①这多半是夫子自道，而最后一句恰点出了民国知识阶级身上那传统士大夫的遗存。

陈寅恪、吴宓等大体亦如此，不过各自定位不同，陈先生以"专业"学人自居，故虽时时关注着时代的走向，于当下之社会、政治，则大致取其对经学的态度，"间亦披览而不敢治"之；然其心中的痛苦，或未必少于他人。而吴宓虽少直接议政，却有着更为广阔的文化承担，自承其对社会责任和著书立说"欲二者兼之"；然其学力思力是否足以并踏二马之背而不使其分道而奔，尤其他所处时代社会和新学术体制的各种要求是否能让他两相兼顾，都是"车裂之刑"的悲剧会否出现的重要因素。

何况"二马"还包括中国旧礼教道德与西洋新方法之间的紧张，这更是绝大多数近代中国读书人心中永远挥之不去的块垒。钱穆晚年回忆，他十岁上小学时，体操先生钱伯圭告诉他，"中国历史走上了错路"，故治乱分合往复循环，应该学西方"合了便不再分，治了便不再乱"。此语"如巨雷轰顶"，使他"全心震撼。从此七十四年来，脑中所疑，心中所计，全属此一问题"。而"东西文化孰得孰失，孰优孰劣"的问题，也

---

① 鲁迅：《关于知识阶级》(1927 年)，见《鲁迅全集》(8)，190 页，北京，人民文学出版社，1981。

"围困住近一百年来之全中国人"。①

　　钱先生自认其"毕生从事学问"，皆受此一番话启发。恐怕他的许多著述，都是想要说明中国历史未必走上了错路。但更多的中国读书人，大概是偏向于钱伯圭一边的。胡愈之所说的"永远向着未来，不要怀念过去；一切为了明日，不要迷恋昨日"代表了很多人的想法，生命晚期的闻一多想必非常赞成，以至于他可能忘了自己早年所说的"时时不忘我们的'今时'同我们的'此地'"。他们和钱穆一样，其实都还被东西文化孰优孰劣的问题围困着。

　　物换星移，又几十年已经过去，今天也许已到可以跳出这一心理屏藩的时候了。东西文化，其实完全可以各有其优劣得失；而世界文化，也确实应该是保持多种"地方色彩"之"个别性"的一幅斑斓彩画。

　　鲁迅曾说，"我们常将眼光收得极近，只在自身，或者放得极远，到北极，或到天外，而这两者之间的一圈可是绝不注意的"。②他希望大家"不要只注意在近身的问题，或地球以外的问题，社会上实际问题是也要注意些才好"。的确，新文化运动时就最注意"个人"和"世界"，而明确轻视甚至排斥"两者之间的一圈"。另一方面，任何个人和群体的"今时"和"此地"，也都在更宽阔的时空脉络之中。故就其字面意而言，今人确实不应忘记"除了我们的今天外，还有那二三千年的昨

①　钱穆：《八十忆双亲·师友杂忆》，45～46页，北京，生活·读书·新知三联书店，1998。
②　鲁迅：《今春的两种感想》(1932年)，见《鲁迅全集》(7)，386～387页。

天；除了我们这角落外，还有整个世界"。

本书的许多内容，或多或少涉及一些昨天的和世界的文化与人物。基本上，前两编稍多带有知识人的社会关怀，但所关怀的"社会"基本不出学界，仍与学术和教育相关；中间两编则多涉学术的履迹，尤其是我相对熟悉可以说话的史学；后两编更多是想把一些学院的见解"普及"到文化报刊的非学院读者范围，侧重文化的眼光和影响历史的人物。（这一版各编的次序有调整，可参见新序——作者补注）

稍更具体说，20世纪中国文化的某些走向，其实影响着社会对于教育的认知，若从文化视角考察，可能会有更进一步的认识。近年学术与社会的互动似较前密切，除了分工和边界意识的突破使媒体以及"网民"对学界的兴趣增加，某些学术体制和规则实际造成或推动了学术与非学术区分的模糊，后者恐怕是众多与"学术"相关的话题引起广泛社会关注的隐因。

在公众和社会的学术兴趣增强之时，把日新月异的学院研究以"可读"的方式出之，似乎也是学人可为之事。例如，近世不少涉及所谓历史"关键词"或与"宏大叙事"相关的政治内容，或多或少都与西潮冲击有些关联，最适宜从文化角度进行诠释分析。而不少对其所在时代有较大影响的历史人物，在历史叙述中常有被误解或被忽视的面相，若能"复原"其本相，或可使一般读者注意到：许多存留在我们历史记忆中的象征性人物，在历史叙述中所表现的实与原状不甚相合，也许我们的历史真需要"重写"。

这些文字大多不在学术刊物上发表，其中一些虽有注释，也未必就是所谓"学术论文"。通常我在相对大众化的文字中使用注释是为了使正文读起来文气稍顺，而注释内容更多是为了那些对此有进一步探究兴趣的读者所设。因写作机缘不同，说话可以相对随意，少了几分正襟危坐的学究味道；但毕竟习惯了以治学为饭碗，或者仍是放而不开，难免不时泛出迂腐之气，尚祈读者见谅。

由于各文写作因缘不同，常有主题相互关联而引文稍重复者，本次收入时对多数重复之处已删削，少数特别重要而不长的引文，如下面几段即出现的傅斯年关于群众对于学术之爱好与民德相关的一段话，与几篇文章的主题均密切关联，删则只能重写，类此则亦仍其旧，敬乞见谅。

本书有五篇文章是刊发在《开放时代》之上，前些年我与该刊颇有文字缘，不少文字出于原在该刊主持编务的李杨之热心敦促，有时我自己偶有想法试图发布，也总是得到她非常及时的"支持"。《开放时代》曾在读书人中口碑较佳，众人皆知其与李杨的主持极有关联。现在她因一些特别原因离开了这一刊物，谨书此以记这数年的文字缘分。

对今日学院体制内的学者而言，闻一多、吴宓那一代人所经历的中西之间的紧张以及学术压力和社会责任之间的冲突，也都还存在，尽管我这一辈学人中的多数已基本放弃以学术"改革社会"的奢望了。但傅斯年早就说过，"群众对于学术无爱好心，其结果不特学术销沉而已，堕落民德为尤巨"。① 我当然希望学术始终能引起社会的关注，也不反对以学术影响社会。不过，或许"学术"与"社会"还是要先有所区隔，维持一定的距离，有距离感而后能相互影响。

蒋廷黻在1933年说，"现代人的知识或者不比中古的人多，但真正的现代人知道什么是他所知道而可发言的，什么是他所不知道而不应该发言的"。那时的读书人，却离现代化还远：

> 我们还不知道什么是知识，什么不是知识；关于什么问题，我们配发言论；关于什么事体，我们不配发言论。曾未学医的人，忽然大谈起药性来；曾未到过西北去的人，居然拟开发西北的具体计划；平素绝不注意国际关系的，大胆的要求政府宣战；一年级的学生能够告诉校长大学应该怎么办；从未进过工厂的人大谈起劳资问题来；不知一六五〇年是在十七世纪的人硬要说历史是唯物的。②

这类思出其位的"越界"现象，在今日更是有过之而无不及。也许"前现代"和"后现代"在突破"边界"一点上，还真有些异曲同工。按蒋先生的"现代化"观念，"分内的事没有作

---

① 傅斯年：《〈新潮〉发刊旨趣书》，载《新潮》，1卷1号（1919年1月），1页。
② 本段与下段参见蒋廷黻：《知识阶级与政治》，载《独立评论》第51号（1933年5月21日），18～19页。

好，很难干涉分外的事。自身愈健全，然后可以博得他界的信仰"。对今日学界中人而言，这话仍值得三思；至少应明确"分内"和"分外"的互动互补关系：在"学术"方面立足未稳，在"非学术"领域或不必代"学术"立言。否则，虽可博得一时的喝彩，却难有持久的信誉。

一方面，学者要做"社会的良心"正不妨直言，而不必将口吐真言式的"现实"议论泛称为"学术"；另一方面，有心"规范"学术之人，最好的办法是自己做出合乎规范的学术作品，"示来者以轨则"，而不必耗费心力，专与一二肖小为难。若诚心向学之人而偶有小误，更不必大张旗鼓讨伐之。人孰无过？周作人曾说，"我最厌恶那些自以为毫无过失，洁白如鸽子，以攻击别人为天职的人们；我宁可与有过失的人为伍，只要他们能够自知过失，因为我也并不是全无过失的人"。①我想，若学界之人多致力于建设，只要"君子道长"，自能望"小人道消"，所谓不战而屈人，宁非美事？

---

① 陶然（周作人）：《一封反对新文化的信》，载《晨报副刊》，1924 年 5 月 16 日，3 版。

目录

一、从文化看政治

作为文化、政治和学术的"南北"①

谢谢主持人林少阳老师！刚才许纪霖老师说主题报告要展现精彩的思想，我的思想一向不精彩，所以寄希望于思想精彩的科大卫老师（另一位主题报告人）。我要特别感谢瞿骏老师，我提交的提纲原来没有题目，这个题目是他帮我拟的。这么器局宏伟的题目我就拟不出来，希望我讲的不至于太让瞿老师丢脸。

陈寅恪先生曾经提出一个很重要但一般似乎注意得不多的观察取向，他称作"以观空者而观时"。反过来，我们也可以尝试"以观时者而观空"。这取向多少体现出"过去就是外国"的意思，大致也是中国"经学"的常识——"古今异言"是治训诂者不断重复的话，戴震后来说，"时之相去，殆无异地之相远"；千载后士人"求道于典章制度"，不能不依经师讲授以通故训，此"无异译言以为之传导"。可以看到，翻译的"译"

---

① 本文是 2017 年 9 月 16 日在华东师范大学"中国历史中的南北文化"学术研讨会上的发言。

字已经被戴震使用了。后来廖平更明说，经典皆由"翻译而成"。使各地沟通的是"横翻"，通古今语则为"竖翻"。这样，经学就整体成为"译学"了。

所谓"以观空者而观时"，就是用看空间的眼光来看时间，或用看时间的眼光看空间。实际就是把时间空间化，或者把空间放到时间里面来认识。"中国历史中的南北文化"研讨会的设想，我感觉就是一个以"观空者而观时"取向的代表。

这个取向以前也有不少人用，民初从王国维到徐中舒、蒙文通、傅斯年和徐旭生，都用过类似的方法。他们共同的特点，就是从地理区域的视角去看原来认为一脉相传的上古朝代，把它们转换成空间的方位，如先秦的鲁、齐、晋三区域文化或夷夏东西两区域等。这批学者的研究使我们对上古史的认识有了突破性的进展。我想许老师和东京大学共同创办这个会议，通过把空间和时间结合起来思考，把中国的南北文化放到历史中去理解，也会给我们的史学带来很多类似的推动。

梁启超曾经提出，中国从很早开始，"已渐为地方的发展"，故若要"了解整个的中国"，必须"一地一地分开来研究"。上一次许老师和东京大学共同召开的地方史会和这次讨论历史中的南北，体现出一个延续的脉络，因为南北也可以看作具体一些的"地方"。所以这次研讨会的取向，和陈寅恪、梁启超他们的主张都是相通的。

梁启超对"地方"的理解是很有特色的，他说的可以是一个比较小的地方。例如他曾经说春秋的五大战役，规模就和他们家乡的械斗差不多。要知道《春秋》可是我们孔夫子用来说历史和人类社会的一本大书，里面最大的五大战役，居然跟梁启超在广东家乡的械斗差不多，一方面可见广东人有多厉害，同时也告诉我们广东到清末还和先秦的历史那么贴近。

真要像梁启超提倡的那样把整个中国"一地一地分开"来看，我们就会发现很不一样的现象。历史上很多事，尤其到了我们现在称为基层的地方，很多事情的边界不是那么清楚的。要把地方的事都弄得非常清楚，得出一个"定于一"的结果，可能会发现到处都是无比多的例外。萧公权先生有一本讲中国乡村的书（现在有中译本：《中国乡村：论19世纪的帝国控制》），写得非常好。如果你认真读，会发现注释里讲的往往和正文内容不一样。萧先生是一个很讲究分寸的学者，他在正文中提出自己的见解，但在注释中尽量标出历史上不一样的记载。那本书注释的分量很重，如果我们不要正文，而把注释组织成一本书，那就可以看到另一个乡村形象。

刚才说到边界，这很重要。我们中国的传统，边界从来是波动的。南北的边界也一样是波动的。南北从字面上看就是一个空间的区分，我想这是一个大概的说法，更多是以空间为基础的一种非空间区分，也可以说是一种文化的区分。我认识的东北人就自居北方，对他们而言北京、华北都是南方；如果到广东去，可能韶关以北就都是北方了（当然这是口语中这么说，书面语也许不一样），所以南北从来是一个相对的观念。

现在有些人一说到不绝对，马上想到"虚构"。然而南北虽是一个大概而相对的说法，却是非虚构的。因为它们不仅存在于历代人的认知中间，也实际表现在"生活样法"（这是梁漱溟喜欢用的词，据说可能是来自日本的汉语词）上。现在因为有高铁和快递等新事物，生活样法的区分已经越来越小了，以前南北人的生活样法长期不一样。用劳动人民最简单的说法，就是一边吃面、一边吃米。吃米这边的文化通常被认为是南方的，吃面（不一定是小麦面）的文化就是北方的。

用生活样法来区分和判断区域性的族群特性，是我们中国的传统。孔子很早就说"性相近、习相远"，晏子也说"习俗移性"（又作"习俗异性"）。这里的习和俗，都表现了地方性。《礼记·王制》就曾经从"习"这一生活样法来界定区域性的民之"性"，并据之以区分夷夏：

> 中国戎夷，五方之民，皆有性也，不可推移：东方曰夷，被发文身，有不火食者矣；南方曰蛮，雕题交趾，有不火食者矣；西方曰戎，被发衣皮，有不粒食者矣；北方曰狄，衣羽毛穴居，有不粒食者矣。

这是一段很重要的话，里面讲的都是头发的样式、吃饭的方式等生活样法。用我们现在的话来说，中国古人很早就具有后来文化人类学的眼光，关注的是人生最根本的衣食住方式，以此作为一个文化基本的特征。反过来我们也可以说，文化人类学具有中国古人的眼光。这看起来有点儿西学源出中国说的味道，其实近代人类学本是以研究所谓"文明程度低"的土著起家的。晚清我们中国一些有"落后"表征的事物出现在日本博览会的"人类学馆"里，中国人还提出了抗议（或许因为人类学的研究对象多是人类还不怎么人类的初民阶段，他们也喜欢把"他人"说成"他者"，两皆隐约体现一种"去人化"的意味）。当然那是早年的现象，今天的人类学已经很不一样了。

我们史学界的"科学派"朋友或会认为《礼记》是较晚的一本书。《礼记》成书的确是晚一些的，不过讲的内容一点不晚，基本可以肯定是从很早的时候传承下来的（古人对口耳相传的注重及其实际效果，远超出我们的认知）。如果说《礼记》是汉代的书，汉代已经大一统了，南北已在中国之内，哪里还需要说什么"中国戎夷，五方之民"（即"四方"在"中国"之外）呢？反过来，我们从《礼记》思考和处理的并非大一统的问题，就可以知道那是一本很早的书。

以上衣食住方面的基本习俗，显然被视为文化的符号或象征，成为区分族类认同的根本标志。《王制》以为这些习俗是受环境自然条件型塑的，族群认同也因此和区域挂上了钩。这样一种"五方"的区分，提示了我马上要谈到的一点，即在相当长的时间里，"南北"和"中国"在空间上是并列的关系，差别主要体现在生活样法之上。换句话说，我们讨论的"南北"，有一个从中国之外到中国之内的过程。

这不是我的发明，早就有人注意到了。陈序经先生较早就明确指出了这一点，他根据上引《王制》那段话以及《左传》上所说的"德以柔中国，刑以威四夷"，指出那时南北文化是中国以外的文化，而不是中国本身的文化。至少在《王制》描述的那个时代（到底是哪一个时代我们现在不是很清楚，因为书上没有具体的断代）的中国，南北是在中国之外的，后来才慢慢到中国之内了（当然，古人所说的"中国"是否意味着我们一般意识中政治实体的国家，也要斟酌）。

陈先生的看法是一个重要的提醒，可惜很多人都忽略了。例如我们近代很流行的一个说法，就是"天下"变成了中国，大概就忘了中国之外还有四夷。我比较倾向于认为天下更多是变成了"世界"。搞近代史的外国人古书读得少一点，说天下变成中国，可以理解和原谅。不过读了古书就知道，中国很早就是和四夷并列的，也始终承认还有"六合之外"，不过"存而不论"罢了。所以用后来的术语看天下的转变，天下就不能只变成了中国，或许还是说近代出现了从天下到世界的转变更合古义。

我们知道古人对方位也和上述地方制度一样，边界都是相对而不那么精密的，所以形成一种举四方以定中央的认知取向。在先秦很长的时间里，言南北恐怕更多是指非我的他人。到春秋战国时，南北慢慢地移到我们今天说的中国之内了。如孔子说的南人（就是关于巫医的那段话），那个南人还有一点异类之意，但不见得是外国人的意思，多半已经在中国里面了。到了孟子说得更清楚，他认为许行是南蛮鴃舌之人，还代表南方的；可是同样楚产的陈良不一样，他北学于中国，就不是南蛮了。也就是说，尽管南人多少还是有一点他人的味道，文化已经比出生成长的地理区域更重要了。在孔、孟那里，"南"都还有一点非我的意味，但已基本在中国里面，不完全作为异类来处理。到秦汉大一统之后，人们说到南北，就基本不出今天所说的中国范围了。我们今天讨论的中国历史上的南北，就应该是后面的这个南北。

说了这么多，还没有到瞿老师概括的政治、文化和学术。所谓南北差异，我想和自然环境的关系是非常密切的。我们今天有了高铁和快递之后，南北的差距真是越来越小，住在北京完全可以吃到四川的新鲜蔬菜，所以感受不是特别强。但在过去，南北差异与自然环境的关系是很密切的，时间越晚就越淡。可以说风俗的差别最明显，政治的争夺很常见，学术风格也多有异同。

不过学术是很难说的，梁启超曾经以老庄、孔孟来分先秦学术的南北，后来就受到一些批评。因为他区分南北的一个自然标志是长江，而老庄好像在长江以北，即在梁启超划分的北方，但被他说成南方的学术代表。我想梁启超的基本认识是对的，当年的楚确有很大一部分在长江以北，但在孔孟眼中，楚产的就是南人。如果梁启超不随口用一个后来明显的自然标志来划分南北，他所说的基本不错。汉代的学术应该也有明显的南北差异，淮南王所搜辑整理的文献大概就偏南一点，学术风格非常不一样。

如果连梁启超说话都要被批评，我就更不敢说了。一般敢概括南北差异的都是大人物，像顾炎武论"南北学者之病"就说，南方学者是"群居终日，言不及义"，而北方学者又"饱食终日，无所用心"。这现象应该是指受社会供养的读书人，因为种地的劳动人民得出去干活，不太可能一天到晚群居饱食的。大概最南方热带的一些地区或许还有坐而饱食说话的可能，其他地方的人都是要做很多事的。就这一点（生产和生活方式）来说，梁启超以长江作为区分南北的一个自然标志，又是比较合适的。

古代中国的特点是政教密切关联互动。从很早开始，南北就常常是政治与文化不同步，但又并未截然分开。尤其在南北朝以后，南北在政治上的竞争是很明显的。南北朝时北方常常是"异族"政权，整体也更强势。然而就像我们的近代史研究常受北伐后当权的国民党影响，在很长的时间里相对弱势的南朝似乎受到研究者更多的关注。或因此，我们近些年的研究，特别是新起的学者，越来越偏重于研究北朝，不那么重视南朝。我猜将来还会多少返回来一些，因为北方虽然更强势，衣冠礼乐却主要在南方。

当南北处于政治、军事竞争的时候，理论上不允许承认对方是正统，但北人内心还是承认文化重心在南方，自己在文化上软一点。北齐创始帝高欢就说，江东有一吴儿老翁萧衍（就是梁武帝），"专事衣冠礼乐，中原士大夫望之以为正朔所在"。这话很能表明北方还是承认文化正统在南方——"衣冠礼乐"所在即文化重心所在。而且"正朔"这个词用得特别有意义，表明在今人所说的"国家"观念中，中国古人很早就非常看重文化因素。文化、礼仪（这是在座的科大卫老师长期研究的）可以决定"正朔"，是界定国家的重要象征因素，这是很了不得的认识。

一般情形下，北人并不挑战南方的文化正统地位。不过情况也慢慢有变化，陈寅恪说过，北朝各政权中，秦帝苻坚和魏孝文帝选择了汉化，"故不得不亟于南侵，非取得神州文化正统所在之江东而代之不可"。但因为彻底干掉对方很困难，所以北周宇文泰就别创新途径，不以武力征服南方，而是"就其格局之土，依附古昔，称为汉化发源之地"。用今天的话说，就是自己学古代重新搞一套，在文化上和南方竞争，也就"不复以山东江左为汉化之中心"了。不论这些取向具体有什么差异，大体都表现出一种在因应江左为文化正统的基本认知。

陈寅恪先生用"汉化之中心"的说法，大概做"新清史"的就不一定喜欢了。其实对清史和"新清史"，也可以参照陈寅恪提出的南北两种文化竞争和政治竞争的关联来考察——假如清把明灭了，而说是为了取得神州文化正统之所在，那就表明这个清朝是中原心态的；如果说不是，而是另有一套萨满文化或藏传佛家的文化作"正朔"的象征，那清朝就不一定是中原心态的了（不过佛家的情形较复杂，如隋唐也有不止一位皇帝被说成是转轮王或菩萨转世，或可以说他们带有非"汉化"的色彩，似乎不便说他们的朝代是非中国的）。我的感觉，很可能是两种倾向都存在。

到了宋代，科举就形成了南北分取的模式。这除了适应学术文化的发展，也反映一种区域的代表性，因为得了科举功名是要做官的，这样的"计划"性分配，展现出政治中区域性代表的意义。而从唐代开始，财赋以东南为重的趋势也越来越明显。

再以后的一个重要现象，是明朝时有南北两个京城，大概可以说是由朝廷带动的南北差异。对我们讨论的题目而言，或许比两京更重要的是有南直隶和北直隶两个行政区的设置。北直隶是否给北方带去很多南方文化因素，我还要进一步考察（按唐晓峰老师此后的发言注意到京师和周边地区有着断崖式的差异），但南直隶就确实处于南北文化的峰线之交。虽然清朝灭了明朝，可是在南方（今天的江苏省域内）仍是宁苏分治，各有实际的辖区。总督在宁，管的那一块偏苏北，就是后来上海人看不起的"江北佬"所居的地方；巡抚在苏，管的是属于江南的区域（我们今天说江南往往指江浙，其实早前的江南还包括安徽、江西）。

明清这样的设置，初意当然主要是政治的，并非迁就文化的差异，实际却适应了生活样法的不同。就生活方式而言，至少今天江苏的江北和江南，除了江北紧挨着长江的稍微不一样以外，离长江稍远一点，简直就是彻头彻尾的北方，而江南则完全是南方。这样一种政治与文化无意中的互动，强化了南北区分的认知。

到了清朝后期，南北之分又得到官方无意中的推促，却是因东西因素而起。那时为了应对西潮东渐，有南北洋通商大臣的设置，通常由直隶总督和两江总督兼任，即北洋通商大臣驻在清代的直隶，南洋通商大臣就在原来南直隶的地方，无形中隐约可见明代南北两直隶的影子（所谓通商，其实是管各种对外事务。那时候不像现在外交是由中央政府管，两通商大臣在对外事务上很独立，很多事情不用请示中央，或者可以做了再请示）。因此，在东西因素的影响下，政府的举措进一步推动了南北之分，又仍与生活样法等文化差异相吻合。

也因此，从晚清开始，南北与新旧（东西）就有些剪不断理还乱的关联。从东南互保开始，南北间又暗存一种中央和地方的模式。理论上督抚都是中央在地方的代表，但兼任南洋通商大臣使得两江总督又比别的督抚更"中央"一些。这样一种隐带南直隶意味的存在，暗中影响是相当大的。晚清由于所谓"万国公法"和民族国家观念的引入，对中国政治造成一些特殊的影响。例如外国在中国领土上打仗，我们却宣布局外中立，就是世界历史上少见的现象。东南互保也类似，皇帝和太后被别人赶跑了，差点儿就抓来杀掉了，各地督抚本应纷纷杀上前线，活捉洋鬼子，让二圣回京，也就是过去所说的"勤王"。然而东南这边一大片的督抚联合起来说我们自保，按过去的规矩简直是大逆不道，按新的准则也是国家的一部分地方要独立于中央，可以说于理于法都不合适。

但这样的事不仅发生了，朝廷后来也以视而不见的方式不予追究，不过彼此大概都有些心存芥蒂。从那时起，中央和东南各自恐怕都有些"私见"存在，处理事情不容易"大公无私"了。辛亥鼎革后，由于原来的革命党能控制的区域都在南方，南北那种中央和地方的色彩更明显，并形成一种竞争性的关系，各自都有一点私心，不见得那么公，故不能"大公无私"是双向的。由于彼此的不信任，南方的"私心"有时甚或重于北方，一度导致南北两个政府的出现。不过因为史学界受国民党影响较大，把南方政府说得更带正当性，而得到外国承认的北方政府反有些"伪"的意味，相当意味深长。

民国的南北之间，在文化、政治和学术的三大板块中始终存在紧张，后二者的变化更为常见。本来那才是我专门研究的内容，但发言时间快到了，所以无法展开说了。政治的竞争上面已略微提到，北伐以后还延续了相当一段时间。学术方面，从五四新文化运动时开始，东南大学(以及后来的中央大学)和北京大学之间的冲突，或许没有一些既存研究所说的那么厉害，但双方的风格是各异的，其间的紧张是明显的。这些方面可以深入研究的内容还有很多，相信在许老师和东京大学共同提倡的取向之下可以得到很大的发展。

原刊《知识分子论丛》第 15 辑(2018 年 11 月)

十八世纪清代"多主制"与《宾礼》

　　我曾为何伟亚(James L. Hevia)的《怀柔远人：清代宾礼与1793年马戛尔尼使团》一书写了书评[1]，由于我在文字表述方面试图偏于中性而不那么黑白分明，该书评引起一些误读，比如德里克便认为书评对原著"表示出非常赞同"[2]。而最明显的误解则是王晴佳、古伟瀛的评论，他们似未读到我的上述书评，而是根据我在《二十一世纪》上的一篇短文，说我认为何伟亚"对于资料虽解读有误，但是大体而言，其论证及结论是站得住脚的"；我并"引经据典，从中国历史上的夷夏观演变以及清代在中国历史中的特殊性来观，重新将何氏书中的要点加以确认，为何氏的译文如'怀柔远人'进行辩解，认为何氏的观点是要解构现代性，当然遭致受现代性影响的

---

① James L. Hevia, *Cherishing Men from Afar*：*Qing Guest Ritual and the Macartney Embassy of 1793*, Durham & London：Duke University Press，1995(本书的中译本即将由社科文献出版社出版)；罗志田：《后现代主义与中国研究：〈怀柔远人〉的史学启示》，载《历史研究》，1999(1)。

② 德里克：《后现代主义与中国历史》，见《中国学术》第五辑，36页，北京，商务印书馆，2001。

学者批评"。①

我在《二十一世纪》上的短文只是针对"怀柔远人"的字义和夷夏之辨就事论事，自然不能得出这样的整体性结论。除我自己在表述方面的欠缺外，我猜拙文引起误读恐怕与王、古二位提到的"后现代"有些关联。尽管《怀柔远人》一书的贡献和不足之处都不仅在其运用"后现代主义"方法之上，但该书引起争议之处却多集中于此。今日"后现代"已有脱离其实际含义而成象征的趋势，反对的赞成的都渐趋极端。对不少人来说，被视为"后现代"是荣耀；对另外一些人来说，指为"后现代"或其"同道"便自然成为"鸣鼓而攻之"的对象。②

关于"后现代"的问题我拟另文讨论，本文要说明的是，我认为《怀柔远人》一书是研究相关问题者不能绕过的一本重要著作，但我对该书尚未到"非常赞同"的程度，尤其在"中国历史上的夷夏观演变以及清代在中国历史中的特殊性"方面，我不仅未曾"确认何氏书中的要点"，还指出其一些"论证及结论"实未必"站得住脚"。王、古二位可能没有读到我论述较详的正式书评，故在这一特定方面得出的见解与我的原意几乎截然相反，似有必要就我原书评中已经提出的不完全同意何著之处再作简单申论。

---

① 王晴佳、古伟瀛：《后现代与历史学：中西比较》，291页，台北，巨流图书公司，2000。他们提到的拙文是《夷夏之辨与"怀柔远人"的字义》，载《二十一世纪》，1998年10月号。
② 参见张隆溪：《走出文化的封闭圈》，168～172页，香港，商务印书馆，2000；罗志田：《"现代误读"的继续》，载《二十一世纪》，2001年4月号。

针对以费正清为代表的用"朝贡体制"来解释"中国的世界秩序"这一系统观念及其隐含的"西方先进/优越"而"中国落后/低劣"的成见，何伟亚提出两个新的认识途径：一是清王朝对其帝国的想象（imagining of empire）是一种"以清朝皇室为最高君主的多主制（multitude of lords）"，而不是什么"朝贡体制"；二是其著作的核心观念，即应多注重清代的《宾礼》。后者不仅是清廷处理对外关系的原则和方式，且被认为体现了远更广阔的整合"天下"秩序的构想。

在西方既存研究的基础上，何伟亚整合并强调了清王朝在从西藏到蒙古这一广大地域的特殊政策，特别指出了藏传佛教格鲁派在其中的重要作用及清王朝对其有意识的运用（这一点尤为众多西方学者所赞赏）。他强调，清王朝并不仅仅自视为中国之主，而有着欲为其势力所及的各种政治文化体系的王中之王的野心。过去西方"对礼仪作用的功能—工具性解释"将礼仪视为"古代或前近代社会的典型特征"，使礼仪在惯常的传统与现代之分中居于"传统"一边，实际带有"落后"的贬义。何伟亚则突破这一成见，视清代的《宾礼》为一个"通过确定中心，将一切纳入清帝国的统治之内"的过程；它"允许差异，也将他人之权力以一种理想化的等级上/下（superior/inferior）关系纳入皇帝的统治之中"。

不过，何著关于"多主制"所论最多的蒙古各部与该书研究的重心大不列颠帝国，在乾隆帝及其臣属的心目中却远非同类事物。据清代政治体制，蒙古各部在理藩院（民国时的蒙藏委员会即其机构上的逻辑发展）治下，而英国的"朝贡"事务则属礼部主客司管辖。虽然理藩院到咸同时期曾一度参与处理西洋方面的"夷务"（提示出两者确有关联），但在乾隆时则不然。何伟亚也许因为乾隆帝在通常接见蒙古王公的热河接见马戛尔尼而产生出这样的联想，但这仅仅是个巧合（乾隆帝先已到热河）而非特意的安排（本应在北京觐见的缅甸使节也与马戛尔尼同时到热河觐见乾隆帝，且何伟亚自己也注意到南掌国即老挝的使节就曾因乾隆帝先已在热河而前往觐见之，这两国都属主客司的接待范围）。

更重要的是，何伟亚特别重视的《宾礼》所涉及的对象即主客司所接待者。周锡瑞已指出何伟亚对《宾礼》中"国家声教既讫四夷，来宾徼外山海诸国，典之礼部"一句断句有误，所以理解有问题。[①] 但"典之礼部"在这里的重要之处还不仅是周所说的礼部一直在收集记录涉外事件的材料，而是界定礼部主客司职责及《宾礼》本身所涉的范围，即清《皇朝通典》（卷60）《宾礼》所说"徼外山海诸国来朝入贡属于礼部职掌者"。所谓"徼外"，即今日所说的境外。而徼外诸国又进一步分为真正"朝贡"之国和"通市"之国。《大清会典·礼部·主客清吏司》（卷39）具体指明：属于"四裔朝贡之国"的只有朝鲜、琉球、越南、南掌、苏禄、缅甸，"余国则互通市焉"（与此相呼应，这两类"徼外"国家也都列入清《通典》之《边防典》）。

这一层级内外的区别是极为重要的，因为它正标志着何

---

① 周锡瑞：《后现代式研究：望文生义，方为妥善》，载《二十一世纪》，1997年12月号。

伟亚所关心的"清廷对其帝国的想象"之实际意谓：与历代中国皇朝一样，清朝统治者（及《宾礼》等典章的编撰者）虽然把来贸易者名义上视为"朝贡"，而又都视这些来"朝贡"的各国为名义上的"属臣"，心里却十分明白哪些是实际的教化和政治管辖所及的区域，哪些是"声教"波及之区，哪些是"声教"不及之区。不论文字上有多少想象性的上下等级区分和"包容"，天朝对其实际的"统治"，显然有着清晰而务实的认识，即对"徼外"诸国只寻求象征性的"统"而不期望实际的"治"（或可说是 inclusion without ruling）。[1]

故何著中反复出现的"统治"（rulership）二字实需要有所界定（qualification），如朱雍注意到的，明太祖对日本人已说得非常清楚，"如臣，奉表来庭；不臣，则修兵自固，永安境土"（按日本在清《会典》中未列入"朝贡国"）。[2] 这最能说明传统的华夏皇帝并不一定要真正"统治"天下所有的区域，清廷如果的确想要实际"统治"天下，应是一个可以增强何伟亚欲区别特定的"清朝"与一般意义的"中国"这一重要论点的时代转变。但观乾隆帝在敕谕中对欲派大使驻北京的英王说："若云仰慕天朝，欲其观习教化，则天朝自有天朝礼法，与尔国各不相同。尔国所留之人即能习学，尔国自有风俗制度，亦断不能效法中国，即学会亦属无用。"[3]这就清楚表明清廷同

———

[1] 本段及以下数段的讨论参见罗志田：《先秦的五服制与古代的天下中国观》，见《学人》第10辑，南京，江苏文艺出版社，1996；《夷夏之辨的开放与封闭》，载《中国文化》，第14期（1996年12月）。
[2] 朱雍：《不愿打开的中国大门》，280页，南昌，江西人民出版社，1989。
[3] 中国第一历史档案馆编：《英使马戛尔尼访华档案汇编》，56页，北京，国际文化出版公司，1996。

样并不真想"统治"天下所有的区域(何伟亚已注意到清廷的"差序包容"天下观有较大的想象成分，但"统治"二字实容易使人产生误解)。

从蒙古到西藏这一广泛区域全部成为教化所及之区，基本是清代才出现的新局面。如清《皇朝通典·边防典》序文(卷97)所说：唐代杜佑《通典·边防典》所记范围，皆声教不通的"荒外之国"，"名曰边防，实即列史之《四裔传》"；到了本朝，则"汉唐以来所谓极边之地"在今日皆成"休养生息渐仁摩义之众"了。实际上，清人对其所面临的新现实也有一个逐步认识的过程。针对蒙藏这一特殊区域，清廷新设理藩院以处理其事务。故清《皇朝通志·礼略·宾礼》(卷46)标明：各札萨克(蒙古)、青海、西藏及西域回部外藩朝贡仪节，载于《会典·理藩院》编，不包括在《宾礼》的范围之内。

蒙藏区域已不属《宾礼》(及其执行机构礼部主客司)的范围是乾隆朝修典各方的共识，但其在典籍里究竟应归属何处，在一段时间里尚非所有修典人员都十分清楚。前引清《通典》在界定《宾礼》所涉的范围时指出，由于本朝声威超越历代，"凡蒙古之族，无不隶于臣仆。其内附之事，并详具《边防典》中"，已不再属于"徼外山海诸国"了。然而《边防典》(清《通典》卷100)则说：内札萨克(蒙古)各部"自本朝龙兴之初"已"久为臣仆"，而外蒙喀尔喀各部也在康熙帝北征后"受职归化"，故"皆不得以'边'目之"，自然也不在记述范围之内。在涉及蒙藏区域时之所以出现(并需要做出)这样纷杂的解释，正体现了清廷逐步适应与前不同之管辖范围的进程。

惟这一区域在清代虽已渐成直接的教化所及之区，该区域内的"教化"实不全是传统意义上的华夏之教，而是掺和了甚或更多是蒙藏回等特定的"教"。或可以说，清朝广阔统治区域中的"教化"，其实有着模糊而带多重性的认同（identity/identities）。值得注意的是，这一传统"教化"在实际层面的区域性异化并未在理论性的文字典籍中得到强调。作为征服者的清政权在入关前和入关初期可能需要联合一些非华夏的族类以增强其实际或象征性的地位，这些族类有的与满人有宗教上的相近处（如何伟亚注意到的藏传佛教格鲁派在满、蒙、藏之间的作用），但其在宗教与生活习俗等方面也相当不一致，其一致之处毋宁在于均非华夏之教。

清廷其实非常清楚其整个统治区域中何者是最主要的，他们既要明确又并不特别强调其征服者的地位。象征着满人特权的满汉区别虽在实践层面得到贯彻（也有个逐渐淡化的过程），"满汉一家"却是长期标举的口号。随着清统治的巩固和自信的增强，清廷越来越有意识地转变其形象，从征服者转化为"天命所归"的君主。[①] 这可以从蒙古各族与清廷的特殊关系之演变过程看出：内蒙古各部早就与入关前的清政权有类似政治军事联盟性质的联合，故其在清初相当长的时期内享有几乎与满人相等的特权（何伟亚已注意到蒙古各部在清代是特殊集团）。但随着满汉之别的逐渐淡化，蒙古王公在有清

---

① 这个问题牵涉甚宽，可参看罗志田：《夷夏之辨与道治之分》，见《学人》第11辑，南京，江苏文艺出版社，1997。

一代的特殊地位显然呈现出越来越模糊的趋势。①

　　前引明、清两朝对日本和英国态度的相近说明，清廷对其实际"统治"的层级内外性认识基本仍是中国传统天下观及夷夏之辨观念那具有伸缩波动性的典型表述，并不十分需要清代特殊的"多主制"来协助达成。理藩院和礼部主客司既然有各自不同的管辖范围，何伟亚在清廷对蒙藏等政策举措上的渲染实无大助于理解乾隆帝对英国的态度。从典籍的文本内容看，他最注重的《宾礼》可以说几乎完全是传统华夏文化的产物。故其再三致意的具体时空的"清朝"与一般意义上的"中国"之别在这里不仅没有太大的参考意义，反有可能产生喧宾夺主的效果。

　　而且，《宾礼》所关涉的正是费正清讨论的"朝贡体制"②，而不是何伟亚所关注的（主要体现在蒙、藏、回疆等广大区域的）"以清朝皇室为最高君主的多主制"。这意味着何伟亚的两大核心观念及其论述统系，即主要象征着历代"四裔"的"多主制"和《宾礼》之间虽有不可否认的思想关联，但其关联毋宁更

---

① 附带地说，在清代特别是清初相当一段时期里，受辖于理藩院者（特别是蒙古诸部）是比一般华夏子民更亲近的族群（这正如旗人对皇帝自称奴才却比称臣的汉人更亲近一样）。若像有些批评何伟亚的学者那样看到"藩"字即联想到"蛮夷"，从而以为蒙古各部受到比汉人更"不平等"的待遇，就适得其反了。参见罗志田：《夷夏之辨与"怀柔远人"的字义》，载《二十一世纪》，1998年10月号。

② 费正清意义上的"朝贡体制"又正是何伟亚所欲挑战者，何伟亚在这方面的贡献在于将"朝贡体制"从"结构—功能"解释取向中解放出来而置于更切近原状的时空语境和动态进程之中。

多是在清代以前，到清代出现他所谓的"多主制"后反在很大程度上相互疏离，并被清廷有意识地区别对待。结论似乎只有一个：要强调清代特殊的"多主制"，便当在与"理藩院"而不是"礼部主客司"相关的文献典籍中寻找理论资源；如果要强调《宾礼》的重要性，就只能多关注具体的"清朝"与一般意义上的"中国"之"同"，而不是其"异"。

何伟亚认为《宾礼》不仅是清廷处理对外关系的原则和方式，而且体现了远更广阔的整合"天下"秩序的构想，这一推广（corollary）其实也与费正清的"朝贡体系"取向相类，即通过一个特定的枝节部分引申到中国（或"清朝"）的全局观念。①如果把传统中国的政治观念（或文化）视为一个有机整体，任何一个部分当然都反映着全体的精神。但政教不能及的"天下

---

① 这本是西方"汉学"的传统强项，傅斯年已注意到："我们中国人多是不会解决史籍上的四裔问题的。……凡中国人所忽略，如匈奴、鲜卑、突厥、回纥、契丹、女真、蒙古、满洲等问题，在欧洲人却施格外的注意。"（傅斯年：《历史语言研究所工作之旨趣》，见《史料论略及其他》，49 页，辽宁教育出版社，1997）不过如章太炎所指出的，"审边塞而遗内治"这一"外国人读中国史"的取向早已流入中国，成为民国新史学的一个特征，他说："中国之史，自为中国作，非泛为大地作。域外诸国，与吾有和战之事，则详记之；偶通朝贡，则略记之；其他固不记也。今言汉史者喜说条支安息，言元史者喜详鄂罗斯印度。此皆往日所通，而今日所不能致。且观其政治风教，虽往日亦隔绝焉。以余暇考此固无害，若徒审其踪迹所至，而不察其内政军谋何以致此，此外国之人读中国史，非中国人之自读其史也。"参见章太炎：《救学弊论》，载《华国月刊》，1 卷 12 期（1924 年 8 月 15 日），11～12 页（文页）。这方面进一步的讨论可参见罗志田：《史料的尽量扩充与不看二十四史——民国新史学的一个诡论现象》，载《历史研究》，2000（4）；桑兵：《四裔偏向与本土回应》，见《国学与汉学——近代中外学界交往录》，1～30 页，杭州，浙江人民出版社，1999。

（世界）秩序"确非清人关注的重心，"外国"更可以说是清人政治观念中最不受重视的部分之一。《宾礼》不过是涉及"天下"秩序的众多清代相关钦定文献之一，是一个应对不甚受重视的特殊而非普遍群体的文献，在清代"五礼"中也居于相对次要的地位（以前《宾礼》在"五礼"中居于《军礼》之前，在尚武的清代则移至《军礼》之后），其可以推广的程度是有限的。

实际上，清代"礼学"的兴起（其影响一直延续到清季民初，如廖平经学研究的一个核心概念即礼）在多大程度上可从权势关系与权力运作的角度去考察，《宾礼》或相关钦定文献在后来 19 世纪清廷对外关系中的影响与作用等，的确值得仔细思考和深入探索。若深入考察清代"五礼"修典者当时的言论心态，或能反映修典是否真以"用"为目的。在很大程度上，修典这一行动本身乃盛朝应有之"盛事"，初不必问是否真要指导"政治"；到后来则或真能起到这样的作用，但其本身是否具此功能以及在多大程度上起到作用，都还可考。

正如何伟亚多次强调的，清朝宾礼在不同场合充满"可变"性，而这一灵活性正掌握在皇帝手中。皇帝当然基本不欲违反体制（何伟亚曾猜测清代文献中"体制"一词的含义有时可能还包括皇帝本人的意志，说明他对皇帝的作用甚为了解），但当他愿意灵活处理时，对绝大多数官员而言，上谕的分量恐怕超过礼仪文献。何著中重建的史实表明，乾隆帝自始至终全面深入地卷入并具体指导了使团接待的几乎每一步骤（乾隆帝实际上可以随时修改礼仪的具体步骤这一点提示了《宾礼》规范政治行为的程度相当有限）。在一个以"人治"而非"法治"为特征的国度里，典籍中的"礼"到底在多大程度上起作用？具体到马戛尔尼使团之上，是皇帝还是《宾礼》更起作用呢？

我在书评原文中曾引用了柯文（Paul A. Cohen）的看法，即何伟亚"有说服力地提出了一种不仅考察马戛尔尼使团，而且全面考察从 18 世纪至今中西互动这一整个课题的全新方式"，对此我大体赞同。不过，如我原文所说：正因为何伟亚的视角与前大不相同，他所提倡的新观察角度所及之处多为过去所忽略者，故这些新领域其实仍需要大量的史实重建工作。何伟亚的贡献也许更多在提出了不少应该注意的面相和问题，而不一定已完成了对这些面相的考察和解决了这些问题。关于乾隆时代"多主制"和《宾礼》的关联与抵牾，或者就是一个需要进一步探讨的问题。

原刊《清史研究》2001 年第 4 期

从文化视角看辛亥革命前夕的派别分野

过去说到辛亥革命前夕的局势和派别，一般皆强调朝野的对立，论及民间则多注重立宪派与革命派的竞争，这大致不错，但主要是从政治角度看问题；若换个视角从文化方面看，当时的派别分野就有很大的不同。过去的中外研究明显受从同盟会到国民党意识形态的影响，较少关注那一时段政府（中央和地方）人士的观念和举措。实则清季政府在当时的思想言说中起到了什么样的作用，它们与当时在野并竞争中的各政治派别的观念有多大歧异，又有多少共性，都是非常值得探讨的问题。

庚子后士人多以为政府不足以救亡，因而不可恃，故朝野双方在政治上的确相当对立。但在文化方面，朝野之间的冲突和紧张程度似不像以前认知的那样严重，可见明显的共性。比如"国语"运动便是一项从清季到民初朝野都相对一致的活动，光绪二十九年（1903）的《学务纲要》即因"中国民间各操土音，致一省之人彼此不能通语，办事动多扞格"，故"拟以官音统一天下之语言"，要求"各学堂皆学官音"，各师范和

高等小学堂"均于中国文一科内附入官话一门",俾"同国之
人,其情易洽"。当时许多革命党人便分享着类似的主张,民
初的新文化人虽自称革新,实不过与北洋政府共同继承了清
季朝野开创的国语运动而已。

"保存国粹"也是清季朝野相对接近的一项努力,在朝廷
的一面,张之洞所谓欲强中国不得不讲西学、欲存"中士"之
认同又不能不讲中学那种曲折心态相当有代表性;在民间则
有提倡开放的国学、强调国粹不阻欧化的国粹学派。前者明
确以"保存国粹"为口号办理"存古学堂",后者的组织即国学
保存会。双方都不同程度地倾向于中西调和的取向,对所谓
"欧化"取容纳而非完全排斥的态度;同时又都大致遵循温故
知新的取向,希望走出一条鱼与熊掌兼得之路。那时像章太
炎和张之洞这样在政治观念上对立的人,其文化共识的程度
或者还超过章太炎与吴稚晖这样政治观念相近之革命党人。

不过,官方与民间关于保存国粹的具体取向则颇不相同,
且时常视对方为对立面,这一实际存在的冲突和对立无论如
何不能轻视。许之衡当时即指出:"在上而言国粹,则挟其左
右学界之力,欲阻吾民图新之先机,以是为束缚豪杰之具,
辞而辟之可也。若在野而倡国粹,则一二抱残守缺之士,为
鸡鸣风雨之思,其志哀,其旨絜。是犹仁者见仁,智者见智,
欧化者自欧化,国粹者自国粹而已。与执政之主持,殆不可
同日而语。"他明确区分"在上者"与"在野者"之不同,强调"居
今日而言国粹",需要将两者区别对待。

章太炎那时与《国粹学报》论学也说,"甄明理学,此可为

道德之训言（即伦理学），不足为真理之归趣。惟诸子能起近人之废"；这方面"贵报宜力图增进，以为光大国学之原"。盖"肉食者不可望，文科、经科之设，恐只为具文。非在下者谁与任此"。他同样区分"肉食者"与"在下者"，复明言前者"不可望"。但细绎其言，则太炎实际上相当看重彼时朝廷文科、经科大学的设立，不过担心其"只为具文"，对官方办学不寄希望，所以才强调"在下者"的责任。他显然将文科、经科大学的设立（假如不止具文的话）视为"光大国学"之一部分，与《国粹学报》的努力相近，最说明双方取向确有共同之处。

　　当年吴稚晖等无政府主义者已看到双方在这方面的共性，他们指出，当时有所谓"古文实学派"，包括"自命维新之张之洞等；甚而至于革命党中，亦有如某君某君者，其言论虽若有进，实则思想、目的、手段，常不离此派"，双方固皆"主张存古及保国粹之类"也。其所说的革命党某君，即指章太炎等。而太炎在答辩时指出，"张之洞提倡国粹，亦非甚力"，恰可与前引其担心经科、文科大学"只为具文"并观，说明这是他的真实想法。

　　国学学派的马叙伦在其《中国无史辨》中提出，"国之立也，有大宝焉，是名曰国粹。国粹存则国存，国粹亡则国亡，国粹盛则国盛，国粹衰则国衰"。而"一国必有一国之特性，而后可言特立；毋论政治、学术、技艺三者具备，其国固必大强，即三者能得其一，国家亦必能小治"。他针对当时梁启超等人鼓吹的"中国无史"论说，"吾政治技艺皆不足取，然学术则有远过泰西者"。比如司马迁的《史记》与郑樵的《通志》，皆可证明"中国之学术何尝不及泰西？中国又何尝无史"？

稍后四川提学使赵启霖在请设存古学堂的奏折中说："立国于世界，其政治、学术、风俗、道德所以经数千年递嬗而不可磨灭者，莫不寄于本国之文字。其优美独到之所在，即其精神根本之所在。非是则国无以立。中国以文教立国，政治、学术、风俗、道德见于经传记载、足以匡扶世教、范围事理者，甲于五洲，实由国文之优美，夐绝于五洲。"赵氏乃朝中清流名臣，其言说与马叙伦所论却像出于一人之口。

又如刘师培几年前主张，中国"文词，宜区二派：一修俗语，以启瀹齐民；一用古文，以保存国学"；赵氏此时也提出，"普通之文学，以适用为宜；而精诣之文学，尤以保粹为要"。比较二人所论，又如出一辙。他进而认识到，"国文盛衰之故，与国力之强弱相因：强国之文日见其扩张，则弱国之文日见其消缩。东西各国，每务推广其文字之实力，以恢拓其国力。我不亟图维持国学，将输入之文，既有喧宾夺主之患；固有之文，反有礼失求野之时。"且中国本以文教立国，"若举数千年优美独到之处，任其消蚀，将来更无以动人民思古之念、而激志士爱国之心"。这样的言论若放入《国粹学报》之中，也绝无不合之处。

1905 年山东学务处吴炳湘呈上学堂拟用的教科书，便曾将《国粹学报》列入。倒是我们一般认为趋新甚而"先进"的宋恕反认为《国粹学报》"系革命逆党所编"，不仅不能用作教材，且当"严禁学生私行购阅"。可知当年各类新旧人物见解实甚纷纭，官方办学者对《国粹学报》主张接受和不接受的都有。

那时任教于天津北洋客籍学堂的孙雄在许多方面应更接近所谓"存古派"，他在该校讲授中国文学源流一课的讲义"虽以阐述古义为主，而时贤绪论，亦多采录"，其中七分之一即"均采《国粹学报》"。该学堂为袁世凯所办，然能用《国粹学报》文章作教材，提示着各方之间固有不少歧异，却也有相当多的共同之处。

或可以说，庚子以后朝野的政治对立虽呈日益尖锐的趋向，在一些文化和学术问题上，民间不同"派别"的士人之间观念的对立有时甚至超过某些在野者与政府的对立。在中外冲突这一压倒性因素存在之时，分歧最大之处即在于怎样因应西潮的冲击。吴稚晖等提倡无政府主义者更多看见国粹与欧化冲突的一面，认为中国"古学"缺乏可开发的思想资源，明确表示不赞同国粹学派提倡的"古学复兴"，而主张直接走"欧化"之路，包括以"万国新语"取代中文。国粹学派则认为若弃国粹而欧化，结果可能是虽富强而文明却已非"中国"；他们本来对欧化也持开放态度，此时则针对弃国粹而欧化的主张进行了激烈的斗争。

双方斗争的核心在"东瀛文体"和"万国新语"之上。在"东瀛文体"及构成此文体的重要特征"新名词"越来越流行于中国的同时，贬斥和抵制"东瀛文体"也日渐形成朝野一致的风气，尤其国粹学派和"存古派"的许多陈述达到雷同的程度（但这并不意味着这样的"一致"是朝野共谋的，也未必是有意识的）。而简化中国文字甚至以拼音方式再造中国新文字的主张则呈现出更为曲折复杂的朝野"一致"倾向：清政府在统一官音之时，内部已出现废汉文而用拼音"通字"的奏折，相当接近提倡"万国新语"的无政府主义者；而视语言文字为国粹要素的章太炎等虽也接受统一读音，却不能容忍用"万国新语"取代中文。结果形成一场革命党人内部的大争论，其中虽夹杂了一些个人恩怨，主要还是基本文化观念的冲突。

张之洞在戊戌年（1898）曾指出，时人关于西法有自塞、自欺和自扰"三蔽"：自塞为"恶西法者，见六经古史之无明文，不察其是非损益，而概屏之"；自欺则是"略知西法者，又概取经典所言而傅会之，以为此皆中学所已有"；而自扰乃是"溺于西法者，甚或取中西之学而糅杂之，以为中西无别"。自塞者"令人固蔽傲慢，自陷危亡"；自欺者"令人空言争胜，不求实事"；自扰者"令人眩惑狂易，丧其所守"。而三蔽"皆由不观其通"。以提倡"中学为体、西学为用"著称的张氏显然认为他与此三种人皆不相同。

到壬寅年（1902），黄节发现当时"爱国者"也有三派：一为"盲信己国派，此派以己国所有者，视为至上无极，不知己国之外更有世界"；二为"无视己国派，此派以己国所有者，视为一无足取，一唯他国是崇拜，而不知国粹之为何义"。这两派"一主保守，一主进取，其望己国之为人上，而有纯然之爱国心，一也。然其无常识，则均不能为二者讳"。所谓常识，即"爱国心之发见，必先实知己识之可爱者何在，而后爱乃用得其当"。而第三派即有常识之爱国者，其"深知己国之长短。己国之所长者，则崇守之；己国之所短者，则排斥之，崇守排斥之间，时寓权衡之意，不轻自誉，亦不轻自毁，斯之谓真爱国者也"。

观黄节所说各派，第一派大致接近张之洞所说的自塞者，第二派约即稍后以提倡欧化著称者，第三派当然是黄氏所自诩，其实倒相对接近张之洞的中体西用派。两人对西学和西法都持开放态度，也都主张在中西学之间有所"权衡"；不过在具体怎样权衡方面，两者有相当区别，对此黄节自己表述得很清晰，他认为"国家当过渡时代，常识者既不可得，则与不及，无宁过之。国粹稍损，尚有恢复之望。国恶日长，将有危亡之虞。得百自誉者，不如得一自毁者，其犹有进步之望也"。若在"自慢"和"自弃"之间不得不做出选择的话，黄节宁愿取对"国恶"进攻的破坏取向，虽有损国粹而不顾，而张之洞恐怕就会选择相反的取向。

若综合张、黄二人之所见，当时对中西文化竞争持不同态度者有四派以上，这充分体现了近代中国的多歧性这一时代特征。那时不仅区域发展不同步，就是思想、社会和学术之间也都存在程度不一的发展不同步；各种通常被视为冲突的人物和社群，都并非截然对立而是在许多方面彼此相互渗透、覆盖，甚至重合。当时所谓"派别"的社会分野异常错综复杂，最有意思也最富挑战性的现象是表面对立者其实见解相近，一些政治上对立的派别在文化上却可能分享着同样的观念，有时同一政治派别之内的文化观念可以相当冲突，而某些在思想上比较接近的派别在学术上又出现对立。

一方面，思想观念相近者常常处于对立的社会分野之下；另一方面，观念的歧异又未必意味着社会分野的必然对立。

这就再次提醒我们，简单划分派别而论证的方式虽然醒目易读，却可能无意中修改了历史，从而误导读者。故任何"派别"的划分都只能是模糊而非精确的，即使为写作便利大致划分派别，也应注意实际上每一派中各人的观念未必一致，而同一个人在很短的时间内也常常见解前后不一，只有将具体的人与事置于具体的时空语境中进行考察分析，始能接近实际发生的历史。

整体言之，既存研究似对清季朝野之间以及各种思想、政治、学术"派别"之间的冲突对立一面强调太过，而相对忽视其相近相通之处。其实稍认真地考察当时的思想言说会很容易发现，政府与民间在很大程度上分享着共同的思想资源；且这里所谓"民间"还不仅是指主张立宪甚至保皇的派别（保皇派本不见容于实际当政者），而是包括倾向于革命的派别。尤其政府对民间言论的采纳和包容程度远超过既存的认知，陈黻宸在发表过明确的"反满"言论后仍能任用为京师大学堂的教习，各级政府对剪辫这一明确带有反朝廷色彩的行为实际上相当容忍，往往采取视而不见的方式对待，都提示着那时朝野之间的冲突和紧张程度或不像以前认知的那样严重，似尚有进一步探讨的必要。

原刊《文史知识》2001 年第 8 期

民族主义与民国政治

　　民族主义是近代中国这一乱世中一股不绝如缕的潜流，从广义的文化视角考察民国政治与民族主义相关的历史现象，或能增进我们对民国这一短暂的动荡时代的重新认识。尤其在北伐前的所谓北洋军阀统治时期，中国不论社会经济还是政治军事以及思想学术，都有相当大的转变，而民族主义的能动形态及其对政治的影响，也表现得特别明显。

　　西方（特别是 20 世纪 60 年代至 80 年代）的中国研究有一个倾向，即认为国民党比北洋军阀更具民族主义，而共产党在这方面又超过国民党。这里的一个关键，就是过去说到民族主义，多想到其因外侮而起的救国观念及卫国运动。在民国之前，若不计同盟会等"反满"的民族主义，这大体是不错的。但民族主义从来就还有国家建构（nation-building）的一面。自北洋时中国处于实际的分裂局面后，中国民族主义这建构的一面的主要反映就是国家的统一（详后）。

　　即使在抵御外侮的反帝一面，民族主义也是难以量化而以多寡计的；说某一政治力量比另一政治力量更具民族主义，其实不能落到实处。真正对实际政治起作用的，恐怕主要是各政治力量对民族主义加以政治运用的策略。正如余英时先生指出的：百年来中国一个最大的动力就是民族主义，"一个政治力量是成功还是失败，就看它对民族情绪的利用到家不到家。如果能够得到民族主义的支持，某一种政治力量就会成功，相反的就会失败"。[①] 而有意识地在实际政治竞争中运用民族主义，至少在北洋军阀统治时期已见端倪。

下面我想借 20 世纪 20 年代初年《申报》主笔杨荫杭的手眼[②]，简略地探讨一下北洋军阀统治时期民族主义与政治的关系可以给我们什么样的启发。先看政治性运用民族主义这一现象。杨氏在描绘民国舆论的力量时说："民国向例，凡悍然不顾舆论者，其始为一部分之舆论所不容，其继为全国之舆论所不容，其继为旅华外人之舆论所不容，其继为各国之舆论所不容。于是'众口铄金，积毁销骨'，无病而死，不战自败。乃知中华民国未[尝]无舆论，而舆论之势力未尝不强。此亦快心之谈也。"[③]实际上，民国舆论何曾有这样大的力量，这只能是读书人名副其实的"快心之谈"。

但杨氏对"舆论"发展从部分到全国再到"旅华外人"以至于"各国"这一进程的描述，却从一个侧面揭示出民初中国权

① 余英时：《中国近代思想史中的激进与保守》，见《钱穆与中国文化》，203 页，上海，上海远东出版社，1994。

② 杨荫杭：《老圃遗文辑》，武汉，长江文艺出版社，1993（以下引文均刊《申报》，仅在书名前注明原文写作时日，个别标点偶有更易）。

③ 1920 年 10 月 10 日，《老圃遗文辑》，107 页。

势结构一个特征，即外国在华存在（foreign presence in China）的实际和隐约的控制力量。"旅华外人"与"各国"在民初中国政治中起着重要而直接的作用，是时人不争的共识。由日本传入的"军阀"一词在中国的出现，特别是其在 20 年代的流行，从一开始就一直与"帝国主义"联系在一起，最能体现中外的相互政治纠缠有多么紧密。①

可以说，内政与外交的互联互动是民初政治的一大时代特征。从这一角度言，中国民族主义的御外一面与实际政治运作的关联是非常密切的。对已成为中国权势结构既定组成部分的外国在华存在之主动介入或无意中渗入中国政治运作的程度（特别是后者），以及当时中国各政治力量对外援（包括精神与物质两面）的寻求等面相，过去的认识似仍嫌不足。

1921—1922 年冬，为解决第一次世界大战后巴黎和会的国际遗留问题，在华盛顿召开了九个主要欧亚国家参加的限制海军军备竞赛及解决东亚国际局势的会议（在当时的中国以"太平洋会议"著称），即曾成为南北议和的一个契机。但当时南北两政府皆认对方为非法，虽有舆论主张，南北政府也都做出一些姿态和实际的努力，这一契机终因成见太深而未能落实到实践的层面。杨荫杭就是那些试图促进南北议和者之一，他甚至认为前些年"欧洲和会之失败，虽曰世界无公道，

---

① 参见 Arthur Woldron, "The Warlord: Twentieth-Century Chinese Understandings of Violence, Militarism, and Imperialism," *The American Historical Review*, 96: 4(Oct. 1991), p. 1080.

实由中国内争之结果"。[①] 这与实际的史实当然有相当距离（中国在巴黎和会中的作用实无足轻重），却反映出时人常将内政与外交结合起来考察的习惯性思维。

那时稍大一点的国内问题，都不得不考虑外国在华存在的影响。1922 年时已有人主张将首都从北京迁往他处，因为北京的军事机关太多，入主之文官受彼牵制，实未必有主政之"自由"。故"论者皆议迁都以避其害"。然杨荫杭发现：古时迁都稍易，"衡以今日之情势，则有外交问题、承认问题，非可咄嗟立办者也"。[②] 迁都本是历史上屡有之事，但新的现实是外国在华势力已成中国权势结构之一部，这一与过去不同的语境意味着解决传统问题将面临新的困难。

有意思的是，几年后的国民党新政府不管外交问题而迁都南京，在遭到各国相当时期的抵制（即不将其使馆迁往中国首都所在地）后，终获认可。可知只要有自信（北伐后国民党政府在全国的实际控制区域不见得比北洋政府更广），迁都实非不可为（外国人后来发现，使馆不在中国首都其实大大减弱了其对中国政治的影响力，故从其自身利益出发也不能不迁就）。这说明在惯性思维形成后，外国在华存在的无形威慑力有时超过有形的实际力量，常能造成中国政治力量的自我禁抑。

有此语境，许多中国政治力量都有意寻求外国势力的支

---

① 1921 年 8 月 20 日、1921 年 8 月 18 日，《老圃遗文辑》，390、387 页。
② 1922 年 6 月 23 日，《老圃遗文辑》，610 页。

持，有时甚至故意营造已获外国支持的形象。① 反过来，由于外国对中国内政的正式介入通常都附加有交换条件，实不属正面形象，各政治力量又不时隐藏其与外国势力的实际联系。而舆论对此更时常抨击，杨荫杭即曾借古讽今说："公孙渊，汉末群盗也。据辽东诸郡，与魏抗衡。恐不胜，乃遣使航海南通孙权。"更严重的是，"渊在当时日暮途穷，实乞援于异族，尝隐道使者诱呼鲜卑人，使侵扰北边，故鲜卑人为之后援"。这里的公孙渊指奉系或张作霖，孙权即孙中山，鲜卑则日本。他特别警告说："其后渊为司马懿所灭，父子俱死。乃知外援不足恃，失道寡助，适以速亡也。"②

　　这在当时仍不过是一种想象的预测，但杨氏确实触及一个重要而又甚难处理的问题：一方面，外援可以在物质上甚而心理上增强某一政治集团的势力；但在民族主义日益兴盛的民国时期，此集团也可能为此付出"失道"这一潜在但巨大的代价。郭松龄起兵反张作霖，就因日本人对张的援助而失败。当时即有人指出："郭氏失败之最大教训，为示吾人以帝国主义存在，改革内政必无希望。盖内政与外交，在我国今日实已打成一片，不可复分。爱国志士，共起图存，非效土耳其复国运动武力救国、先去改革之梗不可。"③

---

① 1928年济南事件后，国民党即曾制造已获美国支持的形象以抗衡日本。参见罗志田：《济南事件与中美关系的转折》，载《历史研究》，1996(2)。

② 1922年5月26日，《老圃遗文辑》，588页。

③ 平：《内乱与外患》，原载《市声周刊》，4卷2期(1926年1月3日)，转载于章伯锋主编《北洋军阀》第5卷，300页，武汉，武汉出版社，1990。

内政与外交既然已打成一片而不可分，攘外与安内就成为一个问题的两面，攘外很可能有助于国内的政治竞争。杨荫杭认识到："战胜所得之物，谓之虏获品。虏获品之最上者，人心也。一战而人心向之，虏获品之至宝贵者也。"[①]在民族主义情绪高涨之时代，能与外国人一战，即可能获得此最宝贵之虏获品。章太炎在 1913 年就曾对袁世凯说：对横行于东北的俄日两国，"诚能战胜一国，则大号自归"，即使称帝也不会有太多人反对。[②] 梁启超在 1915 年再次提醒袁世凯，"对外一战"实为称帝的一大前提："大总统内治修明之后，百废俱兴，家给人足；整军经武，尝胆卧薪；遇有机缘，对外一战而霸，功德巍巍，亿兆敦迫，"方有可能"受兹大宝"。[③]

类似的观念一直在流传。1920—1921 年中国军与白俄军战于库伦时，杨荫杭即指出：张作霖与曹锟皆坐拥重兵而富可敌国，"今日有援库之能力，而又有援库之义务者，当首推此二人。就二人之强弱言，外观虽势均力敌，然一日能援库则强，不能援库则弱；就二人之贤不屑言，外观如一邱之貉，然一旦能援库则贤，不能援库则不屑"。不久杨氏闻张作霖已领征蒙费三百万，又说："如果张作霖能立功绝域，凯唱而还，则今日唾骂张作霖者，安知他日不崇拜张作霖？"[④]换言

---

① 1920 年 8 月 13 日，《老圃遗文辑》，89 页。

② 说详罗志田：《中外矛盾与国内政争：北伐前后章太炎的"反赤"活动与言论》，载《历史研究》，1997(6)。

③ 梁启超：《异哉所谓国体问题者》，见《饮冰室合集·专集之三十三》，94～95页，北京，中华书局，1989 年影印本。

④ 1921 年 3 月 19 日、5 月 29 日，《老圃遗文辑》，251、317 页。

之，军阀的强弱与贤不屑，皆取决于是否对外作战。杨荫杭
进而提出："直、奉两派恐亦终于一战，与其战于国内，不如
战于国外。战于国外而胜，则国内之政敌不败而自败，且全
国之人将为汝后盾。"①若能对外战胜，即可取得国内竞争的
巨大政治资本。

其实，只要对外敢战，即可得先手，胜负还是其次的问
题。1926年年初已有人指出："郭松龄打张作霖便是打日本。
无论中国怎样一个军阀，敢和外国抵抗，是我们十分钦佩的。
不幸抵抗外国而失败，是我们十分惋惜的。"②那时一般军阀
对此显然认识不足，而南方的蒋介石却表现出更敏锐的政治
识力，他知道对外作战即使不胜，仍可得人心。

1926年2月，广州政府因粤海关案与列强成军事对峙之
势，在国民党决策会议上，蒋介石力主采取强硬手段，不惜
与外人一战。他分析说："外国对粤用兵甚难，未必因此即以
武力为后盾。就令用武，而广东全省新胜之兵，不下六七万；
且有俄员之指挥，俄械为之接济，大可以拼命一战。若幸而
战胜，则东方第二土耳其，匪异人任矣。若不幸而败，极其
量亦不过将广州政府退移于韶州。外兵人地生疏，万不敢深
入国内，终须退出。然因此一战影响，已博得全国排外者之
同情，目前虽稍吃亏，而将来声势，必从此更为浩大。盖能
与外国人开仗，其地位已增高不知几许也。"谭延闿与孙科极

①　1921年3月19日，《老圃遗文辑》，251页。
②　杨汝楫：《奉告东省同胞》，载《现代评论》，3卷56期（1926年1月2日），
　　19页。

力反对，他们认为："若谓借一战以博取国人之同情，则将来之价值未必得，而目下之地盘先不保，岂非以大局为孤注！"结果会议多数不同意蒋的主张。[①]

蒋介石在那时的胆识或因他的本钱不多，故敢于"以大局为孤注"而赌胜负。到济南事变时，已军多势壮的他遇到类似局面且形势明显占优（事变初期蒋在军事实力上完全可以一举击溃日军），反舍不得下注，退而求和；到"九一八"后终走上先安内后攘外之路，实即其一生事业走下坡路之开端，这是后话。但蒋在北伐前的识见已明确意味着政治性运用民族主义的主观意识，提示了当时中国政治活动的一个倾向，即在政治运动中有意识地运用民族主义。这一政治手法在五卅运动后日渐风行，但在几年前即已出现。

杨荫杭在 1922 年已注意到，各派军阀"所发之电报及种种文诰，固一则曰民意，再则曰自治；而攻击他党之辞，又一则曰卖国，再则曰违背道德、违背法律"。在他眼里，"民国以来最大之政治罪恶，曰借外债。攻之者必曰卖国。平心论之，借债非必卖国，然营私滥借之结果，虽不卖国，而实与卖国无异，故为最大之政治罪恶"。当时的政治已是非混乱，"今日国中无论何派，当其握权得志之时"，没有绝对不借外债者；而"当其失志无权之时"，又无不"骂人为卖国"。[②]这正是政治性运用民族主义的典型写照。

---

① 《晨报》，1926 年 3 月 16 日，5 版。
② 1922 年 2 月 25 日、2 月 26 日，《老圃遗文辑》，528～530 页。

军阀或政治派别在通电中所用的语言在多大程度上代表其真实思想，自需考究。但时人"滥用'卖国'字，凡异己者，即以此头衔加之"的现象，至少说明军阀等了解到这样做可对异己方面造成损害。后来李景林通电讨冯玉祥，说其"助长赤化风潮"，而李本人则"荷戈卫国"，以期"殄灭世界之公敌，而挽我五千年来纪纲名教之坠落"。郑孝胥立刻注意到这是可加以运用的"极好题目"，不久各军阀的通电中果然都以"反赤"为其军事行动正名。[①] 军阀言"反赤"在相当程度上是在政治上运用民族主义为工具这一点说明，政治性运用民族主义在北洋军阀统治时期已渐从无意识进到意识层面。由此角度颇能看出民国各政治力量的得失，也可反证民族主义在中国政治中的作用。

但御外型的民族主义在实际政治中的作用是有限度的，联俄的南方将"反赤"的北方打得落花流水，即是一个明证。北伐后期出现中日武装冲突的济南事件时，北方呼吁中国人不打中国人，应南北息争而一致对外（当然不排除此时居于弱势的北方想利用这一契机言和的实际算计，但北方在南军与日军冲突时主动后撤而未利用此形势乘机打击南军确是事实）；而南方则一面对日妥协，一面"绕道北伐"，实即不打日本军而打中国人。从今日美国所讲究的"政治正确"观点看，这一次是当然北方"正确"而南方"不正确"，但这并未妨碍南

---

① 说详罗志田：《中外矛盾与国内政争：北伐前后章太炎的"反赤"活动与言论》，载《历史研究》，1997(6)。

方"绕道北伐"的实际成功。

20年代初的中国政治出现了一个近代前所未有的新现象，即中央政府渐失驾驭力，而南北大小军阀已实际形成占地而治的割据局面。当时的《申报》主笔杨荫杭对时局最常用的历史比拟，就是"五代"，而其严重性犹有过之。"五代"的一个特征即"内讧不已，乃暗中乞助于外人，一如当时之乞助于契丹"。实际上，"今之外患，甚于契丹；踵起诸强，多于金元"，已到"虽举国上下，同心同德，尚恐应接之不暇"的程度。但"五代"一个更明显的特征则是分裂，不仅南北"各据一方；南北既分，以为未足，北与北更互相水火，南与南又互相吞噬。呜呼！吾国自有史以来，处境之阽危，未有甚于斯者也"。①

全国局势既然类似五代，也就出现了与五代相近的时代要求——向往统一。用杨荫杭的话说："排军阀、斥强盗，为全国人民心理之所同；忧亡国、忧破产，为全国人民心理之所同。"②在长期分裂后，向往统一已成为社会各阶层与各政治流派都能认同的时代愿望。在一定程度上，第二次直奉战争可以视为北洋军阀内部最后一次武力统一的尝试，而其后的"善后会议"及大约同时各种召开"国民会议"的要求则是南北双方及全国各政治力量最后一次和平统一的努力。两次努力的失败不仅造成北洋体系的崩散，而且导致北洋政府统治

---

① 1920年6月7日、7月5日、12月24日，《老圃遗文辑》，12～13、45～46、166页。

② 1921年1月12日，《老圃遗文辑》，187页。

合道性（political legitimacy）的丧失，为后来的北伐预留了"有道伐无道"的先机。

北伐时多数北洋军阀已无统一全国的奢望，个别军阀如吴佩孚又已无此实力，唯一真有统一的愿望且有相当实力的政治军事力量就是国民党（当时包括与之联合的共产党）。故国民革命的一个主要感召力并不像以前许多人认为的那样在其抵御外侮的反帝一面，而恰在其强调统一，并以军事胜利证明其具有统一的能力。必从国家建构这一层面去考察国民革命在全国的吸引力，方能较全面地认识民族主义在北伐中的作用。

但民族主义之国家建构一面对北伐成功的作用同样有其限度，且可以说任何一种"主义"在历史发展中的作用都受其所在的时空语境所限，因而对历史现象的诠释力也都是相对的。[1] 北伐时国民革命军以统一全国的目标号召天下，并大做反帝文章，其成功的确颇得民族主义之助；但正如本书所证明的，其在南方战场在很大程度上正依靠南北地方意识而能以弱胜强。[2] 地方意识与统一观念的关系是曲折而复杂的，两者常常相互冲突，有时也可相辅相成。一般而言，在外患

---

[1] 比如国民党与青年党，一个讲民族主义，一个讲国家主义，双方虽有些学理上的具体歧异，但从其西文来源看实际上应是同一个主义。它们在北伐前后却一度互为仇敌，都欲置对方于死地而后快。这种诡论性的现象实非仅用民族主义所能诠释，也说明民族主义与近代中国各主要政治力量兴衰的关系，是一个迄今仍未得到深入研究的课题。

[2] 说详罗志田：《南北新旧与北伐成功的再诠释》，载《新史学》，5 卷 1 期（1994 年 3 月）。

深重时，统一观念多压倒地方意识。而当外患不十分急迫时，地方意识的力量是极大的。本不相容的两种观念有时无意中可能产生特殊的合力，北伐就是一个明显的例证。

近代西方民族主义的一个重要观念，即爱国本由爱乡发展而至。然近代来华的西人以及受西人影响的中国读书人，又多以为中国人像一盘散沙、重视乡土而缺乏全国性的民族自觉意识。其实他们基本是以西方民族意识的表现形式来反观中国，因长期未能在中国找到"同类项"，便以为不存在。到西方文化优越观在中国士人心目中确立之后，中国反西方或"排外"也逐渐采取西方的方式，结果立即被视为民族意识的"觉醒"。

其实若以1900年的义和团事件与1905年抵制美货时的所谓"文明排外"为个案进行比较，两次事件当事人所采取的手段虽迥异，其基本关怀和忧虑所在实大致相同（这个问题牵涉甚广，此处不能展开论述）。后来中日"二十一条"谈判时期的反日救亡运动，几乎完全是采取集会、游行、排货等西方抗议方式，美国驻华记者克劳（Carl Crow）即认为这是中国第一次举国联合一致的全国性运动，大大推进了中国过去缺乏的民族自觉意识。他预言：当中国以全民族的爱国主义（national patriotism）完全取代地方性的爱乡主义（provincial patriotism）时，中国的许多问题都能解决；此次的反日运动已预示出这样一种趋势。[1]

但是，近代中国有一项特殊的国情，即大约在庚子义和团之役后，越来越多的士人感觉到中央政府在救亡图存方面不可依靠。这样，近代中国民族主义思想中很早就产生了通过地方自立这一看似"分裂性"的举措来完成全国的救亡这样一种曲折的思路。欧榘甲在 20 世纪初提出"新广东"观念说："自[甲午]中日战争以后，天下皆知朝廷之不可恃；有志之士知非图自立，不足救亡国亡种之祸。"清廷既不可恃，则一个逻辑的思路就是"务合汉族以复汉土，务联汉才以干汉事"。有此基础，"以救中国，则中国可兴；以立广东，则广东可立"。[2] 可知其最后的目标仍然是通过"立广东"来"救中国"。

这一思路显然传承下去，在 20 世纪 20 年代初"联省自治"观念一度风行时，孙中山也曾主张以地方自治求全国统一。他于 1921 年 5 月 5 日通电就职非常国会所选的大总统，电文指斥"集权专制为自满清以来之秕政"，而"欲解决中央与地方永久之纠纷，惟有使各省人民完成自治，自订省宪法，自选省长。中央分权于各省，各省分权于各县，庶几既分离之民国，复以自治主义相结合，以归于统一"。[3] 与此大约同时章太炎、胡适等支持联省自治的主张，所持观念也相类似，

---

[1] Carl Crow, "China's Bloodless War on Japan," *Outlook* (Oct. 13, 1915), p. 378.

[2] 欧榘甲：《新广东》(1902)，见张枬、王忍之编：《辛亥革命前十年间时论选集》，卷一上，270、308 页，北京，生活·读书·新知三联书店，1960。

[3] 孙中山：《就任大总统职宣言》，见《孙中山全集》第 6 卷，531 页，北京，中华书局，1985。

都把区域自治视为走向全国统一的曲线路径。①

那时联省自治的主张能引起广泛共鸣尚有更特殊的当下政治语境，即皖系军阀武力统一的尝试已被证明不能成功。主张以村落自治为全国和平基础的广东军人陈炯明说："袁世凯、段祺瑞、张勋皆思征服全国、统于一尊，而皆失败。即孙逸仙亦思以征服之法谋统一，而亦失败。中国欲求和平，除以全权统归国民外，更无他法。以后当以村落自治为基础。一言以蔽之，当自下而上，不应自上而下，再蹈前之覆辙。"杨荫杭以为陈氏之言"皆娓娓可听，中国武人，能明此义，可谓铁中铮铮，庸中佼佼者矣"。②

不过，与当时许多反对联省自治的人一样，杨氏从自治的主张中看出了进一步分裂的可能性。在他看来，自治不过是割据之别名：西南各省有野心人物，因侵略他省失败，"一变而为'孟罗主义'。其名则曰各省自治，其实则既无余力侵人，又不肯牺牲其势力以求统一，乃不得已而假'孟罗'二字之新名以标其主义，并假'自治'二字之美名以耸人观听。其实即割据封建之别名"。③

杨氏注意到，"近日'联省自治'之说，风行一时"的现象也受到外国舆论的影响。"前有西人著论谓：今日北京政府，不能为国人所信任，应由各国撤消承认。撤消之后，亦不承

① 关于联省自治，参见胡春惠：《民初的地方意识与联省自治》，台北，正中书局，1983；李达嘉：《民国初年的联省自治运动》，台北，弘文馆，1986。
② 1921年2月19日，《老圃遗文辑》，226页。
③ 1921年3月12日，《老圃遗文辑》，244页。

认南方政府。但承认中国之国民，以各省省议会代表"。这样变更约法而行联邦之制，"则各省议会，为立法机关，其职权之廓大，当然与今制不同"。但考察作为"宪法之母"的英国历史，则是"先有宪法中之事例，非先制宪法之条文"。中国当时的"政治家、文章家能制省宪者，固车载斗量，在谷满谷"。但省议会既"为武人所左右"，复"为社会所厌恶"，如果北京政府撤消而实行联省自治，则这样的省议会就成为国家"惟一之总代表"和"惟一之主人翁"，实"不知此类省议会果有此资格、有此道德否"？①

故杨氏虽然同意"自治救国"为"不易之论"，但强调"多数之自治团体，不能名之曰'国'。若欲成国，非集权不可。故今日中国既尽力经营自治，复宜经营统一；能南北和衷，集而为一，固中国之福。藉曰不能，亦当群策群力，祛其害马。若以散漫不相统一为自治，而又由拥兵者出面主持，此乃分崩离析，非所谓自治也"。② 可以看出，杨荫杭其实主张地方自治与国家统一可同时进行（但不能由军人主持），两者中后者在当时又更重要，否则便不成其为"国"。

正是西人提出同时不承认中国南北两政府的主张使杨荫杭看出联省自治这一"今日最时髦之名称"的隐忧：原土耳其帝国治下的巴尔干各小国，最初也是让其自治，后来在帝国衰微时相继独立。而"俄对于我，尝要求外蒙之自治；英对于

---

①　1921 年 10 月 23 日、8 月 30 日，《老圃遗文辑》，443、399 页。

②　1921 年 6 月 15 日，《老圃遗文辑》，335 页。

我，尝要求西藏之自治"。中国的联省自治正有可能发展成类似巴尔干的情形。"世界各国中，狡焉思启封疆者，固甚喜中国有此类之自治。若长此不已，或将视为蒙、藏而代为要求，此中国惟一之危机，全国人所当注意者也。"所以，中国各派"若果有爱国心，谋全国之幸福，须知联省自治、制定省宪，皆非解决时局之法"，须知"今日中国危机，决不容继续分裂"，故各派首领"当牺牲私利，先求统一"。[①]

正因其与国家的统一那不可分割的关联，即使像联省自治这样充满地方意识的主张，也与外国在华存在纠结在一起。由此可以看出，民国早期中央与地方、内政与外交的相互多重纠缠，或民族主义与民国政治的多层面互动关系，远比我们前所认知的要复杂得多，尚需更进一步的深入考察。

原刊《开放时代》2000 年 5 月号

---

① 1921 年 8 月 30 日、2 月 19 日，《老圃遗文辑》，399、226 页。

二、社会与文化

数千年中大举动：废科举百年反思

百年前的清光绪三十一年(1905)，对中国而言真可以说是多事之秋。那一年发生了许多大事，有的当时就特别引人注意，如以中国为战场的日俄战争，改变了世界对黄种人作战能力的看法，也改变了东亚政治的权势格局(而作为战场主人的中国却宣布了"局外中立"，更是世界历史上少见的特例)；有的在当时许多人眼中可能不过是边鄙小事，如同盟会的成立，要很多年后才被"认识到"此乃转变中国政治的重大契机，而其在历史言说中的作用，复因"胜者王侯"的力量而进一步扩大。

同年发生的还有许多时人非常关注而后来的发展似不甚如人意的事，如新练北洋陆军据说耗银百万两的首次实弹演习，固不免有人以为是劳民伤财过于浪费(早已成为近代史上腐败误国象征的慈禧太后修颐和园，也不过号称挪用银八百万两)，但也让许多人——特别是在华外国人——看到一个"尚武"中国的兴起；如五大臣的出洋考察宪政，当时朝野均寄予厚望，后也成为史不绝书的要事，不过似乎成效不显，致使后之史家叙此多带遗憾惋惜，甚或潜受"败者贼"向例的影响而视其为"欺骗"，多少轻忽了当事者基本诚恳的努力。

那一年的中国还发生了一件影响深远的大事，就是至少实施千年以上的科举制被废除了。以前对科举制尤其八股取士方式颇有微词的严复在废科举的第二年说：

> 甲午东方事起，以北洋精炼而见败于素所轻蔑之日本，于是天下愕眙，群起而求所以然之故，乃恍然于前此教育之无当，而集矢于数百年通用取士之经义。由是不及数年，而八股遂变为策论，诏天下遍立学堂。虽然，学堂立矣，办之数年，又未见其效也，则哗然谓科举犹在，以此为梗。故策论之用，不及五年，而自唐末以来之制科又废；意欲上之取人，下之进身，一切皆由学堂。[①]

可以注意的是，一般战败多往军事及其相关方面寻找原因，而那时的中国人却因打败仗而举国恍然于教育之无当，非常能体现"教而后战"的传统思路，其背后隐伏的则是长期贯彻于中国的政必须教、由教及政的基本原则，亦即严复那篇题为"论教育与国家之关系"的文章所欲探讨者。

这在当年基本是通识，张之洞在《劝学篇序》里就说："世

---

① 严复：《论教育与国家之关系》(1906)，见王栻主编：《严复集》第 1 册，166 页，北京，中华书局，1986。

运之明晦、人才之盛衰，其表在政，其里在学。"乙巳年袁世凯等六疆臣要求立停科举的奏折也说："普之胜法、日之胜俄，识者皆归其功于小学校教师。即其他文明之邦，强盛之源，亦孰不基于学校。"中国之所以"相形见绌者，则以科举不停，学校不广"，故士心不坚，民智不开，难以进化日新。欲补救时艰，必先停科举以推广学校。① 可知这些封疆大吏也认为，战争取胜及国家强盛当归功于学校，严复的总结大致不差。

而那时举国又都带有明显的急迫情绪，六疆臣的会奏一则说"现在危迫情形更甚曩日"，再则说"强邻环伺，讵能我待"，便非常能体现这样的心态。实际上，在 20 世纪最初的几年间，仅张之洞、袁世凯等人奏折中关于改革科举制所提出的办法，几乎是几月一变，一变就跃进一大步；前折所提议的措施尚未及实施，新的进一步建议已接踵而至。原拟用十年的时间逐步以学堂代科举，而不过一年，便不能等待学堂制的成熟即一举将科举制彻底废除了。②

袁世凯等人其实很清楚："就目前而论，纵使科举立停，学堂遍设，亦必须十数年后人才始盛。"他们不过认为，"如再迟至十年甫停科举，学堂有迁延之势，人才非急切可成，又

---

① 本段与下段，参见袁世凯等：《奏请立停科举推广学校折》（光绪三十一年八月初二），见《故宫文献特刊·袁世凯奏折专辑》，1991～1992 页，台北，"故宫博物院"，1970。上奏者包括北洋大臣直隶总督袁世凯、盛京将军赵尔巽、湖广总督张之洞、署两江总督周馥、署两广总督岑春煊及湖南巡抚端方。

② 参见王德昭：《清代科举制度研究》，236～245 页，北京，中华书局，1984。

必须二十余年后，始得多士之用"。为了使士人不存"侥幸得第之心"，民间放弃"观望"心态以参与私立学堂的建设，不能不立停科举。① 新学堂是否培养出"国家"所需的多士，确须从一二十年以上的长程进行考察。② 而从其所论废科举→兴学校→补救时艰→进化日新的逐步递进关系看，科举制也已得到相当的重视（尽管更多是负面的）。但这些疆臣多从培养人才的视角考虑科举制的存废，眼光未免有些局促。

在某种程度上，他们也是在重复严复前些年的看法。严氏在甲午战争后曾说，当时虽"言时务者人人皆言变通学校，设学堂，讲西学"，中国也未必就能在十年后收其益，盖八股取士之"旧制尚存，而荣途未开"。故要"开民智，非讲西学不可；欲讲实学，非另立选举之法，别开用人之涂，而废八股、试帖、策论诸制科不可"。③ 那时他更多注重考试的方式和内容。

庚子事变可能改变了严复的一些看法④，他对科举制度

---

① 袁世凯等：《奏请立停科举推广学校折》，见《袁世凯奏折专辑》，1991 页。

② 新教育体制是否成功，在新文化运动后已开始出现较深刻的反省。许多人虽不一定彻底否定新体制，却对其非常不满意。不过，后人对新学堂是否培养出多士的检讨，或可以不必考虑清廷本身的存废，而袁世凯等疆臣当时心目中的"国家"，却正是清廷本身。这些都只能另文探讨了。

③ 严复：《原强修订稿》（约 1896 年），见《严复集》第 1 册，30 页。

④ 严复在庚子事变稍后曾说："中国自甲午中东一役，而情实露；自庚子内讧，而情实痛益露。"严复：《主客平议》（1902 年），见《严复集》第 1 册，115 页。按当年事起于朝廷起用义和团攻使馆，后更有八国联军的入侵，而严复视其为"内讧"，联系到事变中他曾避难于上海，恐怕他对"东南互保"之局还有一般人较少注意的见解，详另文。

的存废或有新的认识，虽仍持开放观望的态度，但已隐约感觉到某种不安。严复此时看到，废科举"乃吾国数千年中莫大之举动。言其重要，直无异古者之废封建、开阡陌。造因如此，结果何如，非吾党浅学微识者所敢妄道"。① "大举动"一说或借鉴于梁启超，梁稍早曾说王安石当年"议建学校，变贡举，罢诗赋，问大义，此三代以下一大举动也"。② 从全文的基调看，严复对此举之"结果何如"似不甚乐观。

盖科举制是一项集文化、教育、政治、社会等多方面功能的基本建制（institution），它上及官方之政教，下系士人之耕读，使整个社会处于一种循环的流动之中，在中国社会结构中起着重要的联系和中介作用。其废除不啻给与其相关的所有成文制度和更多约定俗成的习惯行为等都打上一个难以逆转的句号，无疑是划时代的。如果近代中国的确存在所谓"数千年未有的大变局"的话，则正如严复所感觉到的，科举制的废除可以说是最重要的建制变动之一。③

若反观科举制在传统中国政治和社会中所起的作用④，

---

① 严复：《论教育与国家之关系》（1906 年），见《严复集》第 1 册，166 页。
② 梁启超：《变法通议·论科举》（1896 年），见《饮冰室合集·文集之一》，24 页，北京，中华书局，1989。
③ 参见罗志田：《科举制的废除与四民社会的解体——一个内地乡绅眼中的近代社会变迁》，载《清华学报》（新竹），25 卷 4 期（1995 年 12 月）；《清季科举制改革的社会影响》，载《中国社会科学》，1998（4）。
④ 参见余英时：《试说科举在中国史上的功能与意义》，载《二十一世纪》，2005 年 6 月号；Benjamin A. Elman, *A Cultural History of Civil Examinations in Late Imperial China*, Berkeley, Los Angeles & London: University of California Press, 2000.

或更能认识废科举的重要性。传统中国政治从思想观念到实际治理的方式，都有其发生发展的统系，且有其社会基础。[①]古代中国政治强调的更多是"职责"而不是"权力"。在严格意义上说，像主权这样的西方政治的根本原则，在中国古代可以说基本上不存在。从上古的《周礼》开始，中国政治文献中讲权力很少，却对从各级官吏到一般民众的职责规定得不厌其详。君有君责，臣也有臣责。但首要的责任在上。孔子说"政者正也"，统治者正，被统治者就不敢不正。孟子进而指出："君仁莫不仁，君义莫不义，君正莫不正。"天下是否能成为治世，责任主要在统治者一面。

如果用一对相对接近的西方概念即权利与义务概念来看，传统中国政治重义务是远超过权利的。且古代中国人讲"义务"时非常强调其双向性，即统治者与被统治者的义务是相互的，有些类似近代西方所说的契约关系。虽然是君为臣纲，但若君不君，则臣可以不臣。被统治一方不履行义务固然要受惩罚；当统治一方不能履行其义务时，即失去了统治的正当性，是可以而且应该被更换的——这就是中国"革命"一词的原始意义。

这一责任政治的基础是教化。贾谊说："有教然后政治

---

① 以下所论之传统政治多为整合诸家研究之大意，可参看吕思勉：《中国制度史》，上海，上海教育出版社，1985；钱穆：《国史新论》，北京，生活·读书·新知三联书店，2001；余英时：《历史与思想》，台北，联经出版事业公司，1976；余英时：《士与中国文化》，上海，上海人民出版社，1987；杜正胜：《古代社会与国家》，台北，允晨出版公司，1992；杜正胜：《编户齐民：传统政治社会结构之形成》，台北，联经出版事业公司，1990。

也，政治然后民劝之。"这里的"政治"，意思就是以政教为治
和政事得到治理。古人的政治观是政治与教化不能分，即实
际的政治管理必须在教化可及的基础上，教化不能施则不及
以政。①类似的观念一直延续到近代。前引张之洞所说的"政
表学里"，仍是这个意思。以政教为治讲究的是社会秩序的和
谐，其基本立意是统治一方应"无为而治"。先秦政治思想的
一个核心原则，即孔子所说的"为政以德，譬如北辰居其所而
众星拱之"。所谓"治世"，即统治一方从上到下均可以无为，
而天下的社会秩序仍能和谐。

因此，中国传统政治基本是一个不特别主张"作为"的"小
政府"模式。正因"作为"方面的要求不高，故产生与此配合的
轻徭薄赋政策，不提倡政府与民争利。②像电视剧中为国库
增加库银五千万两的雍正皇帝，今日有些人或视为政绩，以
传统观念看就是以苛政虐民的典型暴君。而政府可以无为的

---

① 这个观念在历代对所谓"夷狄"的政策上体现得最为明显。古代对周边异文化
的民族，基本是采取"修其教不易其俗"的政策，对其生活习惯可以"政由俗
革"，但原则性的价值观念必须与内地人民一样接受教化。如果连修教也做
不到，即取"存而不论"的羁縻政策，不施行实际的管理。说详罗志田：《夷
夏之辨的开放与封闭》，载《中国文化》第 14 期(1996 年 12 月)。

② 政府不与民争利的传统在国民党统治以前大致得到遵循，近世渐多的"捐纳"
制和清季民初政府大量借外债，虽因不免涉及政治"腐败"和"卖国"而为时人
和后人诟病；其实也不能仅从这一面去看，恐怕也都是小政府体制不得不行
使大政府功能而又试图不违背传统的一种变通性非常规举措。事实上，"捐
纳"更多是取得进一步考试的资格或身份的转换，真正直接通过"捐纳"入仕
者并不多见，故其"腐败"的程度也是想象大于实际的。虽历史不能后设，试
想若历代政府将捐纳和借款所得数额悉数转换成赋税而施之于民，恐怕其因
"失道"而崩溃的时间还更快，其所受时人和后人诟病亦决不更少。

前提，仍是教化。百姓受教而化之，各亲其亲，则政府对内的职责只在老幼孤独的福利问题，当然可以无为，且可以真正趋向"无为而无不为"的境界。不过，这样一种社会秩序的理念，与其说是一个可以完全实现的目标，不如说是一个值得争取可以趋近的理想。而且，轻徭薄赋的"小政府"在遇到外患时便常显捉襟见肘之窘境。

教化的载体是读书人。郑振铎曾说，中国传统的"治人阶级"分为直接统治者（约指皇帝）和"帮治者阶级"，后者便是士人。① 从孔子以来，中国士人最向往的政治模式可以说是一种"士治"的秩序。有新观念武装的蒋梦麟曾表述为"民有，士治，民享（of the people，by the scholars，for the people）"；其实以前的士人不太会想到"民有"，故更实际的理想型状况大约是"君有，士治，民享（of the emperors，by the schol-ars，for the people）"。

《汉书·食货志》给四民社会中的"士"下了一个界说，即"学以居位曰士"。这里的"位"当然包括士向"大夫"的发展路向，即各级"大夫"多从士来，使由教及政的观念逐渐社会化为上升性社会变动（social mobility）的主要途径，落实在体制上就是从汉代发端到唐宋成熟的通过考试选官的科举制。任何编户齐民只要能通过一定层次的考试就可以担任一定级别的官员，这样的"布衣卿相"梦想曾经是四民之首的士和渴望

---

① 郑振铎：《且慢谈所谓"国学"》，载《小说月报》，20 卷 1 号（1929 年 1 月），10 页。

进入士阶层的乡村农业中产阶级的持续追求，可以说是典型的"中国梦"。布衣卿相的传统梦想常常更简单也更理想化地表述为"耕读"，反映出以"衣冠礼乐"为表征的整体性华夏"声教"的最重要基础是农耕。

而"学以居位"的"位"也意味着士在基层社会中的核心地位。由于小政府的传统，基层地方大多在官督之下实行自治，起着关键作用的是乡绅，而其核心成分就是士人。作为四民之首，士人的一个社会角色就是做其他三民的楷模。如刘大鹏所言，士"平居乡里，所言所行，使诸编氓皆有所矜式"；若不能为乡人表率，"而反为乡人所化"，同于流俗，则"不足以为士矣"。另一方面，一个地方"公正绅士"须同时具有"国计民生思想"和"地方观念"，既要"思为地方除害，俾乡村人民受其福利"；又不能"借势为恶，婿官殃民，欺贫谄富"。若交通官吏，夺民之利，便是苛政之"帮凶"，已失"士治"之本义。①

故"士治"在很大程度上是相当实际的，其纵向发展为"士大夫"，横向则为"士绅"。而"大夫"与"绅"又始终维持着一种关联互动的关系。用范仲淹的话说，进为"大夫"则居庙堂之高，退处江湖之远又成为"绅"。以耕读为标榜的士人多是在乡间读书，继而到城市为官。其间或候缺或丁忧或告老，读书人多半要还乡，即所谓落叶归根也。这当然不止是人员的

---

① 刘大鹏：《退想斋日记》，乔志强标注，1897 年 2 月 16 日、1926 年 4 月 24 日，69、322 页，太原，山西人民出版社，1990。

流动，还意味着信息、资金等多渠道的流通。

　　这一使整个社会处于循环流动之中的科举制，实集文化、教育、政治、社会等多方面功能于一身，故传统教育体制也与此政治、税收取向配套，大致符合以农业为主的生产方式，全毋需高投入。夏曾佑在废科举当年说：

> 中国之民素贫，而其识字之人所以尚不至绝无仅有者，则以读书之值之廉也。考试之法，人蓄《四书合讲》、《诗韵》并房行墨卷等数种，即可终身以之，由是而作状元宰相不难。计其本，十金而已。以至少之数而挟至奢之望，故读书者多也。①

　　正因教育投资甚低，而又具有开放性，所以很能鼓励士人向学之心，以维系"耕读传家"之路。当然，科举制的开放性很多时候是理想大于实际的；且随着中试者的积累，获得举人以上的士人中也只有一小部分人真能得官。但正如夏曾佑所说，这样明知有些侥幸的体制"足以相安千余年而不见其不可终日者，则以若辈虽多终身不得之人，而要无日不有可得之理，故其希望之心不绝。即此希望之心，彼乃借此以养

---

① 夏曾佑：《论废科举后补救之法》，载《中外日报》乙巳年八月十二日，录在《东方杂志》第2年第11期（光绪三十一年十一月），253页（栏页）。北京大学校史馆的杨琥先生告诉我，此文是夏曾佑所作。

生尽年，而得以悠游卒岁矣"。① 伴随着不高之教育投入的是上升性社会变动的不绝希望，正是科举制保障了这一梦想的持续，并以一定数量的成功范例鼓励之。

也曾呼吁废科举的梁启超稍后认识到：科举制"实我先民千年前之一大发明也。自此法行，而我国贵族、寒门之阶级永消灭；自此法行，我国民不待劝而竞于学"。② 废科举后，新教育的耗费日益昂贵，那些仍希望走读书上进之路的寒门之家比过去更困难了。黄炎培后来总结说，科举制在历史上的好处，即在使"贵族教育移到平民教育身上"；科举既废，教育本应更加平民化，然办新学校的结果，"转不免带多少贵族教育的意味"，为"科举时代所料想不到"。主要体现在"学校的设置既偏于都市，学费的征取更足使中等以下社会人家无力送他的子女就学"。③

这样，废科举一个影响深远的社会后果是中国的城乡渐呈分离之势。与传统中国做官的读书人多半要还乡不同，新学制下的"学生"与城市的关联越来越密切，而与乡村则日益

---

① 夏曾佑：《论废科举后补救之法》，载《东方杂志》，第 2 年第 11 期，251～252 页（栏页）。

② 梁启超：《官制与官规》(1910 年)，见《饮冰室合集·文集之二十三》，68 页。

③ 黄炎培：《中国教育史要》，序言 6 页、144 页，上海，商务印书馆，1939 年万有文库本。教育的城乡差别当然并非只有负面的结果，有些人反可能从中获益。安徽乡间私塾尚未沾染口岸风气的传统蒙学教育，对少年胡适就曾大有帮助，使他得以在上海的新学堂连续跳级（参见罗志田：《再造文明之梦——胡适传》，41～59 页，成都，四川人民出版社，1995）。但多数人对新学堂的体验似不那么理想。

疏远；大学(早期包括中学)毕业基本在城市求职定居，甚至死后也安葬于城市，不再落叶归根。这实际意味着以前整个社会的循环流动在很大程度上逐渐衰歇，并走向中止(这当然有个过程，且各地情形不一)。

废科举后不久，即有人担心，"吾国官无大小，所居者城市也。今日大声疾呼争权利以兴学者，皆城市之民也"。官立和层次较高的公立学堂多在城镇，即使"偶有一二富乡，搜集种种捐款，建设一二学堂，所教者绅族也、富室也；林林万众，裹足不入"。若"长此不改，一二年后，城市大乡，贵族学校林立，官可以报绩，绅且据以自豪"，而乡间恐怕"除百一绅富家外，大多数学龄童子皆将不识一丁"。①

关键在于，乡村"读书种子既绝，而市民、非市民之阶级，由此永分：市民之学堂日益增多，非市民之负担日益增重；市民有权利而无义务，非市民有义务而无权利"；其潜在的祸患实难以量计。章太炎后来便指出："自教育界发起智识阶级名称以后，隐然有城市乡村之分。"所谓"智识阶级"，其实就是新教育建制的产物。而且，由于"城市自居于智识阶级地位，轻视乡村"，进而产生了整体性的城乡"文化之中梗"。②

重要的是乡村读书人心态的转变。庄俞早在清末就注意

---

① 本段与下段，参见胡尔霖：《拟上学部条陈》(1908年)，见朱有瓛主编：《中国近代学制史料》第2辑上册，277页，上海，华东师范大学出版社，1989。

② 章太炎：《在长沙晨光学校演说》(1925年10月)，转引自汤志钧：《章太炎年谱长编》下册，823页，北京，中华书局，1979。

到，新学堂教育出的学生"骄矜日炽，入家庭则礼节简慢，遇农工者流尤讪诮而浅之"。①在耕读相连的时代，四民虽有尊卑之分，从天子到士人都要对"耕"表示相当的尊敬；在耕与读疏离之后，乃有这样的新现象。如黄炎培所说，包括乡村教育在内的平民教育，"不但没有造福平民，且给平民前途以很大的危险"；即"在教育还没有能造成好环境时，早早诱导平民脱离他们的固有生活；即使事实上一时不得脱离，先养成他们厌弃固有生活的心理"。②

早在废科举当年，夏曾佑便认为："废科举设学堂之后，恐中国识字之人必至锐减。而其效果，将使乡曲之中，并稍识高头讲章之理之人而亦无之。遂使风俗更加败坏，而吏治亦愈不易言。"③随着"布衣卿相"梦想的保障不再，乡村中人读书的愿望减低，而读书的代价则增高，平均识字率遂逐渐降低。城乡分离和城乡差异更促使本已为数日少的乡村读书人向城市流动，然而城市却未必"需要"和接纳他们。到民国初年，胡适就注意到："如今中学堂毕业的人才，高又高不得，低又低不得，竟成了一种无能的游民。"④

知识青年"离村问题"在大约同时也引起李大钊的注意，他看到：乡村"一般知识阶级的青年，跑在都市上；求得一知

---

① 庄俞：《论小学教育》，载《教育杂志》，第 1 年第 2 期（宣统元年二月），112 页，台北，台湾"商务印书馆"，1975 年影印本。

② 黄炎培：《中国教育史要》，144～145 页。

③ 夏曾佑：《论废科举后补救之法》，载《东方杂志》，第 2 年第 11 期，252 页（栏页）。

④ 胡适：《归国杂感》，见《胡适文存》卷四，10 页，上海，亚东图书馆，1920。

半解，就专想在都市上活动，都不愿回到田园；专想在官僚中讨生活，却不愿再去工作。久而久之，青年常在都市中混的，都成了鬼蜮。农村中绝不见知识阶级的足迹，也就成了地狱"。故"中国农村的黑暗，算是达于极点"。[①] 注意这里的"受害者"是双向的：常在都市中混的知识青年固然成了"鬼蜮"，而失去知识阶级的农村也变成了"地狱"。两者都极大地影响了中国的发展，特别是双方的结合为后来中国的政治革命提供了最主要的人力资源。

李大钊的观察可以印证夏曾佑在清末的预测，即乡村中识字者锐减会导致"风俗更加败坏，而吏治亦愈不易言"。读书人的减少和游离造成乡村中士与绅的疏离，"乡绅"的来源逐渐改变，以士绅为核心的基层"士治"可能变为新型的"绅治"。"乡绅"与"知识"的疏远或意味着相应的道义约束日减，容易出现所谓"土豪劣绅"。当然，传统乡绅的一些基本功能，例如"修桥补路"一类社区事务（包括民间信仰方面活动）的组织，未必一定要求多少与书本相关的"知识"。在斯文扫地之后，一些不代表"斯文"但行使着此类功能的新乡绅也可能为乡村带来一种无士的自治生活。

有一点值得注意，尽管夏曾佑当时就指出：这样一种基本建制的废除"关系于社会者至深。社会行科举之法千有余年，其他之事，无不与科举相连。今一日举而废之，则社会

---

① 李大钊：《青年与农村》（1919 年），见李大钊研究会编：《李大钊文集》（2），288～289 页，北京，人民出版社，1999。

必有大不便之缘"。① 而严复更已认识到这一变动是"数千年中莫大之举动"，但当时朝野虽也存在反对废科举者以及相当数量的怀有疑虑者，对于废科举的总体社会反应却并不特别强烈，尤其是能够影响所谓"舆论"的那部分"社会"并未表现出有力的赞誉和非议。②

也许那时社会已兴起一股以"起而行"取代"坐而言"的实干风气，故官绅均不遑空言而投身于办新学堂的实际行动之中；后来也有学者对那时士绅办学的积极性进行了"理性"分析，如市古宙三认为，本来反对废科举的士绅此后则颇识时务，另辟办学堂之途以保存其特权，对此非常热衷，甚至不惜自己出钱办。③ 当年的士绅群体是否能将"保存特权"提升到意识层面，及其是否有基本一致的群体行动，我尚存疑；更接近实际的或许是其中的一部分反对废科举，一部分支持办学堂。

但还有一种可能，即相当一部分士大夫已对朝廷失望，故对其任何举措皆淡漠处之。鲁迅即持这样的看法，他曾说：

---

① 夏曾佑：《论废科举后补救之法》，载《东方杂志》，第 2 年第 11 期，251 页（栏页）。

② 在乡间则不然，喜忧皆甚明显，将国家和个人前途寄望于科举制的山西举人刘大鹏获悉停科考的消息，即感"心若死灰，看得眼前一切，均属空虚，无一可以垂之永久"；而同乡的趋新者却都"欣欣然有喜色而相告曰：'旧制变更如此，其要天下之治，不日可望。'"参见刘大鹏：《退想斋日记》，1905 年 10 月 17 日、1906 年 3 月 19 日，146、149 页。

③ 市古宙三：《1901—1911 年政治和制度的改革》，见费正清、刘广京编：《剑桥中国史》第 11 卷，440～441 页，北京，中国社会科学出版社，1993。

"戊戌变政既不成，越二年即庚子岁而有义和团之变，群乃知政府不足与图治，顿有掊击之意矣。"①这里的"群"当然是指士大夫，因为一般的老百姓在义和团之时恰与清政府有一度的"合作"。清廷走向基层，从传统的异端方面寻求力量和支持，多少提示着政府已接受中学之正统不足以救亡的观念，而在社会层面也不那么依靠士人；反过来，对许多重视文野之辨的士人而言，起用"子不语"的怪力乱神恐怕意味着朝廷之行为已类似当年的洪、杨，一个明显"失道"的朝廷自不足以救亡和振兴中国。②

在中外竞争形势危迫的情形下，朝廷与其主要支持者士人之间的互不信任恐怕是致命的。清廷不可恃的结论自然导致"反满"革命的行为趋于"正当"，一些原来还希望政府能实行改革的士人开始转向革命，章太炎就是个明显的例证。更重要的是封疆大吏中出现了类似的倾向，庚子"东南互保"局面的出现，就是那些曾在清廷与太平天国之间选择了前者的疆臣，后来却在清廷与列强之间选择了"中立"；而这些人中不少人恰又是废科举的积极推动者。

清廷起用"神拳"是为了对付过于"跋扈"的外国，士人走向革命是因为清廷不能救亡，与"东南互保"一样，多少都针对和因应着外人在华存在（the foreign presence in China）这一

---

① 鲁迅：《中国小说史略》，见《鲁迅全集》(9)，282 页，北京，人民文学出版社，1981。

② 参见罗志田：《裂变中的传承：20 世纪前期的中国文化与学术》，17～19 页，北京，中华书局，2003。

近代新形势。袁世凯等六疆臣的会奏明言，废科举也是对外
国人有所交代：

> 近数年来，各国盼我维新，劝我变法，每疑我拘牵
> 旧习，讥我首鼠两端。群怀不信之心，未改轻侮之意。
> 转瞬日俄和议一定，中国大局益危，斯时必有殊常之举
> 动，方足化群疑而消积侮。科举夙为外人诟病，学堂最
> 为新政大端，一旦毅然决然，舍其旧而新是谋，则风声
> 所树，观听一倾，群且刮目相看，推诚相与。①

日俄战争两次出现在这一奏折之中，说明这个与废科举
大约同时的事件有力地刺激了许多中国人，推动或促进了一
些人的改革要求。会奏试图取信于外人，希望改变外人对中
国的观听，以换得其"推诚相与"，与庚子年间的对外取向可
谓截然相反，也提示出直接间接来自外国的影响和压力是推
动废科举的一个重要因素。正如次年一份四川办学纲要所说：
中外"交通既久，几于无事不与外人为缘"。② 不过，外患的
威胁和外部压力虽大，废科举的主要动力应该还是来自内部。

或可以说，包括废科举在内的晚清新政有一致命的弱点，
即当时已形成一股内外夹攻的政治变革压力，在政府终于认
识到全面改革已是刻不容缓并主动推行自上而下的系列改革

---

① 袁世凯等：《奏请立停科举推广学校折》，见《袁世凯奏折专辑》，1991 页。
② 《四川奏定致用学堂办法纲要》，载《北洋学报》，丙午(1906)年第 20 册，学
  界纪要 1 页。

措施之日，却正是大量过去维护朝廷的那些士人开始对政府失去信任之时。在士人心态与清廷政策颇有距离的情形下，科考改革的不断加速进行也反映出政府希望可以借此挽回士人的支持。但恰由于改和革的一面不断加速，而建设的一面未能跟随，终造成旧建制已去而新建制更多仅存于纸面的现象，逐渐发展成不可收拾的局面。

※　　　※　　　※

梁启超在庚子后曾以为，像"废八股为策论"甚或"废科举为学堂"一类作为，不过是"补苴掇拾一二小节"的小改革；要解决中国的问题，必须实行他所谓"从根柢处掀翻之，廓清而辞辟之"那种"大变革"，即英文 revolution 之意。[①] 废科举几年后他发现，新教育体制在从政人才培养方面成效并不理想。故梁氏在 1910 年指出，当初废科举，乃"欲举天下之仕者尽由学校，意诚善也。然以今日教育现象论之，欲求完全之大学卒业生以为用，未知期以何年"？为更有效地选任官吏，他"悍然"提出"复科举"的主张。[②]

虽然梁启超的实际建议不过是采取一种类似科举的开放性考试选官制度，与前引严复所论相比，他此时对科举制的重新反省还是彻底得多。不过，梁氏又是最善于"与昨日之我战"的，十多年后他的看法又有转变，以为庚子后最值得记载的事就是"八股科举到底在这时候废了。一千年来思想之最大

---

① 梁启超：《释革》(1903 年)，见《饮冰室合集·文集之九》，41～44 页。

② 梁启超：《官制与官规》(1910 年)，见《饮冰室合集·文集之二十三》，63～69 页，引文在 64、68 页。

障碍物，总算打破"。^① 把科举制仅视为"思想"的障碍物，多半是辛亥政治鼎革后的观念，但也揭示出这一基本建制的广泛关联性。

中国传统本是一多层面的体系，表面看去似乎不怎么紧密相连，实则内在的联系丝丝入扣。一个障碍物被打破，又会有新的"打破"要求接续出现。民国年间以守旧著称的顾实此时就认为破得不够，他对清廷给新学堂毕业生也"奖励"以从秀才到进士的旧功名非常不满，故警告说："专制政体基本于科举，而科举之精神即在奖励；立宪政体根柢于学堂，而学堂之精神即在道德。科举之奖励一日不去，即专制之基本一日不拔；学堂之道德一日未兴，即立宪之根柢一日未形。"^②

以旧功名"奖励"新学生确实体现了科举精神，却未必就能对专制和立宪的成败有如此决定性的影响。但若视传统为一整体，就不能不一一彻底否定。如陈独秀后来指出的："旧文学、旧政治、旧伦理本是一家眷属，固不得去此而取彼。"^③因此，山西举人刘大鹏在废科举时看到新学堂"所学者皆洋夷之学"，而"孔孟之学俱弃之而不一讲求"，对"士皆舍孔孟之学而学洋夷之学"甚感忧虑^④；而十年后吴虞仍觉此前

---

① 梁启超：《中国近三百年学术史》(1924 年)，见《饮冰室合集·专集之七十五》，30 页。
② 顾实：《论学堂奖励》，载《教育杂志》，第 2 年第 5 期(宣统二年五月)，1672 页。
③ 陈独秀：《复易宗夔》，载《新青年》，5 卷 4 号(1918 年 10 月)，433 页。按此函发表时原与胡适共同署名，后收入《独秀文存》。
④ 刘大鹏：《退想斋日记》，1906 年 3 月 22 日、1906 年 7 月 15 日，149、152 页。

"打破"得远远不够，强调"儒教不革命，儒学不转轮，吾国遂无新思想、新学说，何以造新国民？悠悠万事，唯此为大"。[①]

刘大鹏的另一担忧也很快成为现实，他在废科举之初就预料，若"士皆殴入学堂从事西学，而词章之学无人讲求，再十年后恐无操笔为文之人矣，安望文风之蒸蒸日上哉"！[②] 刘氏所谓"文风"是特有所指的，钟骏文（寅半生）不久观察到："十年前之世界为八股之世界，今则忽变为小说世界，盖昔之肆力于八股者，今则斗心角智，无不以小说家自命。于是小说之书日见其多，著小说之人日见夥。"[③]清季是否已到"小说世界"的程度固尚可考，然俗文学的迅速扩展与废科举相关，应非无根之谈。胡适后来也认为，科举制"能使一般文人钻在那墨卷古文堆里过日子"，故"科举一日不废，古文的尊严一日不倒。……倘使科举制度至今还在，白话文学的运动决不会有这样容易的胜利"。[④]

文风丕变与士人从业的转变也相互关联，刘大鹏注意到，停科考后，"同人皆言科考一废，吾辈生路已绝；欲图他业以谋生，则又无业可托"；由于"士心散涣，有子弟者皆不作读

---

①　吴虞：《儒家主张阶级制度之害》，载《新青年》，3 卷 4 号（1917 年 6 月），4 页（文页）。

②　刘大鹏：《退想斋日记》，1905 年 11 月 2 日，147 页。

③　阿英编：《晚清文学丛钞》，转引自王尔敏：《中国近代知识普及运动与通俗文学之兴起》，见《中华民国初期历史研讨会论文集》，982 页，台北，"中央研究院"近代史研究所，1984。

④　胡适：《五十年来中国之文学》，见欧阳哲生编：《胡适文集》（3），252 页，北京，北京大学出版社，1998。

书想，别图他业以使子弟为之"。在有商业传统的山西太谷一带，"弃儒就商"成为持续的倾向：为父兄者"不愿子弟入学堂，遂使子弟学商贾"；即使入学堂者，也是"诵读数年，即弃诗书而学商贾"；故"读书人士日减一日"。[①]

类似现象在江南亦然，庄俞也看到，政府"虽悬举贡附等为毕业之奖励，而良家子弟，犹有谓学堂不足恃，废书学贾者踵相接"。由于新学堂"耗费多、历时久"，出路又未必好，"各地学生日益减少"，多转而"入私塾也，习商也，学工也"。[②] 在顾实还以为清廷以旧功名"奖励"新学生会影响到专制和立宪的成败时，老百姓已看不到这里的吸引力而使子弟转入原本边缘的行业了；这一取向与文风由雅向俗的转变显然是互相呼应的。

从总体看，废科举的一个重要后果就是教育与政治的分流，使原来结合在一起的政教系统两分，道统和治统分离直接导致其载体士与大夫的分离。清季所设学堂，最初不过是要养成新型的"大夫"以应付新的局势。特别是京师大学堂，入学者本是官员，在功能上亦无非新型翰林院也。且清季士人心态已变，张百熙为管学大臣时就主张读书不为做官。他在1904年对新进士金梁说："京师人才所萃，来者皆志在得官，

---

① 刘大鹏：《退想斋日记》，1905年10月23日、1905年10月15日、1907年9月13日、1908年3月27日，147、146、162~163、167页。

② 庄俞：《论小学教育》，载《教育杂志》，第1年第2期（宣统元年二月），115~116页。

君当以求学问为先，官岂可求，惟学问必求而始得尔。"①可知彼时主事者也竟然以为政治中心与言说中心分开才是正常的。民国后学生已平民化，蔡元培掌校后更要驱除"科举时代思想"，提出大学生"当以研究学术为天职，不当以大学为升官发财之阶梯"。②

　　这样，原为政教两系统共同载体的士也逐渐演变为主要议政而不参政（甚至不问政治）的职业知识人。这就在中国历史上首次出现了对职业官吏这一新社群的要求。科举之时，士是官吏的社会来源，做官也是士的正当职业。如今新兴学校的主要职责是教育和学术研究，不再是官吏养成所，则有良好训练的官吏又从何而来？民国官场之滥，即从为官不要求资格始。国无重心，亦因官场之滥而强化。而职业官吏的产生体制，也成为此后中国一个长期未能解决的问题。

　　更重要的是，科举制的废除不仅彻底打破了传统中国政治统治模式，而且连带摧毁了传统中国社会结构，使两千年为四民之首的士人这一社会轴心无所适从。在这样的情形下，1911 年推翻帝制的革命和新建以西方为榜样的民国政制都可以说是逻辑的结果。由于传统框架被人为地打破，而并无取代之框架、体制甚而社会重心的存在，中国局势的发展出现了几个值得注意的倾向：社会方面是各类边缘社群的兴起，

---

① 金梁：《光宣小记》，见章伯锋、顾亚主编：《近代稗海》第 11 辑，286 页，成都，四川人民出版社，1988。
② 蔡元培：《我在北京大学的经历》（1934 年），见高平叔编：《蔡元培全集》（6），350 页，北京，中华书局，1988。

思想方面是破旧立新尊西的新文化运动，政治方面则是西方（包括苏俄）政党政治的引入。

科举制废除而新的职业官僚养成体制缺乏，使得政治系统的常规社会来源枯竭，原处边缘的各新兴社群开始逐渐进据政统。近代军人、职业革命家、工商业者、边缘知识分子等新兴权势社群先后因"市场规律"的需求而崛起，成为很长一段时间里中国政治舞台上的主要角色。新文化运动本身虽然为时不长，但影响广大而深远，迄今余波犹存。这两方面扭结在一起而形成的政治心态、政治运作的方式及政治行为的风格等更是名副其实的两千年未有的大变局，也是后来中国政党政治中起重要作用的一些基本因素。由此看来，严复视废科举为"数千年中大举动"，甚有见地。

原刊《二十一世纪》2005 年 6 月号

物质与文质：20 世纪中国文化的反思

20 世纪的中国文化，套用一本流行书的题目，真可谓充满艰辛的一段"苦旅"。近代中国以"变"著称，20 世纪各方面的变化尤其显著。不过，与政治、经济真可说是数千年未有的剧变（西式共和制取代帝制和"社会主义市场经济"都是至少两千年未有的大变）相比，文化层面的变动相对来说更带隐而不显的特征。如果把眼光回缩到百年的时段，则 20 世纪前期的"新文化运动"和后期的"文化大革命"都是具有象征意义的大事件，前者的影响迄今未衰，后者的历史作用亦远非今日便能盖棺论定。在众多大致属于文化层面的变化中，有一个贯穿百年且与两千年文化传统相当冲突的倾向，即物质的兴起。

虽然有不少人说中国传统文化特别重实用，其实中国人轻"术"而重"学"有长期的传统。然而，近代中国在每一次中外冲突中的失败都或隐或显地增强了注重实用一派的力量。学与术到清季已有新的表述方式，即邓实所谓"物质文明"与"文质文明"（近于后之所谓"精神文明"）。当时朝野的一个共同倾向是强调"学要有用"，而所谓学术之"有用"意味着能够指导或至少支持当时中国面临的中外"商战"和"兵战"，用更传统的术语说也就是要落实在"送穷"和"退虏"这类"物质"层面之上，尤其是后者。一言以蔽之，学术之"用"正在于能经世保国。

1905年，康有为自戊戌出亡游历亚欧美八年后，写出《物质救国论》这一带总结性的反思。他强调近代已是重物质竞争的"新世"，时代既变，内在的"道德"遂让位于外观之"文明"，而且评判标准也已落实在战场之上，即"兵"的胜负成为"文明之标志"。既然"各国强弱视物质之盛衰为比例"，则"欧洲中国之强弱不在道德、哲学"，战败的中国便不能不从"文明"降为"野蛮"。这样，"仓廪实而知礼节"的管子学说便有了新的时代意义，贯穿全书的是一种物质富而后可文明的观念："以农立国"的"中国古教"虽"教化"可美，但"不开新物质则无由比欧美文物"；当时要救国、要"富强"，甚至要"文明"，都不能不致力于其所谓"物质学"。

到1915年，顾颉刚仍观察到"今天下竞为物质之学"的现象。或许正是针对这一"天下竞为"的趋向，在五四新文化运动时出现了一个逆反的潮流。与我们今日基本将"科技"合起来讲迥然不同，当时人讲"科学"甚少往"技术"方向走，讲到西方的物质一面时也往往提高到"文明"层次。我们今日说到"科学"，首先联想到的大概是数理化，近年则多为工科一类；但五四更注意的是科学那抽象的"精神"和广义的"方法"。而且，时人对"科学"角色的认知在中国与西方之间实有区别：

科学在欧洲仍像早年传教士所引导的那样与"物质"相连而常常落实在"技术"之上；但在中国则更多体现为"精神"，在实践层面更首先落实在胡适提倡的"整理国故"以及史学的"方法"之上（后者包括唯物史观，那时持此观念者咸认自己比实验主义更"科学"）。

在近代注重物质和"学要有用"的语境下，新文化运动时主流学人特别强调科学的"精神"和"方法"真是个异数；他们凸显的是科学那不够"物质"亦即相对"文质"的一面，这其实远承了中国古代重学轻术的传统，真是名副其实的"文化"运动；而其反传统的全面性不仅体现在要打远古的孔家店，对晚清以来重力轻学的大潮流这一新传统，同样是明显地逆流而行。

这一做法显然引起一些"老新派"的不满，从清季起便实际主张全盘西化的吴稚晖在新文化运动前期曾一度赞成整理中国古学，到1922年却发现"上当"了，从而明确提出应注重"物质文明"的"工艺"一面，主张将中国的国故"丢在茅厕里三十年，现今鼓吹成一个干燥无味的物质文明；人家用机关枪打来，我也用机关枪对打。把中国站住，再整理什么国故，毫不嫌迟"。新文化运动本已主要侧重文化层面的变革，但此时又出现从"文化"回归物质层面的"富强"之路的趋向。

正当梁启超在欧战后质疑人类运用"科学"的能力之时，其昔日的老师康有为将其《物质救国论》在1919年再次刊印出版。强调"欧战大战之效"恰证明他"凡百进化，皆以物质"的观点不误。曾有心做"教主"的康有为甚至认为，当强敌要挟之时，"虽数十万士卒皆卢骚（今译卢梭）、福禄特尔（今译伏尔泰）、孟的斯鸠及一切全欧哲学之士，曾何以救败"？以重"学"轻"术"、重"文"轻"武"的中国传统看，被许多人认为此时已"守旧"的康有为其实仍在激烈反传统，而以激进反传统著称的新文化人不过反的是晚清后形成的"传统"，无意识中恰在继承更久远的传统。

与康有为刊发旧论大约同时，张禄（马叙伦?）也提出了"理科救国"的类似观念。他将"理科"定义为"物质科学"而非时人已在使用的"自然科学"一词，前者当然更多落实在今人所说的"科技"之上。张禄认为，"新文化运动未免偏于人文的一方面"，实乃"中国数千年来重文学而轻物质，甚至诬科学为邪说、视机器为鬼怪"这一趋向的延续。吴稚晖更明言，当年张之洞等人重张乾嘉学者的妖焰，"暗把曾国藩的制造局主义夭折了"，而新文化运动实际上复兴了张之洞时代的谬说。他提出要回归到咸同时人努力的"制造"这一富强之路，并说中国"科学、工艺太后于人"，二者皆应积极提倡。虽然"科学在二者中为尤要"，实际却应"多趋工艺一方面"，才能真正推广科学。

此后强调"科学"之物质层面的倾向日益增强，连在"科学与玄学之争"中曾因提倡"玄学"而著称的张君劢也逐渐转向物质一方，他于1934年声明其"受过康德的洗礼，是不会看轻科学或反对科学的"。到1948年，张君劢以美国在第二次世界大战中对科学技术的依靠为例，强调"现在国家之安全、人民之生存无不靠科学，没有科学便不能立国。有了科学虽为穷国可以变为富国，虽为病国可以变为健康之国，虽为衰落之国也可以变成强盛之国"。只要"在科学上用大工夫，我们大家就不怕没有好日子过，不怕没有饭吃，不怕政治不走上正轨"。

最有提示性的是张君劢立论的基础："我们经历第二次世界大战后，知道科学研究的重要。新武器的发明，就是这种重要性的一个铁证。"这里的"新武器"大概即指核炸弹。当年严复、梁启超等人在第一次世界大战后对"科学"的失望正基于反思"新武器"所起的作用，而张君劢此时因武器而生的观感与他们当年的感觉已完全不同，他看到的是科学那无所不在的力量。

具有诡论意味的是，张君劢发表此说后一年中国政权就已易位，而且战场的胜负与武器的新旧恰成反比。不过，随着执政的中共"一边倒"外交政策的确立，中国经济和教育开始全面仿照苏联模式，而苏联正是战后最为强调"技术"的一个代表（另一个典型的代表是日本）。这样，从新文化运动后期开始的在思想上回归富强之路的努力因抗战而得到鼓励，复因 20 世纪 50 年代的学习苏联而得到彻底的强化。"科学"乃逐步由"精神"转向"技术"，在人们的常规表述之中"科学"甚至多被"科技"所取代。

今日许多人说到"知识经济"时最爱提到美国的硅谷，其实他们试图学习的仍是重视"技术"的日本（这最可见当年模仿苏联的长期影响）。稍翻一下战后外国"科技"发展史便可知，美国和日本正代表着两种发展方向——美国重基础科学研究而日本重应用技术开发。也不过在十年之前，美国的经济发展便远不如日本，那时不仅日本游客凭着坚挺的日元遍及北美大陆，甚至从油画、雕塑到知名建筑这样的西方/美国文化象征也纷纷被日本人收购。然而今日情形恰好反过来了，强有力的基础科学研究带来的正是"可持续发展"，随着美元与日元的攻守势易，日本人以高价购进的西方/美国文化象征物不得不以低价出手。前些年美国的影视作品中常可见日本人讥笑美国人"科技落后"的镜头，近年美国人的自信已回升，凸显日本人"物质化"（言外之意当然是文质方面稍欠缺）的旧形象又重新出现了。

当年多数新文化人曾担心太强调"精神文明"将妨碍学习西方，但也看出过分注重物质会导致全社会的功利化，从而造成对"学术"本身的忽视，最后是"民德"的堕落。北大学生傅斯年在1919年说："群众对于学术无爱好心，其结果不特学术销沉而已，堕落民德为尤巨。不曾研诣学问之人，恒昧于因果之关系，审理不瞭，而后有苟且之行。"今日"中国群德堕落，苟且之行遍于国中"，皆因"群众对于学术无爱好心"。有意思的是《新潮》的另一作者毛子水虽同样看到中国社会"人尚虚伪、廉耻丧尽"的现象，却认为"我们中国就坏在没有功利的学说"。

那么，从清季开始正面讲求"功利"的结果如何呢？蒋百里在1921年谈及民初世风时说："天下方竞言文化事业，而社会之风尚，犹有足以为学术之大障者，则受外界经济之影响，实利主义兴，多金为上，位尊次之，而对于学者之态度，则含有迂远不适用之意味。"这里当然明显可见传统士人欲"澄清天下"并轻视商人的精英意识，唯一旦"功利"成为主要目标，何谓"精英"的社会认知也已发生了大变。

汪德渊在清季指出，中国自古以俭为德，以侈为恶，"沿及后世，宗风未改"，读书人好"谈仁义而不言利"。就是到讲究富强的晚清，"士大夫之谋利封殖，犹为清议所不许。凡仕而兼商者，亦尚畏清议而不敢公然为之，隐匿托名以避众谤"。然而到20世纪20年代初，社会风气已大变，杨荫杭即注意到明显的今昔区别："昔人以市井为小人，今日以市井为圣人。圣之则拜之，拜之则效法之。于是举国上下，皆以市道行之。"所谓"市道"，也就是商贾之道。当年张之洞予以特别关照的贫寒子弟如今已多半接近"圣人"，几十年间的社会转变不可谓不剧烈。

同时，一些中国读书人试图纠正社会之功利化、物质化的努力也贯穿于整个20世纪。特别值得注意的是，生理学家卢于道在1936年强调："我民族欲求生存，岂仅尽在沙场之上？凡整个国家之文化，皆为国力之所系。"他认为中国学者"数十年前之谈维新，及近数年来之提倡科学"，皆是努力于文化革新，也就是文化的"现代化"。盖"近代文化之特征，即在科学"。近百年来，科学已"与人类日常生活不可须臾离，几为文化事业之全部。凡艺术文学宗教，亦莫不受科学进步之重大影响"。所以，"欲中国强盛，必革新文化，欲革新文化，必须发达科学"，也就是"树立科学文化"。

正因为"文化也是国力"，故"敌国无道，横加摧残"实亦因"国既孱弱，文化落后"使然。他知道肉搏无以对坦克，面对强敌，徒靠"精神"而"舍生取义"也解决不了问题；但没有科学基础的"技术"是无法维持的，历史已有前证："鸦片战争后，晚清亦曾大购军舰，中日一战，乃悉为敌有。当时亦曾大兴兵工厂造船厂，不数十年乃出品不济，机器陈旧，是即因无科学基础以维持其生命也。"故只有下决心"培养科学精神，广播科学知识与进行科学研究"，通过树立"科学文化"而实现"民族之复兴"。在许多非自然科学界的读书人提倡"物质化"的同时，一些自然科学家却强调文化也是国力，提倡所谓"科学的文化"，这一良苦用心实在值得后人认真体会。其实，所谓"综合国力"当然不可能仅仅是物质的，最近似已有人认识及此。

图书馆学家刘国钧曾说："国家之治乱，民主之盛衰，恒系乎其文化之高下。文化高深悠久之国，虽历险厄、遭艰难、受外侮，苟其文化不亡，终必光复旧物；若文化一蹶而不振，则其国亦必随以灭亡。"文化究竟是否曾起到这样的作用或是否能承担这样的重任只有让文化学者去论证了，然而正如欧阳翥在1936年所说：不同民族文化"相接触而起竞争，其结果恒有一种新文化产生，伟大卓越，超旧者而上之"。故应"发展各种学术事业，本民族自信之决心，保持固有之文化，且吸取西方物质科学之精华，采长补短，融会而整理之，使蔚为真正之新文化，以为民族复兴之具"。西方之精华当然绝不仅仅在物质科学一面，而经过百年"苦旅"的磨难，21世纪中国文化大概也应该走物质与文质并进之路吧。

原刊《光明日报》2000年12月26日

国粹与欧化：从清季到民初的观念传承

清末民初的中国思想界有一个士人关注的持续论题，即中国与西方的全面竞争最后落实在文化层面。但在表述方式上，这一论题大致经历了三个阶段：19世纪末思想言说中的常用语汇是"中西学战"，20世纪最初十年是"国粹与欧化之争"，大约到五四运动前后"中西文化竞争"的说法才开始流行并逐渐确立，迄今仍活跃在我们的思想言说之中。

围绕这一重大论题，中国士人在20世纪前30年展开了一系列论争：最初是清季出现的保存国粹的朝野努力引起了国粹与欧化之间的激烈争论；辛亥革命后，或许因为对代清的民国寄予厚望，争论一度有所减缓。然而就在五四运动当年，一场关于整理国故的争论在北大学生之中展开并波及教师；进入20世纪20年代后，北伐前（约与"科学与人生观之争"同时）及北伐后又有两次相对集中的关于国故和国学的讨论。几次论争的核心关注点基本一致，可见明显的观念传承（当然也有变化）。

在清季的思想界，欧化与国粹不仅有竞争和对立的一面，主张保存国粹的朝野各方对"欧化"都曾采取一种既抵拒又包容的态度。在朝廷的一面，张之洞所谓欲强中国不得不讲西学、欲存"中士"之认同又不能不讲中学那种曲折心态相当有代表性；在民间则有提倡开放的国学、强调国粹不阻欧化的国粹学派。两者的共性是大致遵循温故知新或"新故相资"的取向，希望走出一条鱼与熊掌兼得之路。

虽然清季世风一般倾向于国粹与欧化是对立的，且认为提倡国粹有碍中国的发展故不合时宜，但朝野间均有相当一部分人试图走出一条温故知新之路。不过，即使在学界思想界这一不大的范围里，温故知新的取向也始终未能被多数人接受；然而类似的主张确实传承到民国初年，新文化运动时章士钊、胡适、顾颉刚和傅斯年等都曾在不同程度上提倡或实际努力于这一方向。支持他们的一项基本思想资源便是与清季民初最为盛行的进化论相通的"历史的观念"：中国如果处在一个发展的进程之中，"现在"便是连接未来和过去的一点；无论未来多么光明、过去多么黑暗，任何"现在"以及"未来"之中都蕴含着已逝而挥之不去的往昔。

同一思路既可以支持从"过去"中寻找思想资源的取向，也可支持反传统的取向。实际上，把中国传统两分的观念在清季相当流行，如邓实等人论"国学"与"君学"之别，伍庄所谓"君尊"与"民德"之分，以及宋恕主张的往昔之中"国粹"与"国糠"并存。蒋方震在界定"国魂"含义时，特别强调其"本之于特性，养之于历史"；他同时也指出，"中国之恶习惯，殆与吾之所谓国魂类。彼亦养之于历史，彼亦根之于特性，彼更有无数恶魔尽力以为天下倡。是故习惯不去，国魂不来"。处于"旧者已去、新者未来"之过渡时代的中国，已到"何以立国？曰习惯"的程度，可以说是"习惯神圣时代"，类似于欧洲的"黑暗时代"。故所谓"复古云者，盖扫除其恶习惯而复古人创业之精神是也"。

传统既然被两分，扫除恶习惯和复古人创业之精神遂能并存；由于历史是在不断地"进化"，新的时代更要求国粹可以且应该包容"欧化"。邓实以为："今日全球皆通、全球皆变矣。中国闭关自尊，殆数千载，迄今而欧洲新群治方放其异彩，映射吾人之眼帘。吾人乃相与设会，钟鼓而欢迎之。其果能移欧花、食欧果，以金碧庄严我东亚之世界乎？要不可知。然而此黑暗幽室，年年闭户，一旦而忽露曙光；既露矣，使复从而闭之，其必逃而出此幽室，以尽睹天地万象日月星辰如是之光明可爱，有必然也。"中国已开放，势不能再闭关。更重要的是，宇宙进化之天演规律也保证了中国的未来："欧美近日所盛行之民族主义、国家主义，犹是过渡时代之一波折耳。吾国虽后起乎，而革新之机如危崖之转巨石，已一动而不可遏。二十世纪之时代，其有一国雄飞大地、呈种种之新道德新伦理以照耀世界者，吾知其必中国也。"

不过，未来的可能美好和现实的中外竞争与冲突仍然是矛盾的，"世界"由大致平等的许多国家所组成这一新观念引入后，如《东方杂志》一篇署名文章所说："既有我国，即有敌国；自有历史以至今日，国国之间，无日无时不事竞争。国于争竞，求可永立，必其有好胜之心而无屈下之志也。盖既有争竞，即有胜败；胜败所至，荣辱随之。"胜败既然牵涉到国之荣辱，已经广为接受的"师夷"取向就隐含着新的问题了。

倭仁早在同治年间反对"师事夷人"时就尖锐指出："夷人，吾仇也！"中国传统中向有视"夷狄"为异类的观念，且近代之"夷狄"也早为中国之"敌"；在西方"国家"和"世界"观念引入之前，一般反对"师夷"者多从"非我族类，其心必异"的角度思考问题，故倭仁提出"师敌"似不那么引人注意。新观念特别是西方民族主义观念引入后，虽然"夷狄"已基本为"泰西"的称谓所取代，"师法泰西"也基本已成共识；若将其转化为"师敌"，仍可能大大降低其正当性，因而需要更大的勇气。

这样，20世纪初年的辩论仍承续着19世纪末的思想论争。从甲午战后到戊戌维新时的变法派都有一种明确的主张：与其被迫变于人，不如自己主动变，尚可做到权操在我。当时新旧两派的一个根本区别，即新派害怕不行新政则瓜分之祸亟，外患又必引起内乱，从而造成亡国；旧派则认为人心不固将先生内乱而招外侮，然后亡国。虽然祸乱的总根源都是西力东渐，但在可能发生的当下祸源方面，新派以为外患已迫，而旧派认为内乱更急。清季最后几年的分歧仍与戊戌时的两派相近，即一方忧虑他亡而一方忧虑自亡，结果导致在提高中国地位方面具体方式方法的巨大差异。

当时中国在世界上的地位不佳既是现实也是共识，所以改善和提高中国的地位成为多数士人的主要关怀。但对于究竟应该怎样进行，不同派别的人却有着极大的分歧：主张全盘欧化的可能更多本是学日本之"文明派"，而希望直接师法西欧之文艺复兴者反要"先振古学"，虽仿效日本的国粹主义却又力图有所区别。除了主张连中国文字都废弃的极端派欧化派，余人多能接受国粹与欧化的某种调和，所不同的更多是在调和的程度和各自的比例等方面。故即使国学保存会也以为研治国学当借助西学，主张今日"思想日新，民智日瀹，凡国学微言奥义，均可借晳种之学，参互考验，以观其会通"。

或者即因看出国粹与欧化的共存性，当清季有"悲观者流，见新学小生吐弃国学，惧国学之从此而消灭"时，梁启超明言"吾不此之惧也。但使外学之输入者果昌，则其间接之影响，必使吾国学别添活气，吾敢断言也。但今日欲使外学之真精神普及于祖国，则当转输之任者，必邃于国学，然后能收其效"，学兼中西的严复即可为例。问题在于，对于多数时人来说，主张将中国旧籍暂时"束之高阁"的严复不仅不以"邃于国学"著称，且其所提倡者恰在欧化一面。

对于主张"有是地而后有是华"的国粹学派来说，只要"国家"这一实体存在，梁启超所提倡的东西文明"结婚"不仅可能，甚至已成为国家继续存在的前提条件，在实践层面也有日本这一既存榜样。以今日的后见之明看，梁启超、邓实等主张中西文明"结婚"的人似稍偏于理想主义；对更知西方的严复来说，日本恐怕没有学到多少西方真正的长处。且严复显然更清楚地认识到了当时中西交往的实质，即西方未必愿意与中国"结婚"，而是试图征服或至少全面改变中国。

在严复看来，中国的"礼"不仅混同了"宗教、法典、仪文、习俗而已，实且举今世所谓科学、历史者而兼综之矣"。

这是受孟德斯鸠的启发，后者认为"礼"的这一广泛包容性正是中国历代常为人所战胜，而其法典不为胜者所改，最后反能同化征服者的原因。盖胜者不能取一切而悉变之，结果遂渐变于所胜者。对此严复却不完全同意，他说，过去中国是文胜之国，而所遭遇的北方民族为质胜之族，故质难胜文乃以前东西方之常态。然"自火器与科学进而舟车大通，若前之事，不可复见"。这次的征服如果发生，将不同于以往的北方民族，战胜者要连中国以礼为核心的"法典"一起改变。为了不再战败而致其"法典变于胜家"，中国就只有在火器与科学方面老实向西方学习，而将中学典籍暂时束之高阁。

结果，倭仁反对的"师敌"取向在清季不仅未受到强烈的挑战，反而成为大势所趋，这与荣辱观念本身也随世风而变有直接的关联。章太炎发现，那时世人多以中国"不类远西方为耻"。若以此为耻而思改变之，当然不必太顾虑所师者为敌与否。太炎自己则认为"不类方更为荣，非耻之分也"。盖"世之言学，有仪刑他国者，有因仍旧贯得之者。细徵乎一人，其巨徵乎邦国"。中国、印度、希腊是"能自恢弘"的"通达之国"，其余则"因旧而益短拙，故走他国以求仪刑。仪刑之，与之为进，罗甸、日耳曼是矣；仪刑之，不能与之为进，大食、日本是事矣；仪刑之，犹半不成，吐蕃、东胡是矣。夫为学者，非徒博识成法，挟前人所故有也；有所自得"。若"中国、印度，自理其业，今虽衰，犹自恢弘"，非日本所能比。"夫仪刑他国者，惟不能自恢弘，故老死不出译胥钞撮；能自恢弘，其不亟于仪刑，性也。"

　　这样一种在学习日本的同时又欲区别于日本的倾向在那时相对普遍，黄节便强调，"日本之言国粹也，与争政论；吾国之言国粹也，与争科学"。其所欲争之"科学"，更多是指以"国学"为表现形式的"国粹"，相对更带长远性质，这与黄节等人是"在野而倡国粹"（许之衡语）这一现实有着极大的关系。盖日本国粹主义是直接针对当时国家发展方向立论，而中国的国粹学派所强调的"国学"一方面必须通过"复古"的方式来"再造"，故显得迂远；更重要的是，这些在野者与"国学"相关的大量主张和朝廷主政者的观念颇具共性，在这方面并无"争政论"的必要。

　　实际上，黄节与当时认为"日本政术几匹欧美，而社会道德百不逮一"的梁启超一样，既追随日本的国粹论者，又试图区分中日之言国粹者。这其中一个重要潜在原因，即日本的国粹主义中不论有多少欲恢复其"汉学"以及（从中国传入的）佛学的内容，从根本上它首先是强调日本的"国粹"，故带有相当强的针对"中国"学术思想的倾向，对此詹森（Marius B. Jansen）先生在其《日本及其世界：二百年的转变》中已有非常精当的论述。同时，不论日本的国粹主义怎样主张东西洋道德的调和，它毕竟在正面挑战欧化；而中国的国粹学派虽也反对极端的欧化，却强调国粹不阻欧化，且特别注意日本国粹主义者不反对学西方的一面（黄节自己就特别看到日本国粹主义者对于外国之文物"以为宜取彼之长补我之短"的态度）。

　　与清季特别是民初中国的思想倾向比较，日本的明治维新虽然以欧化为主导，仍具有相对更多的"温故知新"意味，至少国粹主义在日本还能在较长时期内立足；而在中国，当曾经提倡"以国粹激动种性"的章太炎将其重要著作命名为《国故论衡》时，"国粹"已开始走下坡路了（"国故"已比"国粹"更中性，而"论衡"义本王充，尤有商榷批评之意）。太炎这一变化当然不是随意的，他与其弟子在 1910 年发行《教育今语杂志》时，便明确"以保存国故、振兴学艺、提倡平民普及教育为宗旨"。

像太炎这样以不类远西方更为荣的少数人已如此，多数人的尊西崇新尤盛。一位江南士人注意到，过去"我国学之不昌，阈以国界，痼以心疾，荼然墨守二十余年，今始一折而入于蜕之时代"。这是因为"人之精神，不寄于彼，即寄于此。彼消此长，归于适用。今之世，适用之学可睹矣"。但因过分讲求"实用"而趋新，使"新之与故，骤成正负。正者方独用大胜，负者乃迅扫退听。不数十年，其物殆将老死"。其实，从历史的观念看，任何国家在实践层面也不可能舍旧图新。故他指出："凡物之生，日新为之；而不有其故，亦必无其新。一日之营养，所滋生之质，占几何？决不能立命之成一新体，而谓昨日以前之旧干为无用也；又非如抟土造人，意匠所至，可悉毁其种种之模型，而别铸一新型也。"

关键在于，在中西国家竞争的现实之下，尊西可能导致看不到中国的长处，因而丧失自信。章太炎观察到，"近来有一种欧化主义的人，总说中国人比西洋人所差甚远，所以自甘暴弃，说中国必定灭亡，黄种必定剿绝。因为他不晓得中国的长处，见得别无可爱，就把爱国爱种的心，一日衰薄一日”。正因此，无论国粹学派对欧化取何种程度的开放与包容态度，其基本组织毕竟是国学保存会，其主要口号仍为保存国粹。邓实所撰的《国粹学报发刊辞》说，该刊之志在于"保种、爱国、存学"；既然种、国与学已三位一体，"国粹"可以包容欧化，中国却不能完全"仅刑他国"，也不可能毁其过去而别铸新型。

若过分强调学西方的一面，或会导致中国文化的自我消亡（下一步也许就是"亡国"）。在这一点上梁启超与国粹学派仍具共识，他当年告"我青年同胞诸君"说："凡一国之立于天地，必有其所以立之特质。欲自善其国者，不可不于此特质焉，淬厉之而增长之。今正过渡时代，苍黄不接之余，诸君如爱国也，欲唤起同胞者爱国心也，于此事必非可等闲视矣。不然，脱崇拜古人之奴隶性而复生出一种崇拜外人蔑视本族之奴隶性，吾惧其得不偿失也。"

那时如果真出现后一倾向，梁启超自己以及他特别推崇的严复恐怕都是难辞其咎的。实际的情形是，当梁氏开始放弃其大力提倡的"破坏"主张时，他所协助塑造的"破坏"世风已形成大潮，使其"与昨日之我战"的主张基本淹没于其中，只有邓实等少数知音。

清季士人就是在这样一种曲折复杂的窘境中试图厘清中国与"世界"的关系，即中国在世界上究竟应该处于一个什么样的地位。民初读书人亦然。若仅从文化层面看，或可以说像严复及后来的胡适这样主张全盘西化者对中国文化的信心更强，他们大致以为化到最后也化不过去，富强之后还能回归中国传统；而张之洞、邓实等则自信不足，即担心在化的过程中失去自我，变成没有自我认同实际也就是认同于他人的民族。正是这潜存的信心强弱导致了一方越来越多地侧重于"复兴"，另一方则希望在包容欧化的同时也要"复古"。或可说一方更多主张"推陈出新"，而另一方更倾向于"温故知新"。

其实两者在思想资源方面是相通的，当胡适后来说为中国"再造文明"之时，他心里想的正是清季人奉为榜样的欧洲"文艺复兴"；但由于清季民初人普遍的焦虑和急迫心态，具有同样思想资源的双方在共同关怀下的具体取向分歧便逐渐由差异走向尖锐的对立。这样，民国初年的思想争论其实仍是清季的延伸：是推陈出新，在全面损毁传统的基础上创造一个新的中国和中国文化；还是温故知新，在损益传统的基础上重建一个新的中国和中国文化？其中一个核心问题，即在中国"国家"的发展中，"传统"特别是文化传统究竟处在什么地位，能够或应该起什么样的作用。然而胡适那一辈人及其学生辈似未能给出清楚的答案，结果这些问题贯穿了整个20 世纪，又延续到 21 世纪。

原刊《读书》2002 年第 1 期

三、历史的社会

社会心态的"贫寒子弟化"

——从有与无的比较说起

近日拜读了叶舒宪先生关于美国大学的思考(《美国大学三题》,《开放时代》2001 年 11 月号),颇增见识。但是叶先生在讨论美国西部新兴名校如何挑战东部常春藤权威时,引用了 2000 年全美商学院、法学院、医学院、工学院和教育学院这"五大学院"的排名,指出斯坦福大学在其中四个学院中排名第二,"大大超出了耶鲁、普林斯顿、哥伦比亚、宾夕法尼亚等东部名校",则稍有误会。首先是斯坦福大学虽不能与常春藤大学比历史资格,其存在的时间也已相当长(似乎已过了百年校庆,若尚未过也当不远),今称其为"新兴"名校,它自己会不会觉得有些委屈?

更重要的是,其他学校的情况我不清楚,普林斯顿大学却并无商学院、法学院、医学院和教育学院的设置,其"工程与应用科学学院"也不包括所有的工程学系(且不说新兴的计算机科学系,就是较传统的电机系也不在此学院中),与一般意义的"工学院"可能也还略有差异。既然普林斯顿大学本无"五大学院"之四，其与斯坦福大学虽各有所长也各有所短，但以甲之所无与乙之所有进行比较，或者不能反映其实际；所谓"大大超出"云云，实在只是一种虚悬的想象而已。

今日中国大学中院系设置的"多元化"恐怕已超过世界任何一国，各类学院的名目真是到了叹为观止的程度，充分体现出想象力和创新力的无比丰富。但这也带来一个困难，如果我们也学美国来搞学院排名，或会发现已经相当难以进行类比。比如，北京大学今日仍无所谓文学院之设，而武汉大学和华中师范大学虽同在一地，其各自的文学院所辖学科却相去甚远。如果以"文学院"来排名，北大自然榜上无名，我们恐怕不宜据此说北大的文学或文科已"大大落伍"。又若以"文学与新闻学院"进行排名，叶先生目前就读的某校很可能排名第一，因为尚少听说其他大学有此设置也。倘若有人进而依据这样的排名来论证中国的"西部大学对东部权威的挑战"，那些并不设置此类学院的东部和北部大学恐怕要提出抗议。

美国大学全校性的排名，一般是指本科而言。至于具体学科和专业的排名，则是针对研究生教育，且较多是指博士阶段的研究生教育。通常专业学人若要从排名看美国大学的学术地位，大致更多关注各具体学科的排名，而较少据所谓"五大学院"的排名来评估学校。因为所谓"五大学院"，主要是针对实际应用的教育机构，除医学和法学的体制相对特殊外，商学院和教育学院多以培养硕士阶段的应用人才为主要目标，即使与一般基础学科训练方法最为接近的工学院，也以培养硕士阶段的应用人才为重要目标(工学专业的博士多在研究机构和大学任职,而硕士则较多担任企业中的工程师一类工作)。

因此,如果论及叶先生所说的"博士班"科目,"五大学院"与其余众多专业本不在一条起跑线上,若以这些学院的排名来谈论学校地位,凡所谓研究性大学皆难认可,恐怕斯坦福大学也不愿接受其所长仅在这些方面。这里丝毫没有看轻"五大学院"的意思,教育学院今日在美国已不十分受人看重,许多大学已不再设置,但商学院、法学院和医学院仍是相当吸引人的学院。不过如章太炎所说,"大凡讲学问施教育的,不可像卖古玩一样,一时许多客人来看,就贵到非常的贵;一时没有客人来看,就贱到半文不值"。尤其是常春藤大学及与之相类者,其自定位和他人的认知皆不允其只看重学科和院系那吸引人的一面。

美国的大学本有较多的"自主性",其院系设置也相对多元化。如普林斯顿大学不设"五大学院"之四,便颇能体现其"特立独行"的风格,实亦秉承了该校特别看重文理基础学科的一贯传统。即使该校的"工程与应用科学学院"也以训练研究性人才为主要目标,而不重应用性工程师的培养。这是学校的自定位使然,或可说是"保守",或也带点精神贵族的气味,但在美国多元的高等教育系统中,这样的独特风格仍得到充分承认,不论本科还是研究生教育,普林斯顿大学都是众皆认可的一流名校。其他大学若与其比较高下,也绝不会以"五大学院"一类来以有对无。

　　中国近代本也有类似的传统，王国维在清末就说，"若以功用为学问之标准"，则大学可以不设经学、文学和哲学这类学科，只需传授"物质的应用的科学"，而高等学府也就与"工场阛阓等"。此语本针对张之洞主持的新大学体制而发，其实张之洞设计的新学制并不仅仅重应用，他曾明言：小学堂"以养成国民忠国家尊圣教之心为主，各科学均以汉文讲授，一概毋庸另习洋文，以免抛荒中学根柢"。要到中文通顺的中学阶段，始准兼习洋文。但对于设在通商口岸附近的高等小学堂，尤其"学生中亦有资敏家寒，将来意在改习农工商实业、不拟入中学堂以上各学堂者，其人系为急于谋生起见"，则准其在学堂课程时刻之外兼习洋文。换言之，新学堂主要是培养"国家人才"，但对"急于谋生"的贫寒子弟仍网开一面，考虑得相当周到。

　　有意思的是，张之洞设计的制度在美国无意中竟得以实现：美国是个移民国家，操持洗衣店、餐馆之移民后代往往习工商、法律、医学以谋生计，而并不选择文史哲一类美国"国学"；优秀大学的文史哲系科，或为发自内心真受这类学科吸引之人，或为不愁衣食的上层子弟。而上述移民的第三四代及以后各代，在度过"急于谋生"阶段并确立起社会地位后，也常有修习不那么重应用之学科者。这样一种并非规划而自然形成的学科选择之路，相当能适应移民国家的特色，既能为新移民提供上升性社会变动的出路，也确保了其"国学"及其他基础学科始终不乏真正的一流人才。这也许才是源远流长的"可持续发展"之路吧。

在中国，由于在近代中外竞争中长期处于失利的局面，导致国人文化自信心的不足，反映在教育上，就是清季原拟培养"国家人才"的学科日渐衰落，而原来不过为贫寒子弟"急于谋生"那网开一面的设置乃成为各类学子的优先选择。今日各地高考"状元"多选经济管理一类科目（这类科目也恰好文理考生兼收），正是全社会心态"贫寒子弟化"的表征。恐怕只有到整体的相对富裕之后再两三代，文史哲系科才能录取到较多真正优秀的人才。只希望两三代后大学这些系科尚有少数足以抱残守缺的师资，否则便会出现师弱弟子强的尴尬局面，后果不堪设想（其实今日类似的局面已开始萌芽，各重点大学所设的"文科基地班"往往被称为"大师班"，有时学生也不免这样自期；某次我不得不坦然请学生放弃这一幻想，理由很简单：一群小师怎么能培养出大师呢）。

鲁迅曾慨叹从小康走入破落之时最能见社会真相，不过身遇家道衰败之人也可有不同的态度，孔子早就说过，"君子固穷，小人穷斯滥矣"。前人曾有"穷且益坚，不坠青云之志"的名句，身穷而志不衰，或者就是鲁迅所说的社会的脊梁？惟穷则思变本是人之常情，"物质的兴起"更是近代中国文化的一个显著倾向。全社会心态"贫寒子弟化"之后，作为社会一机构的大学，是否也当趋从于普遍的"社会意志"呢？从民主的角度看，答案是肯定的，故大学不妨即以"五大学院"为主。但学术如果不能超越社会意志而独立，大学如果不能与社会保持一定的距离以维持其"清流"的超越地位，则与"工场阛阓"一类技术培训班没有多大区别，也就失去存在的价值了。

在王国维看来，文学本"游戏的事业"，是因"人之势力，用于生存竞争而有余，于是发而为游戏"。靠父母供衣食的小儿"无所谓争存之事"，故有余力"作种种之游戏"。成人则只有"精神上之势力独优，而又不必以生事为急者，然后终身得保其游戏之性质"，乃有文学之产生。"故民族文化之发达，非达一定之程度，则不能有文学；而个人之汲汲于争存者，决无文学家之资格也"。叶先生自己也在从事文学这一不那么能"急于谋生"的专业，而对于另一不那么能"急于谋生"的人类学尤有兴趣。他在观察美国学界时偶尔的疏忽可能也是全社会心态"贫寒子弟化"的一种表现，提示出某种特定的思维倾向，即重应用学科而轻基础学科。

近年在中国的确是应用性的学科更受青睐，而所谓"基础理论"方面则文理科皆较疏冷；某一学科的重要与否端看其是否能当下产生经济效益，文史哲一类太接近"精神文明"的学科不必提，就是不那么直接作用于物质生产的自然科学基础学科，似乎也已有明显的"危机感"。记得某位物理学家说过，即使在获得诺贝尔奖的学者中，其研究成果也还有品位的高下之分。这样高层次的区分对尚未得过诺贝尔奖的国人来说，或者太过清雅；然而"科学"又何止在应用层面，其与"技术"还是有相当区别的！

傅斯年在 1919 年特别提出，科学与不同民族文化的关系在很大程度上取决于人怎样认知科学。他举例说，"同是一个电学，汤姆生约瑟心里的电学，和普通电学家心里的电学，和电气工师心里的电学，和电机修理匠心里的电学，截然不同"。科学亦然,"有的人看得科学是真理,有的人看得是发挥精灵活动最有趣味的事物,有的人看得是'利用厚生'的器具"。故"科学在人心里手上,因人的性质不同而异其意味"。

关键在于,我欲仁而斯仁至,科学"也因为人待他不一样也就异其效用:中国人以前对于科学,只承认了他的物质的效用,不知道他的精神的效用,所以他也不和中国人亲切起来,勉强给中国人很少些的物质的效用,毫不帮助中国的文化发展"。五四新文化运动后中国的情形发生了变化,"现在人渐渐于机械的科学观以外,有个精神的科学观,知道科学不特是狭义的有用,并且是个精神的兴奋剂"。傅先生乐观地预言,此后中国人对于科学已脱离"制造局的主义"而进入新的时代,当然是往"精神的兴奋剂"方向努力。

的确,新文化运动时的主流学人特别强调科学的"精神"和"方法",直接针对的便是近代中国注重物质和"学要有用"的大语境。故其所反的传统不仅有远古的孔家店,也包括晚清以来重力轻学这一新传统。从这一角度看五四前后的新文化运动,我们对这一运动的认识及对其遗产的继承都还相当不足。这部分因为新文化人这一取向当时就引起一些"老新派"的不满,吴稚晖在20世纪20年代便公开鼓吹应回复到晚清的"制造局主义",强调学西方当注重其物质科学。而且这一倾向的影响日益大,致使傅先生乐观的预言几乎成为"空想",到今日"科学"一词已渐有被"科技"取代之势了。

其实清季已有学人认识到西方之长绝不仅在物质一面,梁启超在19世纪末年已强调"精神"才是"真文明",他说:

"文明者，有形质焉，有精神焉。求形质之文明易，求精神之文明难。精神既具，则形质自生；精神不存，则形质无附。然则真文明者，只有精神而已。游于上海香港之间，见有目悬金圈之镜，手持淡巴之卷，昼乘四轮之马车，夕啖长桌之华宴，如此者可谓之文明乎？决不可；陆有石室，川有铁桥，海有轮舟，竭国力以购军舰，朘民财以效洋操，如此者可谓之文明乎？决不可。何也？皆其形质也，非其精神也。求文明而从形质入，如行死港，处处遇窒碍，而更无他路可以别通，其势必不能达其目的，至尽弃其前功而后已。求文明而从精神入，如导大川，一清其源，则千里直泻，沛然莫之能御也。"

约半个世纪后的 1954 年，曾是梁启超在清华国学院同事的李济对其学生张光直说："中国学术在世界落后的程度，只有几个从事学术工作的人，方才真正的知道。"故"中国民族以及中国文化的将来，要看我们能否培植一群努力作现代学术工作的人——真正求知识、求真理的人们，不仅工程师或医师"。这是每一个中国人都有的责任，任何"中国人若是批评他所寄托的这一社会，必须连带地想到他自己的责任"。张先生当时所学的，正是叶先生极感兴趣的人类学，他已尽其责任在那一领域做出了自己的贡献。现在张先生也已归道山，我们为人师者或者也该深刻反省李先生那至为语重心长的寄托，不仅关注培养"工程师或医师"的学院，而尤致力于培植"真正求知识、求真理的人"。

以平常心见证历史时刻

——"非典"时的省思①

疫灾从来不是常事，但却为史书所常载。因为它关涉人生——不仅在很短的时间里夺去不少人的生命，且影响着一定空间里几乎所有人的生活。可知关注芸芸众生、体现"人"的可贵本是中国史学的传统。近代中国特殊的境遇曾推动一种强烈而持续的反传统思绪，"旧史学"也是其中一个被攻击的目标，甚至被说成是专记"邻猫生子"一类无关痛痒之事。②

---

① 这是一篇命题作文，缘于2003年4月末一次有关SARS的小型座谈。我通常不参与类似的谈论，也不作类似的文字。不过在目睹宽阔的大街上空无人车那真正清静寂寥的情景时，确有些"大难临头"的感觉，也比较切实地体会到"匹夫有责"的含义。当然，拙论仍无补于实际，也不过说几句迂远的话而已。作者补注。

② 英人斯宾塞在抨击西方实证史学时，说其常记述诸如"邻家之猫，昨生一子"一类与人们生活行为无甚关联之事。梁启超受此启发，在其著名的《新史学》一文中指责中国旧史"满纸填塞，皆此等邻猫生子之事实"。对这种明显带倾向性的观念，章太炎当时即予以驳斥。说详罗志田：《清季民初经学的边缘化与史学的走向中心》，见《权势转移：近代中国的思想、社会与学术》，339～340页，武汉，湖北人民出版社，1999。

其实中国史书从来就特别重视"人"，其记录天象甚详，即因为往昔之人以为天象影响着也反映了人生（这样的重要记录常被后人用作断代依据，不免有些大材小用，多少缺点"了解之同情"）。

这一天人相关而互动的观念也许可以算作中国文化的"特色"之一，灾异的入史大致也循此思路。这与今人所论人与自然的关系相通而不甚相同，今日关注环保者遇到自然灾害也多要反省是否有人为的因素，但中国古人会主动认为一定是人的行为出了问题，故每遇灾异都要反思人的所作所为。我们不必从今日观念去思考这是否"迷信"，倒可以借鉴这一遇事反求诸己的取向，因为这样的反思往往是"变坏事为好事"的开端。在 SARS 直接威胁到每一个人的健康甚至生命时，"变坏事为好事"恐怕是多数人甚至所有人的愿望，也应该是我们努力的方向。

解除 SARS 的威胁首先当然是医护专业人员最能做实际的贡献，其次则与医学和生物学相关的科研人员和生产机构，再次或包括从事经济、金融、社会、政治等社会科学的人士，像我这样属于人文领域且研究"过去"的读书人，就是想有所贡献，也是心有余而力不足。然而 SARS 对人的威胁却不分专业，其引发的社会、文化甚至伦理的冲击，相信任何普通人都有直接的感受；因而每个人都需要，也可以说已实际"参与"了对自身的观察和反思。我的感触和反思，基本仍是迂远而无补于实际者，只好先道声"惭愧"！

我相信疫灾不长久，也已看到一些"坏事变好事"的迹象，首先是越来越多的人体现出对不一定直接"有用"的知识的兴趣和追求。近代国势积弱，中外竞争中连续的失利导致"物质的兴起"这一文化现象，朝野皆致力于"富强"。经过百余年的持续努力，我们在"富强"方面已有长足的进展，但也形成一种过分重实用且当下就要"见效"的惯性思维；今日直接与"富强"相关的行业已开始虑及相对长效的"可持续发展"，而急功近利的流风却广播于生产行业之外，连最不应讲求立竿见影的大学教育和学术研究也受到深重的影响。

大学也重实用的风气滥觞于清末，胡适在 1914 年留学美国时指出，清政府的留学政策是"崇实业工科而贱文哲政法之学"，结果造成留学界"三大缺点"，即"苟且速成""重实业而轻文科"和"不讲求祖国之文字学术"。他自己起初也顺应世风选读农科，后因有了新的认识而转入文科。胡适认为，政治、道德、教化等比实业工艺重要千百倍，这些问题不解决，即使"铁道密如蛛网、煤铁富于全球"，而"于吾群治进退、文化盛衰，固丝毫无与"，又"安能免于野蛮黑暗之讥而臻于文明之域"乎？在他看来，文理科是本，实业是末，有意为中国造新文明之人"决不可忘本而逐末"。

胡适长期任教北大，并曾任校长，他与北大的重要关系无须赘述。前天是五月四日，这个重要的历史时日也被确定为北京大学的校庆之日。温故可以知新，此时重温一些昔日校长的办学思想，或不无裨益。真正树立北大学术风气的是蔡元培，他与胡适一样坚持以文理科为本的观念，且有着更深入也更系统的思考，其入主北大后即曾依据这样的观念推动著名的"大学改制"。

蔡先生很早就认识到"学理"和"致用"的区别，认为文、理是"学"，法、商、医、工则为"术"；两者在学理上"虽关系至为密切"，在教学上却应予区分。他明言："治学者可谓之'大学'，治术者可谓之'高等专门学校'，两者有性质之差别。"因此他正式提出以"学、术分校"的主张：盖"文、理二科，专属学理；其他各科，偏重致用"，故当分立，即"大学专设文、理二科，其法、医、农、工、商五科，别为独立之大学"，或与既存各专科大学合并。

且蔡元培主张在教育上区分学与术，还有相当现实的思虑。因为专门学校的培养目标是让生徒"学成任事"，而"大学则不然，大学者，研究高深学问者也"。蔡先生常为人所引用的名言——入大学者"须抱定宗旨，为求学而来"，正是特别针对"学成任事"的技术培训而言。关键是学与术的"习之者旨趣不同"，对学风有实际的影响。他指出，近代中国人本已"重术而轻学"，再加上"科举之毒太深，升官发财之兴味本易传染"，北大此前兼设文、理、法、工、商各科的结果是，本应致力于研究高深学问的"文、理诸生亦渐渍于法、商各科之陋习"，遂造成全校风气的转变。

这样的见解并非"中国特色"，近年连续排名美国第一的普林斯顿大学，便没有我们今日最受青睐的商学院（含我们所谓经济学院和管理学院）、法学院和医学院的设置，就是其"工程与应用科学学院"也与一般意义的"工学院"略有差异，相对更偏于理论探索。普林斯顿大学是名副其实的世界一流大学，其整个学校的架构相当接近蔡元培的观念。我并非建议哪一所大学立刻去依样模仿，大学教育原本应该多元化，应允许并支持不同模式的尝试；不过蔡先生的理念可以办出世界优秀的大学，很值得今日想要创建"世界一流大学"者深思。

20 世纪 50 年代学苏联模式的"院系调整"，目的正在于注重实用，偏于应用的学科多从综合大学析出。这一举措对各实用学科的发展是不利的，因为失去了文理的氛围之后，这些学校的师生明显越来越偏向技术化；且"应用"本身是随社会需求而发展的，缺乏基础理论而过于专门化的技术培训，一旦社会需求稍有转变即难以适应。但 50 年代的举措无形中倒部分贯彻了蔡元培的主张，使调整后的综合大学更带"研究高深学问"的气象。今日大学的重新整合显然有纠偏的作用，特别是将应用学科重新纳入综合大学，使那些学校的学生得以沐浴文理之风，素养和基础理论增厚，学成后的发展和适应性会有明显的不同。

不过，矫枉可能过正。由于应用性院校的加入，其不同的学习"旨趣"也随之而入，综合大学那"研究高深学问"的风气多少受到压抑。上述蔡元培从实际观察中得出的理念非常值得深思，大学整合如果不能实现综合大学注重基础的厚重学风压倒应用学科立竿见影的"学成任事"风气，就可能出现弊大于利的结果。类似的倾向已经萌芽，今日大陆多数综合大学都明显可见学风和教育思路上"术"压倒"学"的倾向，部分即因这两大学科类别的基本思路原有较大差异，一遇急功近利的世风吹拂，其冲突对立的一面便得到凸显，而形成一方压倒另一方的局面。

更重要的是，一旦科学被"技术化"，人类智慧中非技术层面的内容日益被淡化，一定程度上将导致科学本身成为虚悬的象征而架空科学。如上所说，"应用"是随社会需求而发展的，缺乏宽厚的基础便难以因应时代的需要。SARS的出现就是一个明显的例证，在新的疫症面前，既存的应用性培训显得应对乏力，特别凸显出基础理论研究和应用学科结合的必要性。而且，今日疫灾的影响已不止于染病者的身体，它引起了广泛的社会反应，也影响到中国在世界上的形象，以至普遍的人与人之间的关系。当此之时，我们的眼光应该比一场疫灾看得更长远。

前引胡适所说"免于野蛮黑暗之讥而臻于文明之域"的问题，曾长期萦回于近代中国士人心胸，其无意识传承迄今不衰。曾就读于北大文科研究所的蜀人王叔岷离开大陆四十余年后，于1992年返乡探亲，见到大陆"得奖励之家庭、商店、公园，皆喜冠以文明二字"，乃以《文明》为题赋诗曰："五千年史自光荣，礼仪家邦素有声；不是野蛮初进化，奈何处处炫文明！"[1]这是极深入的观察，必斯文扫地之后，方觉"文明"乃赞誉之语。然王先生不治近代史，或不知在近代西人贬斥中国文化野蛮的同时，国人也曾有一段"自我野蛮化"的努

---

[1]　王叔岷：《慕庐忆往》，182页，台北，华正书局，1993。王叔岷毕业于四川大学，在北大文科研究所学习时得傅斯年指点，毕业后入"中央研究院"历史语言研究所。

力。今日之"处处炫文明"，部分即是当年"自我野蛮化"的成效。

昔年读书人之所以"自我野蛮化"，是怀着思变求变，希望一举走向富强的苦心。在此过程中受西方的影响，逐渐形成"拜金崇商"的观念。杨荫杭在1925年说，"中华旧俗，总不崇拜资本，而崇拜劳工；故自古有'重农抑商'之说"。而"欧美人则不然，以金钱为性命，以资本为压制"。后来"中华沾染欧风，举国皆尊商人、崇拜金钱；故向者买办与西崽并称，今则尊崇之"。由于"举世皆崇拜资本，资本家亦稍稍放出西洋薄司（boss）之丑形"。结果造成今昔世风的逆转："昔人以市井为小人，今日以市井为圣人。圣之则拜之，拜之则效法之。于是举国上下，皆以市道行之。"

中国古人较少以富强为目标，儒家一统后更不。在过去"士农工商"的四民排位中，"商"在"农、工"之后，居于末位。而对读书识字的推崇，几乎已到半神话的程度：今日卖不出去的书要化作纸浆，印刷品也要回收，至少可用以做鞭炮；而依照过去"敬惜字纸"的习俗，凡有字之纸皆具某种象征性的神圣地位，不能随便遗弃，须送到专门的容器中焚烧。今天为节约资源回收"废纸"的作为，若置于过去就会被视为"不敬"。时代各异，以今日观念去评判往昔，或以昔日观念来评判今天，皆所不必；但对文字的推崇透露出对知识的特别尊重，这在近代物质兴起后是明显淡化了。

近代追求富强的最大副作用就是"市道"的流行，致使最清纯的人也不免带有些微市井气味。① 即使那些好讲文化超越的今人，也多是表面超越或意识层面有超越的愿望，实际是否养成这样的开放心态，尤其是否真能做到不以势利眼光看人，则尚成问题。所谓不势利，指真正开放心胸，平等谦逊地看待那些"国家"尚不够富强的民族之文化，以及我们国内"经济、社会较落后"的民族文化。我们扪心自问，是否多少有些尊欧美而轻亚非拉的倾向？只有真正开放心胸，才能认真实在地汲取和利用世界各文化资源，特别是中国得天独厚的多民族文化资源。

例如，中外皆有些民族在"生产"方面表现得不那么肯"作为"，用在宗教仪式上的人力心力却甚多。这在一般认知中往往被视为"落后"，然而从维护自然资源的角度看，这是"不发达"还是智慧的体现，亦正未可确定。清末中国士人已可见仿效西方"好尚语言"的倾向，鲁迅当时即指出，学西方要有所选择；若到欧土而"学制女子束腰道具之术以归，则再拜贞虫而谓之文明，且昌言不纤腰者为野蛮矣"。耳食西方者发展到极致，可以尊细腰之"虫"为文明而贬不束腰之"人"为野蛮，这一象征着"异化"的提示有着极其深刻的寓意。若与前引胡

---

① 鲍罗廷在 1926 年曾说，除汪精卫和廖仲恺等少数人例外，广东读书人不适合做革命者。其原因就是"广东与香港毗邻的 80 年，彻底腐蚀了广东的知识分子，只给他们灌输了一个理想——捞钱"。鲍罗廷：《给加拉罕的信》(1926年 5 月 30 日)，见中共中央党史研究室第一研究部译：《联共(布)、共产国际与中国国民革命运动(1926—1927)》上册，275～276 页，北京、国家图书馆出版社，1998(按引文中广东，原件均译为广州，疑为误译，故改)。鲍罗廷的概括或不免有偏颇，但他确实看到钱对读书人的腐蚀力。

适希望"免于野蛮黑暗之讥而臻于文明之域"的心态共观，尤足说明问题。

这里所涉及的文与野和人与虫的关系，是中国传统特别关注的内容。"人禽之别"最为古人所重，是其区别文野的一个主要基础。但近代传入中国的"天演公理"，其思想基础却被表述为"弱肉强食"，是昔人眼中典型的禽兽之道。被简化为"物竞天择、适者生存"的天演论可以说是近代中国最普及的观念，与古相较，这是一个根本性的思想大逆转。今日西方新学关注的一个重要"问题"是人的"物化"，近代中国人是在怎样一种心态下接受人的"兽化"，并尊为指导性的思想，在此基础上进而"自我野蛮化"，整个过程非常值得进一步深入探讨。

上述进程是与追求富强相伴随的，在多数人追随潮流之时，有些读书人也注意到过于偏重功利可能走向"兽化"。孟子曾说："人之所以异于禽兽者几希，庶民去之，君子存之。"（《孟子·离娄下》）不为君子而甘为小人，则与禽兽相类。正因人禽之间的距离可以很近，所以才要有所区别。鲁迅就说，人有"神思"是区别于禽兽的重要因素，若弃"神思"而但重"利力"，就会成为"兵奴"，可能发展到孟子所谓"率兽而食人"的境地。入民国后，北大学生薛祥绥更指责"晚近讲学者，徒志乎富强之说，竞求技术；以艺为本，以道为末。是以道德毁堕，廉耻道丧，人体兽行，无所忌惮"。

今日的动物保护者可能在这些言论里看到太多对禽兽的贬斥，实际上我们对鸟兽虫鱼的了解还有限，它们是否也有其自身的"道德廉耻"甚至"神思"，固未可必。而古人爱说的"人禽之别"自有其科学基础：很多时候，动物在疾病上也不与人类分享致病的源头。近年与疾病相关的人生问题却常常呈现出"人禽无别"的倾向，艾滋病、禽流感以及 SARS 接连现身，确应引起我们对人禽关系的反思。

有人试图将这次动物病毒入侵人世归咎于某些区域的国人"什么都吃"，这很像是传教士带来的"中国野蛮"说的翻版，多少也带点"自我野蛮化"的遗续，因为类似的肉食习惯已经延续很久，此前并未见这类的疫症发生。如果真要从人禽接触的密切中找问题，或应该往相对新近的现象中去寻觅。大量豢养宠物即是近年新兴的风气（中国古代读书人向以为"玩物丧志"，至少耕读人家少见此风习），大大增进了人与鸟兽虫鱼的密切接触；有些人养而不注重防疫，早已增加不少人染兽疾的病例，不过此前发生的多是已知治疗方法的种类而已。也许可以说，自然万物诚宜关爱，似亦不必为了显示"政治正确"而对禽兽过分亲近。

不过这多少带有寻找"替罪羊"的意味，并不符合天人相关的传统。按照传统的思路，出现灾异后应当反思的是我们自己的作为。在亲近鸟兽虫鱼的同时，人与人自身的关系是比过去更亲近，还是已有些疏远？是否可以说，宠物的"兴起"有时恰在填补人与人疏远留出的空白？面临疫灾，也许我们不妨多从积极方面去认识"人禽之别"，即人当自尊，也应尽量发挥"人"所特有的"神思"和伦理等面相。①

古人说：恻隐之心，人皆有之。这也是一般认知中人与禽的重大区别（当然，动物是否有恻隐之心可能还需探索）。在天灾突袭之时，各种不那么"勇敢"的心情和自保性反应都是正常的，毕竟这一威胁太直接且与每一个人的距离都显得那样近，而我们对 SARS 的了解又迄今仍非常不足。除了确有损人之心的行为者（如制造劣质口罩和药物等）当严惩外，余者多宜出以同情之心。对于某些客观上可能危及他人的自保行为，例如人员的流动，一时或不得不有以"处置"，最好仍多从理解角度出发，事后予以尽可能的宽宥。②

其实我们真是不必恐慌，因为焦虑只能徒增烦扰，实无助于解决问题。应该承认，"临危不惧"未必是人之常情，"临危而惧"恐怕才是更正常的心理反应。但"临危不乱"却是依靠后天修养可以做到的，个人如此，社会和国家亦然。古语云：

---

① 其实以人伦遏制"天演"也是《天演论》原作的本意，惜其在近代的传播中有意无意被淡化了。而古代儒、道两家都曾提倡"不争"，好争斗而不知相让正是"犬羊之性"的一个主要表征（参见 Lien-sheng Yang, "Historical Notes on the Chinese World Order," in John K. Fairbank, ed., *The Chinese World Order*, Cambridge, Mass.: Harvard University Press, 1968, p. 27）。本来中外思想资源中都有重人伦远禽兽的成分，而近代中国因中外竞争的失利而崇尚竞争，强化了意识层面对思想资源的主观选择，致使无助于"争"的观念难以"预流"。

② 这一段后两句略突兀，与上下文衔接不甚融洽，盖有今典在：当时北大学生离校者据说已达四分之一，当局为扭转风气，对数名学生科以重典，我曾在产生这篇小文的座谈会提出可否予以宽宥，被告知以人心乱时不能不用重典，不过这些责罚后来似乎都于无形中解除了。（作者补注）

多难兴邦。中华民族在近代这一段已经历了太多的危难，因而也积累了丰富的处理危难的经验教训。比这更大的难关都已逾越，对此新增一难，既要认真应对，又何惧之有。正如人文学者刘国钧所说："国家之治乱，民主之盛衰，恒系乎其文化之高下。文化高深悠久之国，虽历险厄、遭艰难、受外侮，苟其文化不亡，终必光复旧物。"①

所谓后天修养，正与文化和学术相关。在五四运动的当年，北大学生傅斯年曾说，"群众对于学术无爱好心，其结果不特学术销沉而已，堕落民德为尤巨"。若宋明之季的独行之士和西洋文艺复兴与宗教改革时代的学者，皆"能于真理真知灼见，故不为社会所征服；又以有学业鼓舞其气，故能称心而行，一往不返"。他因而认为，当时之急务"莫先于唤起国人对于本国学术之自觉心"。今日的现象固未可用"民德堕落"为喻，然若群众对于学术有爱好之心，我们因应危难时会更加镇定，大约是可以期望的。

由于"小康"还是努力的目标，许多人不能不长期关注谋生或"发财"。这本是古今中外皆然的现象，马克思主义向来关注经济基础对上层建筑的制约，孟子更早就说过，没有"恒产"而能有"恒心"，非常人所能及。如今对 SARS 的预防要求人人所知稍广，许多人开始感觉到与自己所从事的行业无关的"知识"也很重要。当越来越多的人眼光开始超越于谋生

---

① 刘国钧：《发刊词》，载《斯文》，1 卷 1 期（1940 年 10 月 1 日），1 页。按刘国钧是著名图书馆学家，时任金陵大学文学院院长，后任教北京大学图书馆学系。

或发财，进而对于学术产生爱好心之时，不仅止于物质意义的"小康"也就离我们更近了。

面临疫灾之时，坐而言的反思当然不如起而行的努力那样迫切。所谓天下兴亡，匹夫有责，这时可能有着较平时更具体的意义。但疫灾从来不会很长久，现代科学的能力尤其可以缩短其猖獗的时间。在最近的一次谈话中，一位担任管理工作的学者曾半开玩笑地说出"后 SARS 时代"一语。弗洛伊德向来主张脱口而出之语可能反映出萦绕于表述者潜意识中的思绪，我想这里隐含着语重心长的久远关怀。有识者所虑当远，确应为事后的因应预作准备。

以 SARS 对中国人和全人类的当下与潜在的影响而言，可以肯定这是史书必载的所谓历史事件了。一件事能成为历史"事件"，意味着它可能会长期留在我们的历史记忆之中。人生苦短，在所谓"历史长河"中更显得短暂。然而历史正是集无数个体人生而成。我们每个人都在创造历史，不仅创造自己的历史，而且创造群体、民族、人类的历史。在不算长的人生中，身历可以成为历史"事件"的时刻，也是不易得的殊遇，特别值得珍视。如果我们以平常心来体验、见证这一特殊而可能意味着许多转变的历史时刻，我们的生活或许会更加丰富多彩。

5 月 4 日本身就是历史不能遗忘的日子，84 年前的学生就在"天下兴亡，匹夫有责"的精神下奋起。然而"天下"的含义不仅是空间的，也是时间的——"天下兴亡"本是一个持续的进程。学生是"天下"的未来，此后的时间还长，"兴亡"所需于学生者尤多，而学术上的训练又是满足社会需求的基础。当年五四运动后学生太积极投身于天下兴亡之事，原来倡导"读书不忘救国"的蔡元培校长不得不提出"救国不忘读书"的主张。[①] 不要忘记"大学者，研究高深学问者也"；入大学者既然"抱定宗旨，为求学而来"，则为了日后的"天下兴亡"，此时尤其要"不忘读书"。

原刊《北京大学学报》2003 年第 3 期

---

① 参见五四运动的当事人罗家伦 1967 年的回忆。罗家伦：《蔡元培先生与北京大学》，见《罗家伦先生文存》(10)，197～207 页，台北，"国史馆"，1989。

学会共处："双不赢"未必"双输"

——也说大学的"土政策"

一两年前有个电视剧叫做《山城棒棒军》，描述近年在山城重庆市活跃的一个以肩挑背扛为方式的人力搬运社群，基本为外来流动人口，其人数据说有二十万之多。该电视剧具有丰富的社会学启示，揭示了上述半城半乡也非城非乡的新兴社群需要一个新的身份认同，这是因社会变动而产生的新社会需求，也在一定程度上再现了他们在重庆这一异乡寻找新身份认同的进程（"棒棒儿"这一目前流行的词就是既为这一社群自己也为重庆其他各社会阶层所共同接受的新认同）。更重要的是，在这一进程中随处可见的正是新的社会变动所引发的另一远更广泛的社会需求——"学会共处"。可以说，"棒棒儿"们寻找新身份认同的进程同时也是一个新旧各种社会行为与社群间学习和适应"共处"的社会过程。

变化中的时代背景

实际上，"学会共处"不仅是因改革而产生了前所未有的国内人口流动的中国人在人际关系中所必须实践的一个基本原则，恐怕也是多年国际局势演变教给各民族的重要一课。在 20 世纪即将结束之时，美国政治学家亨廷顿（Samuel P. Huntington）曾对下世纪的世界格局提出预言，认为人类各大文明，特别是东西方文明的冲突很难避免。不过，与美国海军战略家马汉（Alfred T. Mahan）约一百年前提出的由西方在文化上同化非西方而使之西化这样一种世纪预言不同，亨廷顿不仅不主张西方去"西化"各类非西方文明，而且认为大部分非西方文明不可能西化。他虽然强调了西方与非西方诸文明间冲突的可能性甚至必然性，但最终仍然主张人类各文明应学习并习惯于相互共处。

与马汉提出的选择相比，亨廷顿提出的取向显然揭示了美国人乃至全人类一个世纪后的巨大进步。从人类各文化群体的发生发展进程和各国各地区的实际现状看，各文化群体（或各行政实体）要做到在"以不齐为齐"的基础上"学会共处"，还不是在可预见的将来就能够实现的目标（因而无疑会有持续的、大量的——虽然不必一定是文明的——冲突），然而"学习共处"恐怕仍是最具包容性和开放性的努力方向，尤其是在如今人人都在说什么"全球化"（至少是"经济全球化"）的时代。

说到"全球化"，个人感觉有被各类学者夸大的倾向。对比考察美国和加拿大的情形就会发现，前两年美国和加拿大的经济同样景气，且经济学家每说加拿大经济过分依附美国，然而在美元坚挺的同时加元却不断大幅贬值，相当能凸显北美经济中的区域个性；同样，由于律师业的发达，今人杀人越货后常自诩为影视中暴力倾向的受害者（这一取向在中国也越来越常见，媒体尤助长之），然而加拿大人除新闻节目和少量纪录片外基本从美国进口电影和电视剧，故美国人和加拿大人大致看同样的电影电视剧，两边的犯罪率却大不相同，可知"受害"说的暗中推动者或未必是专业的行为科学家，恐怕更多是吃这碗饭的律师群体。美、加同处于北美这一"空间"（套用一个时髦的词），文化大致同源，其经济和社会的关联也至为密切，然在上述两方面竟有如此不同的表现，很能说明共性之下个性的重要，并告诉我们地方性"子文化"和"子空间"在"全球化"时代的作用不可低估。

不过，有一点是肯定的，随着交通和信息交换的日益便利，特别是人们交流意识的增强，我们已生活在一个空间意义与往昔大不相同的时代：一方面是同居一幢楼可能老死不相往来，另一方面是千里之外的异地之人却常常见面聊天（不只是打电话或用 E-mail 联络而已）。今日社交圈子的变化频仍已成常态，聚在一起吃饭喝茶的小社群几年间可能大不相同。许多时候，社交范围的变化未必是个人主动的，根本是我们生活的时代和环境已经转变；有些交往是我们非常愿意或努力追求的，也有不少时候我们确实面临着要与不熟悉甚至不愿意交往的人"共处"的局面。

　　在一个因电子产品特别是电脑频繁换代而导致人的"一代"也日渐缩短的时代（今日大学毕业班的学生与大一新生之间有时便似有"代沟"存在，遑论其余），在中国这样一个随时可能出现大大小小新社群的"空间"，市场经济给人的生活和行为方式带来的冲击远远超出我们以前的认知和想象；更重要的是商品经济本身也同样受到巨大的冲击，面临前所未有的挑战，且决不仅是今日人们爱说的什么"经济全球化"（前两年加元大贬值时加拿大各项经济指标都是相当长一段时间里最好的，便需要有说服力的新解释）；当一个大企业的主管刚上市一个产品便需要立即考虑两三年后的换代产品时（这不仅意味着产品的研发工作要持续不断地进行，而且短期内同一"品牌"之下很可能涵盖着迥然不同的主要产品），商品经济的确已今非昔比，与之相伴随的社会变迁同样是"颠覆"性的（再套用一个时髦词）。

　　在新型市场经济的冲击下，今日中国各行各业都出现了幅度大小不同的改革或改变，非民办高等教育系统或许是最保留"计划"特征的了；然即使在此领域，也有不少隐显不一但相当深刻的变化。不知是否隐约意识到迟早会出现的"市场"冲击（未必是经济的），曾经受过工农兵"上、管、改"冲击的高等院校近来往往反其道而行之，推出不少接近"管、卡、压"性质的新规则。一些高校制定的特定学术规则最近引起许多报纸杂志的讨论，不少议论者认为此类"土政策"（比如核心期刊的认定及其在职称评定甚至学位授予中的运用）有违学术规律或规范。然而从社会学角度看，大学里也存在各种新旧社会行为与新旧社群间相互适应和学习"共处"的社会需求，"土政策"或亦不过尝试解决此类问题的社会过程之一斑，且与百年前兴起的近代新式教育也有一定的历史渊源。

近代新教育的一个特色

从根本言，我并不认为各大学不可以有其"土政策"（当然应符合学术规律或规范），且不少新规则确在因应大学中出现的具体新问题。实则注重"管理"乃是近代兴起的"新式教育"的一大特色，许多"土政策"不过是这一老传统的新表现而已。光绪二十九年（1903）的《奏定学堂章程》之《学务纲要》第19条规定，"此后京外各学堂教习均应列作职官，名为教员，受本学堂监督堂长统辖节制，以时考核其功过而进退之"。这一改革的依据是"外国学堂教习皆系职官"，如日本教授等即称教官，然其实际考虑恐怕是《纲要》所自供的——"以便节制"。盖学堂教习"列作职官"后，便"不得援从前书院山长之例，以宾师自居，致多窒碍"。

在清末就颇不欣赏新式教育的章太炎立刻注意到这一根本变化的实质：学堂教习既然不再享受宾师的名义待遇，则"对着提学使，隐隐约约有上司下属的名分"。问题在于，当时中央的学部"不过是几个八股先生"，各省的提学使"不过是几个斗方名士"；结果在新学制下做教习，乃"智识高的人反做智识短浅的人的属员"。

太炎的朋友宋恕当时任职山东学务处，他就试图暗中修改中央的政策。宋恕提出，"尊师重道，实为数千年一线相传之国粹。古者虽天子必有师，所谓帝者与师处也。近世此风虽绝，然草茅下士，苟得主讲席，则虽对于极品大臣而不失其尊，故主讲中尚有能造就人才者。自教员之新制立，而官立学堂之教员对于监督直如婢见夫人，其精神全注于伺候监督，而于堂课不过敷衍了事"。他为山东设计的粹化学堂规定：本堂讲师"对于监督，非属之对长，然亦非宾之对主"；两者各有权限，互不得侵权，显然是一种试图适应新形势的"共处"方式。在这个学堂里，"学生呼讲师曰先生，呼监督曰大人。监督是官非师，对于学生不得以师自居"。

最后一语相当重要，即监督是官，不得冒称师。可知当年新旧规矩交替之时，固有依新制而恃其官品以轻视教习者，也有贴近传统、虽为官却仍欲"以师自居"者。在学校里，尊师轻"官"的传统也还曾维持了较长时间，清华学校《1925年秋研究院教职员表》，便是按教员、职员的顺序排列，研究院主任吴宓乃今日所谓"一把手"，因属于"职员"而名列助教之后。或者即因有此传统，至少在清华学生眼里，师仍重于官。1926年吴宓听说有一门"现代文化"课无人愿担任，就"颇愿自任讲授此课而辞去代理西洋文学系主任职务"。他对自己到清华后长期"羁身于行政事务，而未能多授功课，使学生知我服我"这一点甚感悲哀。可知当日学生愿"服"者仍是教师而不是各种主任。

与章太炎一样认为学校不当由官办的蒋百里在20世纪20年代说：近代中国从日本引进两件东西，皆害死人，一是陆军，一是教育。而日本教育又是从法国抄来的官僚教育制度，中国人再转抄进来放在"民治教育发达、官僚系统腐败"的中国，则优点全失而其弊更甚。其实"书院是我们几千年来自由研究、人格教育的民立的机关，如今变了一个小学堂。从前的山长是聘的，是巡抚总督的客、的先生，现在的校长是札是饬，替督军省长做走狗还够不上。所以从前是天地君亲师，现在变了杂货店的伙计"。

到30年代，郭斌和已感到"今之大学，实际已衙门化。一校中显然有三阶级：一校长及职员阶级、一教员阶级、一学生阶级"。作为一个群体，教员已明确在职员之下。且各群体间"彼此情意隔阂，痛痒不相关"，大学生活乃以"虚伪冷酷、机械变诈"为特点。冯友兰在1949年后特别指出，"职员在教员之上"是"半殖民地半封建的中国社会在教育方面的反映"。不幸的是，这方面类似的发展似呈每下愈况之势：在蒋百里立言又半个世纪后，前些年确有乡村干部鼓励村小教师说：好好干，以后我提拔你到供销社上班。则乡村小学教师或已不如杂货店的伙计；而"职员在教员之上"这一现象在今天大学里面仍是常态。

大学教育的管理与"官理"

在一些大学中，近年来所谓"职能部门"确有日益官僚化的趋势，有意无意间越来越倾向于"管理"（实际更多是"指挥"）理论上与之"平级"的院系，且"管理"得非常具体和细致入微。尽管高校"职能部门"的负责人如今已基本由教师担任，这些本来仅受过特定专业训练的学者通常在担任某一职务后似乎立即变成相关领域的"通才"，做什么官就立即成为那一方面的权威：做了主管教学的副校长就成为学校最懂教学者，其次是教务处长；同理也适合于科研处（包括文理科）、研究生院等，"官大学问就大"渐成高校的常见现象，大学的教育管理有走向指挥式的"官理"之趋势。

以教学为例，通常不论任何专业出身的教务处长往往便成"教学"方面的权威，对任何专业（多数是主事者未受训练的专业）教学的指导和管理几乎已到"明足以察秋毫之末"的程度，甚至教务处的一般职员也常常比各院系分管教学者更"懂"专业教学，遑论一般教师。我听说竟然有教务处认为系里教师所出的考试题目不妥而予以驳回、勒令修改者。问题是，如果专业教师反不如教务处职员知道某一学科的考试题目怎么出，那何不由教务处官员来开课呢？某高校研究生部也曾指示各院系要提供硕士研究生入学考试的"标准答案"，该校历史系一位教师认为这一规则至少不适合于史学专业（甚至可以说是荒谬），因而"抵制"，结果是系里为了不损害与相关部门的关系，从此"忘记"通知其参加这一级别的出题。

在本科阶段，标准答案当然适用于有的学科，但即使这样的学科恐怕也是层次越高越不合适，否则还有何"研究"可言？若研究生的考试，更应兼顾了解应试者的专业知识与能力，知识或可有标准答案（有些人文学科已不一定，理科较前沿的知识也未必能"标准"），能力则未必然。培养"分析问题和解决问题"的能力是我们常说的套话，试问这样的能力如何可以标准化然后测试呢？类似对院系教学科研的低水平细致"管理"已严重影响了许多学科的发展，据说某校古文字学专业的博士生入学试题竟包括"什么是六书"这样的简易题目。我猜该专业的博士生导师也知道今日已念完古文字学硕士或具有同等学力者尚不致低劣如是，然而这样的试题的确可以有非常"标准"的答案。

更不妙的是，尽管各职能部门的领导通常已由教师担任，这些部门的职员却往往达不到一般高等教育需要的水准，结果是大学教育的中小学化。本来大学教育与中小学教育的意义和方式皆有很大的不同，傅斯年在 1932 年说，"中小学之教育在知识的输进、技能之养成"，而大学教育虽不能忽略知识的输进和技能之养成，但其目的则是"培养一人入于学术的法门"之中。故"中学教师对学生是训练者，大学教师对学生是引路者；中学学生对于教师是接受者（无论接受的态度是自动的或被动的），大学学生对于教师是预备参与者"。傅氏以为当年大学的排课方式已有"将大学化为中学"的倾向，如今大学教育"中小学化"的倾向更为明显。

仍以考试为例，有标准答案的"题库"的制作不仅得到提倡，有时还是一些高校的"重点科研项目"。应该说，教学管理部门采取这样的举措基本出于把事情办好的主观意愿，所谓标准答案其实就是针对着今日世风的确不佳的现实，希望最大限度地减少出题者作弊的可能性。这里透露的基本观念是对教师和学生的不信任。然而说句有些人不喜欢听的话，今日校园里确有腐败风气，但制定这些条规的"职能部门"在这方面恐不亚于教师和学生。更重要的是，任何制度方面的发凡起例皆应有长远的眼光，决不能仅针对一时一事；不能因为一时的世风不佳就专门制定一些对教师和学生都明显不信任的"管、卡、压"规则。

考试作弊是古今中外皆不能免的通病，若立足长远，恐怕还是以鼓励提倡师生的道义感和荣誉感为宜，毕竟大学是一个"育人"的机构。唐代（以及宋代早期）的科举，考生可以在考试前拜主考者之门，呈送自己的文稿，而考官对某些应试者的青睐也为众人皆知；盖彼时科举之目的为求才，考试不过一种手段而已。考生与考官的接洽既然是公开的，即在所谓舆论监督之下，反没有多少"作弊"的嫌疑。只要取中之士确为人才，考前的接触便成为"知遇"的美谈。那是一个鼓励和讲究荣誉和体面的社会，若取中之士并非人才，恐怕考官与考生皆难面对社会。只要还想在学界政界有所作为，很少有人愿意为此牺牲其荣誉和体面。

记得王夫之论唐宋科举之别时便特别欣赏和怀念唐代科举那种容忍公开接洽的选才方式（以今日的眼光看正是作弊），但人性确有不那么光明的一面，终于是"尝试吃螃蟹"的人越来越多，到宋代乃制定出许多防弊的制度；今人会认为是科举制的完善，但船山却以为这正是科举制衰微的开始，因为这个制度已从求才转为防弊，其目的被手段掩盖，真正的人才便不那么容易脱颖而出了。

这里牵涉的问题甚多，除了人性的善恶，恐怕更主要的还是全社会的风尚是否形成一种具有无形约束力的体制。如今美国研究生仍无入学专业考试，主要看学生的个人履历、自我陈述和教授的推荐信，大致仍推行鼓励荣誉的取向，似乎也还没出太大的问题。无论如何，鼓励读书人的道义感和荣誉感，应该是比防弊更值得提倡的长远取向（这里决非提倡我们也立刻以推荐代考试为研究生入学的主要方式，毕竟我们的世风恐怕还不如宋代）。就目前而言，防弊的"土政策"到了不甚符合学术规范的地步，正是高校教育官僚化而管理者水准不足的反映。

谋生与问学：学术独立的梦想

在学制变更的情形下，学人如何因应不断变化的时势也是从近代建立新学堂就开始的老问题。章太炎当年即以为，既然在新学制下作教习已成"智识高的人反做智识短浅的人的属员"（未必皆然），有学问的人便不肯去做，若为了饭碗去做，"临了必有许多后悔"。他举例说，四川廖平"经学是很有独得的，屈意去做高等学校的教习，偶然精神错乱，说了几句荒谬的话，那个提学使和他向来有恨，就把他赶走了。外边颇说提学使不是，兄弟看来，谁教这位季平先生屈意去做提学使的属员"呢！提学使当然要维护其权威，他与廖平知识上的高低是一事，但若确有制度可依，则制度一经制定，其权威实应维护，否则便可能出现无序状态；而作为学人，廖平也不能不说他认为必要的话，他甚至可能有意不辞职以表明一种学人立场。

正因为不愿做比他"智识短浅的人的属员"，所以太炎终身不入新式大学任职（清华国学院就曾尝试聘请他），只能常常借"讲学会"的方式传其学。陈寅恪也早看到这方面的问题，主张"我侪虽事学问，而决不可倚学问以谋生；道德尤不济饥寒"，也不能以之济饥寒。"要当于学问道德以外，另求谋生之地"。他对吴宓说："孔子尝为委吏乘田，而其事均治。抱关击柝者流，孟子亦盛称之。又如顾亭林，生平极善经商，以致富。凡此皆谋生之正道，经商最妙。"若"作官以及作教员等，决不能用我所学，只能随人敷衍，自侪于高等流氓，误己误人，问心不安"。陈氏所面临的社会毕竟不同，所以他仍不能不"随顺世缘"，以教员终老其身。然其在抗战时曾自定万元一篇文章的润格以应付约稿者，类此似假而真的处置方式，说不定也是其旧心之灵光一现吧。

民初有的学者把希望寄托于"社会"，顾颉刚在 1922 年写信给《教育杂志》的编辑李石岑，主张"我们应该讨论一个实际问题，即是如何可以打出一个专心治学的境遇来。这不能全靠于个人意志之努力，而社会供给资财尤为要紧。在现在的中国，不能得到这种的帮助亦自在意中，但任其迁延下去，则学术界永没有希望"。故"我们应该如何鼓吹，使得真有学术社会出来！——现在无所谓学术社会，所谓学术只做了教育社会的附庸而已"。又七年后，顾颉刚在其为《中山大学语言历史学研究所年报》所拟的《序》中，再次提出"在中国建设一个学术社会"的呼吁。

郑振铎呼应顾颉刚说，"从事于学术的人，至少须不把这种学术当做一种职业、一种求生的手段。无论哪一种学问，只要一职业化了，他的厄运便来了"，因为这样便带有"金钱气"。他认为"这种'无所为'而为的精神，在研究学问方面是极关重要的"。他同意顾颉刚关于"打出一个专心治学的境遇来"的看法，但认为"在现在的社会组织里"难以存在"'无所为'而为的'学术社会'"，当时"腐败至极、卑鄙至极"的政府也不可能补助学术界，"奖掖资本家去供给学术社会的需要"虽不失为一种出路，但中国恐怕没有这种肯拿钱的资本家。这样，就只剩"淡泊自守，躬耕自给，弃都市之生活，专心去乡村读书"（这里暗含乡村尚纯洁的寓意颇值得注意）。但他细想起来，这些办法都不太可能，结果只能"怅惘地失望"。

寄希望于经济独立然后维持学术的清纯是这些学者的共同期望，然而在现代社会中这一愿望的难以实现似已被既存的经验所证明。关键在于，"现代社会"本身是一种看似无形却已体制化的系统，个体或群体的读书人实无力与之抗衡，而只能在此体制内进退。除本不以学者为自定位的章太炎等少数人大致能坚持其原则外（这也因为中国式"现代社会"的体制化尚未完全成形，还有不少人送钱给他），后来的读书人多不得不像陈寅恪一样"随顺世缘"，进入大学教书并兼做研究。不过，即使在"现代社会"这一体制化的系统之中，学人也不是全无选择，以廖平的经历为例，辞职便是一种表明立场的方式，他至少可以选择辞职而代替被解职。

尝试共处：学人的因应

近年一些高校制定的特定学术规则，比如核心期刊的认定及其在学位授予中的运用，就使某些处于教学科研第一线的教师难以应对，因而出现武汉大学哲学系教授邓晓芒辞去博士生导师的举动，颇引起媒体注意，今年初还有该校老教授刘绪贻对相关规则提出抗议（见《学术界》2001 年第 1 期）。我在私下也曾听在武汉工作的学者讲说此故事，当地不少学者似乎认为邓教授本来仅思借此抗议，结果竟为学校批准，自己丢掉一个头衔，颇觉吃亏。我不知邓教授本人心里怎么想，但我以为这也近于所谓求仁得仁，实不能算吃亏，旁人更不必有吃亏的感觉。

这也牵涉到"学习共处"的问题。虽然我对高校的职能部门有许多不满，但我相信多数相关规则还是在把事情办好的主观意愿下制定出来的，其针对的现象，比如一些博士论文质量堪忧，也绝非空穴来风。任何学术机构当然不能不维护其既存规则的权威性，而具体的学者个人也有其不能退让的学术底线，在这种情形下，辞职并被批准似乎是理论上最为两全的解决方式。

之所以说是"理论上"的，是因为这里还有一个非常具体的问题，即我们的高校人员尚不能较正常地流动，因而学者本来可以采取的下一个行动，即完全辞职而走再就业之路的选择却基本不具备。假如高校的人员流动能够大致"与国际接轨"或至少"与企业接轨"，真正实现所谓"双向选择"，我倒很推荐这种学者个人和学术机构都得以维护自己基本原则的方式，因为这正体现了不同观念的人（这里暂将学校视为法人）学习共处的一种选择。

那些以这类规则是"土政策"而反对的学者，其内心恐怕仍向往着章太炎最不欣赏的由学部来制定一切"政策"的一统方式。大学教育的实施本不一定事事都要"一元化"，长期任清华大学校长的梅贻琦在1940年即曾对教育部强调大学那"包罗万象"的特性，故大学教育应走"殊途同归"之路，而不可"刻板文章，勒令以同"；尤其"如何研究、教学，则宜予以大学以回旋之自由"。因此，各学校制定一些"土政策"，只要不违背基本的教育法规和学术规范，是至为正常甚且理想的现象。

我倒希望我们的大学教育尽量多元化，每个学校有其各自特色恐怕还是积极的因素（比如美国普林斯顿大学便无今日中国人最看重的商学院、法学院和医学院，却并不因此减低其世界一流大学的地位）。只要高校的人员流动做到与今日企业相类的双向选择，各校有不同的"土政策"恰为学者提供了更多的选择。同样，学者在学术准则上也可以有自己的立场，遇到不能妥协退让的"规则"又无能力修改时自不妨采取不参与的态度。

张曙光先生最近说，他有一论文稿为某刊采用，拟注明此文受民间机构资助而为编辑部所拒绝，在互不相让的情形下后者乃建议以长短不同的两稿在两刊发表此文。张先生认为这违背了自己"多年来坚持的学术理念和人生追求"，属于"违反学术规范、破坏学术自由"之列；"作为一个作者，一个有血性的中国人，有人要剥夺我的正当权利，我一介书生无以自卫，但也不能失去原则委曲求全"，故"只能以撤稿来维护自己的学者尊严和作者权利"（见《学术界》2001 年第 4 期）。我觉得这样的处置与前述邓教授的辞职都是一种尝试"共处"的方式，毕竟"学术规范"靠的是学界的风气，未必能依靠成文的法规来维持，各自表明观点和立场而在具体事务上脱离关系，仍不失为一种可以接受的解决。

我自己目前就因为对敝校一些规则有不同意见、表示反对而不被采纳后主动退出了招收博士研究生的行列。这可以视为双方都坚持了自己立场的一种"学习共处"的结局，同时双方也都还有进一步采取行动的余地和可能：我可以在学术观念上面临更大的对立时进而完全辞职，寻求到"土政策"不同的学校再就业的机会（困难当然较大）；学校也可以视此为未履行教授的基本职责而解聘我。

今日高校中职能部门的确多视教师如属员（其实连"官阶"与之相同的院系也多被视作下属机构），故"智识高的人反做智识短浅的人的属员"之情形仍较普遍；惟各校情形也有差异，有时学者在管理人员"智识"高下的学校间进行选择，或亦不失为一种学习"共处"的方式。同时，社会的变动仍然在继续，在有些领域，比如高校，今后的变化还会更剧烈。在这样的环境下，尝试学习与各类不习惯的新社会行为并与观念不同之人（以及作为法人的机构）"共处"，恐怕是身处变革之中的个人和群体不得不走之路。

※　　　※　　　※

鲁迅曾说，民初的中国"四面八方几乎都是二三重以至多重的事物，每重又各各自相矛盾。一切人便都在这矛盾中间，互相抱怨着过活"。这也接近今日变化中的社会景象，但若能尽量相互适应以"学会共处"，或即可避免"互相抱怨着过活"这一大家都极不愉快的状态。眼下一个新的流行概念是"双赢"，这当然是最理想的境界，但似乎更多体现在买卖上；若在其他领域，通常说到"双赢"往往已是近于僵局之时。退一步言，有时"双不赢"的解决也未必就意味着"双输"，只要双方都还有选择的余地和可能性，"双不赢"也许是一个虽不理想却能够解决眼前问题的"共处"方式。

原刊《开放时代》2001 年第 10 期

物质时代的文化重建

——为《文化纵横》创办十周年作

明年（2019年）是五四运动一百周年，媒体多未雨绸缪，为此圈文圈人。差不多每十天半月，就会收到不同机构和刊物关于五四周年纪念的邀约。与一百年相比，十年或是很短的时间了。然而《文化纵横》十岁了。我们看着它诞生和成长，也感觉时光匆匆如流水，不舍昼夜。

在纪念五四运动十周年时，梁启超曾对"天真烂漫的青年们"说："青年们啊：你要干政治，请你别要从现状政治下讨生活，请你别要和现在的军阀党阀结缘。你有志气，有魄力，便自己造出十年后的政治土台，在自己土台上活动。"

梁先生的话有特别的针对性，因为那时学生界里"已经有许多吃政治饭当小政客的人"了。但他所期望的自己造出土台，在这自己造的土台上活动，却曾是五四前后许多青年熟悉的路（不限于政治）。当年他们借着白话文的东风，自己写文字，自己办刊物，自己卖刊物，自己买刊物。一句话，他们正是自己造出土台，给自己创造出了"社会的需要"，并打出了一片天下。

《文化纵横》的创办者并非"天真烂漫的青年"，但据我不充分的了解，在里面具体做事的，基本都是"天真烂漫的青年"一辈。我们常说百年树木，十年树人，十年了，《文化纵横》树起来了么？答案是肯定的。刊物的成败或尚不到评判的时候，一群有梦想之人（也常见进进出出）的努力，却是不能抹杀的。

正如戴震所说："凡血气之属，皆有精爽。其心之精爽，巨细不同。如火光之照物，光小者，其照也近⋯⋯光大者，其照也远。"不论光照的远近，照物的，便是光。进而言之，兰克在论证"每个时代都直接与上帝相关联"时曾强调："每个时代的价值不在于产生了什么，而在于这个时代本身及其存在。"的确，凡是存在的都是有理由的，也自有其道理在。不仅时代，大至文化、族群、国家，小至个人和细事，都有其独立的"主体性"。刊物亦然。

任何文化，本是历史地形成的。而一旦形成，其独特的主体性便落实在历史之上，更因其特定的历史发展而强化。在人类的历史长河中，十年真如弹指之间，转瞬已过。然而人生如梦，其实没有几个十年。

如果看得稍微宏观一点，十年之前，中国似乎出现了一个从物质走向文质的转折点——在一百多年的寻求富强之后，至少中国的经济体量已经名列世界前茅。相当一些人开始感觉到，不论是个体的人生还是国家、民族、社会，还有很多富强不能解决的问题。换言之，富强可以是目标，却不必是最终目标；更重要的是，富强之后，还要有能适应富强的人。这方面的培养，就是古人说的"富而后教"（中国古代的教和学，都更强调求学一方的主动性，故这里的"教"，也可以是自我的培养）。

文化从来包括物质，但文化也向有非物质的一面。中国古人既承认衣食足而知荣辱，又强调"读书"方式可能改变物质对人的支配性影响（即孟子说的"无恒产而有恒心者，惟士为能"）。用今天的话说，就是不忽视物质层面的富强，但更重视非物质的文化面相。近代出现韦伯（Max Weber）所说的"命运急转"，国家以富强为目标，导致"物质的兴起"。其最大的副作用，就是所谓"市道"的流行。如杨荫杭之所见，"昔人以市井为小人，今日以市井为圣人"；结果是"举国上下，皆以市道行之"。

简言之，近代的寻求富强使我们的思维和想象都已相当物质化。如今中国已接近富强，却也淡忘了富强之外的天地。我们对各类"非物质"的事物久已生疏，甚至把"非物质文化"视为招商的选项，就是使非物质文化更物质化的典型表现。就此看来，从物质走向文质，仿佛是这个时代急需的。

正是在十年前的转折时刻，《文化纵横》诞生了。其发刊词清楚标示出刊物的追求——"文化重建"。想要探索的是："在富国强兵之外，我们需要建立一个怎样的社会？我们究竟要前往怎样的方向？我们究竟应对人类大家庭做出怎样的贡献？"而刊物面对的语境，就是财富的快速增长"重塑了社会的各种关系"——一些人有钱了，而另一些人没有（或感觉没有），于是"人生缺乏意义，社会缺乏文化，国民缺乏意识形态，民族缺乏精神"。更重要的是，刊物发现，"面对历史"，中国人"第一次丧失了精神文化领域的自豪感和优越感"。这背后隐伏的，其实更多是在"面对世界"时，经济数据已经起来的中国，却体会到在世界上没有多少"话语权"。

在这样的背景下，不少人热心于提高中国在世界的说话能力。有人强调"中国可以说不"，有人直接表示了"不高兴"，而《文化纵横》则选择了"文化重建"。其"面对历史"和"面对世界"的关照，体现出立足于此时此地的责任心。盖让人倾听的前提是发自内心的尊敬，而人必自尊然后他人尊之，人必尊人然后他人尊之。

文化重建不是一件简单的事。尼采曾提出"重新估定一切价值"的主张，被胡适引用来界定他自己推动的"新思潮的根本意义"。《文化纵横》2010 年 6 月刊的编辑手记，也表现出了类似的愿景——"没有什么是不可以思考的，也没有什么是不可以重新估量的"。

而 2016 年 2 月号的编辑手记，进一步明确了"《文化纵横》的追求"，那就是"并不试图办成一个派别学人抱团取暖、同声相求的同人刊物，而是希望直面这个处于急剧变动的中国和世界，提供思考者以一定距离感来观察和介入这一时势流变的写作平台"，以"激发更为多元、复杂且具有内在张力的思想和争论"。

"距离感"的提出真是睿见。我所在的史学所涉及的理解，都是时空距离较远的，总有某种可望而不可即的感觉。而这样一种距离感或许是必需的，甚至可以说是史家的一个优势。若近在咫尺，便不能赋予众多的丰富含义。距离可能导致误会，甚至想入非非，但也可能产生美感。如布克哈特（Jacob Burckhardt）所说，近处听到的教堂钟声可能杂乱无章，而远处所闻，则变得美妙和谐。

正是距离，给予史家一个更高远的位置，可以从杂乱中感受到和谐，因而获取对历史力量和精神的整体把握。听觉如此，视觉亦然。要有足够的距离，才能达到林同济所说的"平眼"，不仅可以有鸟瞰的优势而能见观察对象之"全景"（total landscape），更能对其中"各个事物相互的关系"，给予一个"比较近实的估量"。在一个各方意见多元纷歧的时代，与观察对象保持一定的距离，更容易看到各个事物组成的统相，并及其关联与互动，方足以产生了解之同情，而臻于心通意会之境。

今天回看十年前的中国社会，仿佛隔世，颇有些"十年一觉扬州梦"的感觉。虽说"江南忆，最忆是扬州"，毕竟"孤帆远影碧空尽，仍见长江天际流"（擅改一字）。无论前尘如何，或不必频频回首；风吹人醒，还是要面向未来。尤其在这纸媒的好时光已经过去的时代，办刊物的人也只能抖擞精神，从当下做起。

以澄清天下为己任的人，有责任看到多方面的缺失。然而文化在纵横中呈现出万花筒般的缤纷绚烂，也并不都是瑕玷。十年前的一件大事，就是汶川大地震。一方面是七万生命的瞬间逝去，另一方面几岁的小朋友也可以去救人，最可见孟子说的人皆有恻隐之心。在一个充斥着物化的人欲，甚至人欲已经横流的时代，还能看到这样显露本性的现象，特别给人以鼓励。人性本善，不会被外在的恶彻底消磨掉。让人性之善尽量的多留一点，这个世界也许还是会变得更好。

与创办《文化纵横》的杨平兄相交已二十多年，知道他在所谓的左中右之间是有自己明确定位的。然而这样的个人立场并未影响办刊，上引"《文化纵横》的追求"不仅明确了并不"抱团取暖"，更以"具有内在张力"为努力方向。要知道物理学中的张力（tension）并不像有些人想象的那样是一种可以"扩张的力量"，而是意味着矛盾甚或冲突。这样的追求充分展现了"纵横"意味中那种不以物喜、不以己悲的期待和包容，也是我对《文化纵横》的希望。

原刊《文化纵横》2018 年 12 月号

四、社会的学术

学术与社会的互动有感

今日后现代主义者已在质疑"学科"(academic disciplines)的正当性，认为学科的划分也是带有"偏见"或倾向性的"现代"产物(这种"反学科"的观念与一般"跨学科"的主张有相当的区别)。不仅"学科"的划分已成"疑问"，就是"学术"与"非学术"的划分也开始受到带否定意味的关注。个人对后现代主义所知甚少，但我注意到在后现代主义关于知识生产是权势运作过程及知识生产者应主动介入此过程这一观念的影响下，西方不少非后现代主义的学者也开始认真思考学术研究与公众甚至与政治的关系，其一个开始萌芽的倾向便是学术应主动与社会发生关系。

今日学术论著是否应该只写给少数专家看已开始引起较多中外学人的关注和讨论，学术表述向"非小说"方向发展的尝试已经出现(这与我们现在号称"学术"的粗制滥造的情形共生，表现也时有相类处，却是非常不同的两回事)，且至少在西方已引起学界的反弹。这样，"与一般人生出交涉"这一中国新文化运动时的口号似乎又有了新的蕴涵和意义。当年新文化人一面主张为学术而学术，一面仍努力影响和改造社会。顾颉刚那时最关心的问题即是："为什么真实学问的势力不能去改革社会，而做学问的人反被社会融化了？"他认为这还是因为学术方面的努力不足，所以他提出："诸君！倘使看得这社会是应当改革的，还是快些去努力求学才是！"

80 年后的今天，我这一辈学人中的多数早已基本放弃以学术"改革社会"的奢望（只要做学问的人不被社会融化已是万幸），还在试图改造社会的部分"人文者"又多不见得有几许"学问"。当年顾颉刚即观察到民初的社会党只欣赏"外国鼓吹社会主义的小册子"，却对"社会学三字很厌闻"。这里与"社会"相关的"主义"和"学"之疏离正是学术不能改造社会而反被社会融化的一个主要原因，所以不论是要改造社会还是仅仅着意于学术的创获，最重要的恐怕还是如顾先生所说，学者首先要努力求学。

我确实不赞成将口吐真言式的"现实关怀"议论称为学术（学者要做"社会的良心"而关怀现实正不妨直言），却并不反对以学术影响社会。正如顾先生所说："街头无赖子穿了博士式的制服到博士会里照相，照相片上不能不说他是个博士；所希望的只要这个无赖晓得穿这身衣服的惭愧，肯黾勉加功、脚踏实地地修养起来，真有了博士的学问，就可追认他是个'真博士'了。"在博士制服还有人看得起的社会，学术当然也还不能说全无影响，而且一定会有因向往博士服装而预学问之流者；但世间事往往是"互动"的，另一种可能是正式取得穿博士制服资格的"真博士"反为街头无赖子所"融化"，结果是真假博士难辨，学术与社会的互动便走上恶性循环之途。

学术的社会反响便常常为时代需要所影响。太平天国之役后中国思想界的一大转变是以湖湘为中心的经世之学的兴起，同时兴起的今文经学，其所关注者也更多涉及时政，意在经世。在当时"天下多事"的大环境下，不止是曾居正统的清代"汉学"在衰落，任何其他学说，也只有在其能"经世"的层面才兴盛，其纯粹学理的一面，也都处在不同程度的衰落之中。同为今文经学家的廖平和康有为，一以学明道，一以学经世，其寂寞与显赫的鲜明对比，最能说明"适应时代"的学术更容易得到社会的接受。但若"适应时代"成为学者有意追求的目标，则正如顾颉刚所说，自谓最能适应时势者，其实只是受时势的驱遣罢了。

胡适就是一个最希望影响社会的学人，他也的确有意无意受社会的影响而说社会认知中那个"胡适"应该说的话（说详拙作《再造文明之梦》）。有意思的是胡适正是从此角度观察晚清社会对廖、康二人的不同接受，不过他以为这是因为"康的思路明晰、文笔晓畅，故能动人；廖的文章多不能达意，他的著作就很少人能读了"。胡适因而提出，"文章虽是思想的附属工具，但工具不良，工作也必不能如意"。学术与时代这样高远的问题我通常是留给"思想家"们去关怀和讨论的，但在低得多的层次上偶一思及，则胡适的见解提示着孔子关于"言而不文，行之不远"和"辞达而已矣"的古训迄今仍具指导意义。

学术这一知识生产流程中"读"和"写"何者更要紧这一问

题近来已引起学者的关注，我的看法是两者均甚要紧，缺一便不成其为学术。"表述"是学术研究中至为重要的一个环节，就连主张"道可道，非常道"的老子也还写下五千言，今日把自己研究所得陈述出来就正于同人更是"学术"的一个不可或缺的组成部分。换言之，一个学术观点在表述之前并不"存在"，是表述使它完成、使它存在。这就意味着"写"或"表述"不是将思想（或知识，或别的什么）的一个完整的已知部分简单输出而已，它根本就是思想或知识的一个待完成的组成部分。

哈佛大学的俄国史大家派普斯（R. Pipes）甚至说他仅将25％的时间用于研究，而75％的时间用在写作时斟酌如何表述之上。这一时间的分配比例不必适用于任何人，但他对"写"的重视程度却值得我们注意。日本著名中国史专家宫崎市定认为史学分为四大段落，即史料、理解、评价及表现，而"对历史事实理解的深浅、兴趣的所在，以及评价的大小，都直接反映在表现的巧拙上。文章并不是只印在纸上的墨迹，而必须是用来说非说不可的话的语言，所以如果没有自信和爱心就无法写出令人满意的文章"。"令人满意"或要求太高（我至今便距此境尚远），但"非说不可"则充分凸显出表述的重要和必要。

苏轼曾就文字表述申论说："求物之妙，如系风捕影。能使是物了然于心者，盖千万人而不一遇也；而况能使了然于口与手者乎！是之谓'辞达'。"这里关于"了然于心"和"了然于口与手"两个境界的区分是只有在实践中才能悟得的见道之

解，一般随口论文者绝对见不及此。实际上达到第一层境界
已非常难，有朋友以为"胸有成竹"后仍难避免"多闻阙疑"，
诚是（考据家尤注意此）；然若真有"成竹在胸"，此仅细小处
也。倘胸无"成竹"，而只是无数"细部"，著述必显散乱枝蔓，
不能一以贯之。

　　惟达到前一境界者未必就能达到后一境界，熊十力对此
体会极深，晚年颇有心里想通了因气不足而写不出来的大憾。
真能达到第二境界，则写出具有"非小说"那样的"可读性"而
又不失学术水准的作品也非不可能，恐怕在今日中国还没有
几个人可以做得到。不过，把文字写得通畅些，让更多的非
专家也愿意读，或至少让数量已不多的专家也看得舒服些，
当不失为一个努力的方向。我自己在这方面几乎已是"著名"
的失败者，仍愿书此以表明：非不为也，是不能也，不知读
者诸君尚能谅否？

原刊《读书》2001 年第 5 期

业余"学术警察"心态与学术打假

记得辛弃疾曾说过"少年不识愁滋味，为赋新词强说愁"；后来读了点史书，颇感辛弃疾这句话或有故意为之的嫌疑，因为他根本生活在一个相当不安宁的时代，少年时似应已领会愁绪滋味了（这当然需要重建辛氏的少年生活才可以下定论）。对我这一代的许多人来说，如果可以套用一句《红灯记》里的话，是"读书人的孩子早知愁"，而且这一"愁滋味"还非常具体。不过，虽然少小知愁，少年时代的生活仍充满少年的特征，稍读书，便好随意"指点江山"、臧否人物。今日回首，自然知道大多是"眼高手低"的废话而已，这或者也是许多人成长的经历吧。

前几天电视上讨论足球，有位自认是吃了"假球"大亏的俱乐部人说中国足球还是个孩子，可惜保姆不够好，不但不能"打假"，恐怕还有助假成风之嫌。那是年轻人不晓得"孩子"的可贵，待人到中年，便知能做"孩子"亦一美事。中国道家的修炼一派最晓此意，能修成"婴孩"乃是极高的境界。不过那位先生所说的"打假"，的确触及今日世风的痛处。现在制假已成风气，所以"打假"也出现了专业户。而整个社会的方方面面真有点像陈独秀所说的是"一家眷属"，在商品经济影响下，学术界的制假现象也有渐趋严重之势，同样似已出现专事学术"打假"之人，且这类"打假"文字好像还颇受刊物的青睐。

我们的刊物前些年太少学术批评，现在能注意及此并加以补救，当然很好。不过学术批评与学术"打假"实有所区别：前者是平等的，不同的观念处于一种竞争的关系；后者则对错先已判定，"打假"者是站在正确的一面来纠正错误，带点警察捉小偷的意味。我个人不甚主张学术"打假"，因为今日学术刊物数量之多虽已是前所未有，但在信息爆炸的时代，刊物的版面仍是非常珍贵的，用之以"扶正"也许更合适，且在很大程度上应足以起到"抑邪"的作用；其实我们在"扶正"（而非吹捧）方面做得非常不够，一部真正的好书往往看不到品质接近的好书评。

通常"打假"之人和发表"打假"文章的刊物当然都出于善意，不过他们对学术论著的读者似乎都有点像诸葛亮之视阿斗，太低估其识别能力。对真正的学界中人，"假"学术作品其实一眼便可看出，勿需好心人来提醒。制假能类真，在学术研究上是极其不容易甚至几乎是不可能的；因为学术研究是一个发展的过程而非"标准化"的固定产品，重复生产至少在理论上是无效的。抄袭的论文能获得博士学位，我以为从指导老师到评审专家的责任不仅不比抄袭者更小，恐怕还更大。"导师"和"专家"竟然看不出论文是抄袭，则其平日实不知在干什么。正因为有这样的老师（其聘请专家必也选择类似者），才会培养出抄袭的学生。而学术"打假"多半只能帮助这些平日不怎么读书的读者（对全不读书者则也无助，因其连"打假"文字也不会看）。

有时候"半真半假"的东西对学术的负面影响比完全"假"的要大得多，所以强化学术戒律恐怕应更多着眼于这一类的问题。比如写文章或著作不引他人的相关论著在今日史学界就特别流行，许多人的论著也不是没有第一手资料，但似乎总像是个开拓者，全不见他人相关研究的存在。史学发展到今天，除极个别的小问题外，几乎已不存在无人研究过的内容，尤其不可能没有相关的研究。比如要研究刘邦，如果确实没有既存的研究在，那也可引用对项羽的研究，如果连项羽的也没有，那总还应有对秦始皇、明太祖或者外国什么王朝开创者的研究在，至少也还会有关于刘邦所处时代的文化、社会、经济、政治等研究在。学术论著如果不与以前的研究挂钩，其实也就不曾进入整个的学术发展流程，恐怕也难真正地算作学术。

这个问题当然不能完全责怪我们的研究者，特别是初入道的研究者。实际上许多大学教师视此为必然的"应该"，所以根本不曾告诉学生（自己也不守此规矩的老师当然也有）；不少学术刊物和出版社过去并不十分强调这一点。如果老师肯拨冗讲讲这类粗浅的起码要求，如果凡未引证他人论著而又没有一开始就申明并证明是完全开拓之作的论著均不得出版发表，这一问题应该不需多长时间即可迎刃而解。我们的学术批评似以侧重这类相对更具有建设性的问题为好。

我总觉得今日专事学术"打假"之人似乎有点业余"学术警察"的心态，他们自觉地承担起监视的责任，总是环顾左右，视何处有"嫌犯"的存在。当年美国驻华商务参赞曾对其驻华武官说：我们都关注中国事务，但关注的对象实不相同，我注意的是机会，以便发展贸易；你注意的是问题，看是否需要出兵保护（大意）。前者是建设性的（当然主要是对美国而言），后者则是典型的警察心态。我不是主张对学术制假视而不见，但如果专看出问题的一面这种心态成为风气，治学者逐渐忘掉自己的建设工作而习惯于寻找需要惩治的问题，最终势必形成破而不立的结局。

这同时还会影响到学界的整体学风，盖近墨者黑，学者久与假学术相处，恐怕不能不受其所染。曹聚仁注意到，孟子破口谩骂杨墨，表面上与杨墨相径庭；实则孟说亦有为杨墨主张所渗透而与孔说相违背者。同样，"朱子动辄刺诽佛道，而其学说则自佛学变化而来者甚多"。这是治学有心得的见道之论。与假学术打交道太多，便可能无意中受其影响而不觉。今日"打假"之风渐盛的同时，出现了一种随意"点评"学人著作的倾向，不论好书次书，随便选出一两点便痛下褒贬，很有些类似媒体评说足球，在场上实际踢球的人常不免感到评球者"会说不会练"。

这里牵涉到一个学术批评与一般文学、影视、体育和餐饮评论等的大不同处：所有后面这些行业里似都有"专业"的评论家，他们确实可以不必自己"会练"，只要会看会品尝（这也非易事)即可；而学术评论便不然，一般都认为必"内行"始能从事批评，且这里"内行"的意思是自己必须"会练"。不过我们现在的学术批评却渐有与体育和餐饮评论认同的趋势，有些人本来也是"会练"的，渐渐只说不练了；更有新兴的一些"学术评论家"，尚未体现出是否"会练"，却也专说不练，且越说越带"口吐真言"式的随意性了。

这才是问题的关键所在，即"打假"者自身的行为方式无意中渐与制假者相类；"同流"之后，"合污"便是自然的发展。本来一般的学术评论还是有些"行规"的，比如说话不能太越出学术范围即一个约定俗成的规矩。但随着"学术警察"心态的普及，打假者渐染制假者的风格，学术批评遂有"突破"这一规矩的势头。20世纪中国给我们的最大教训也许就是建设比破坏更重要，学术批评者或者也可借鉴这一历史经验吧。

原刊《读书》2000年第7期(题目有更易，后半部分删)

打倒与建立：再说学术打假

胡适早在 1920 年便曾慨叹中国报刊缺少真正的书评，虽时有"新书介绍"栏目，却"只是寻常的介绍，很少严格的批评"。这一现象到今天仍相当显著，不过已发生诡论性的改变，即现在多以"书评"的形式来进行褒奖为主的"新书介绍"了。且这一做法已渐成风气，有沛然莫之能御之势，各学术刊物收到的"书评"稿件大多如此，结果是某重要学术刊物干脆停止刊发这类"书评"，并恢复"新书介绍"一栏以正其名，最能表现刊物面对世风的无奈。但正如胡适所强调的，"著作家若没有批评家的监督，一定要堕落的"。今日学界的某些"堕落"现象，部分即因缺乏严正的学术批评，故在学术领域树立"严格的批评"风气，仍是今日学界的急务。

可能与学界的"堕落"相关，近来"学术打假"渐成风气，媒体尤乐赞之。最近之最近，"学术打假"又已多表述为"直面学术腐败"，仿佛这"学术腐败"也像其他有些方面的"腐败"那样伴随着权势，敢于"直面"便体现出过人的勇气。其实在学界中生活的人都知道，今日"学术腐败"无论有多么"猖獗"，最多不过处于"犹抱琵琶半遮面"的态势，既不敢以此自傲骄人，尤不具对"直面"者的任何威慑。"学术腐败"本不为人所齿及，所谓"直面"者对学界的贡献，在于揭示出一些或已较严重而尚不为人所注意的弊端，惟所体现的更多是"直面"者的识力，而非勇气。

同时，也不排除有些人并未揭露弊端，而是借"学术打假"之名对努力于学术建设者吹毛求疵，尤其对较有成绩的学者狠下杀手，所"杀"者又往往不是什么弊端，甚至也不是学术"观点"的争鸣，根本是不涉具体内容的刀下专斩有名之将。这类评论者自己未必从事某方面的研究，却悬空定一标准，然后说某书某文并未达到这一标准，因而属于粗制滥造、问题严重云云，颇类新文化运动时所谓"自立自破"。批评者不讨论立说者研究的具体问题而随意放言高论，若置于所谓"文化评论"或"学术随笔"（学术本不能随意下笔，这个今日颇流行的术语其实指的是学者或学术爱好者所写的随笔，重心是在后者）之列，似尚相宜；若偏要正其名曰"学术"，则这样的"学术打假"，正不啻"制假"。

上述两类人其实有着根本的区分，如某位在海外工作的学人据实例一一揭露我们科学界的种种"假冒伪劣"问题，应该说对学界有实际的贡献。但那些喜好"刀下专斩有名之将"者，恐怕就扰乱有余而建树不足。不论此类人动机如何，其所作所为实际破坏了正常的学术批评，且造成一种相当反常的风气。幼时所受的教育中，"打不还手，骂不还口"是正面的训规；如今世道变迁，在此类以"学术"为名的评论中，被

"打骂"者若不还手还口，便似乎赞同"打骂者"的意见，好像已自动认罪，只待"伏诛"了。与此相类，凡对"学术打假"的具体方方面面稍微"说不"，便似自承有"学术腐败"的嫌疑；理由也很简单，反对"吃西瓜"者，心中当然有"冷病"啦。

其实不论古今中外，要在学界立名，即真正获学术同人认可而不是具有某种头衔或得过某层次的奖励，殊非易事。已立名者当然并不因此便享有学术批评的"豁免权"，但我们今日的实际"学情"是肯致力于严肃认真的学术研究者日渐稀少，在此大环境下，对于勤苦用功较有建树的学者，似仍以鼓励为主更好。王先谦曾说，学者"苦志身后之名，后来者当共惜之"。此语甚可思。

更重要的是，不论批评对象有名无名，评论者皆不宜泛下空论，而应具体论事论理。比较正常的情形是，批评者在自己从事研究的领域内说话，且最好先以实际作品确立自己的学术地位。根本言之，以研究为主体的学科和以创作为主的科目（比如文学、艺术等）有一大区别，即不必有类似"裁判"的职业评论家存在。在某种程度上甚至可以说，以研究为主体的学术界（下同）出现"会说不会练"的专操评论者，这本身就是一种"假冒伪劣"。

今日学界的问题主要尚不在有人像生产界那样"制假"，而是学术本身渐呈虚而不实的趋向。其中一个具有强烈损毁性的倾向，即一些学术刊物"思出其位"，忘记自己的职责而试图担任媒体的工作，或至少受媒体风格的影响，染上喜欢"炒作"之风，企求学术之外的关注，而美其名曰"权威性"和

"可读性"并存，实际助长了批评的虚悬化。与此相类，另一个虚而不实的现象是各级学术机构中一些稍握所谓"权势"者日益无学（多半是曾经有学而渐停关注本学科的进展）。只有评审者根本不熟悉所在学科的研究现状（在近代中国曾经出现学术中断的特殊背景下，不了解较早的既往研究亦同），"制假"的产品才能通过"评审"而发表、升等、获奖，甚至得学位。

针对评审方面的问题，各高校和研究机构多制定出一些防止弊端的措施，"学术打假"已由"民间"进入"官方"层次了。比如某高校对申请教授或博士生导师者实行所谓"匿名评审"，即委托另一高校的相关职能部门选择该校教授进行评审，所匿之名竟也包括评审者本人！今日全国教授或博士生导师之间的实际水准相去可以甚远，评审者之名被匿，其评审书的效力对真正的学者而言已失去大半，除具形式外又有多少实际意义？所谓"匿名评审"本通行于刊物，在那里决定取舍的编辑当然知道评审者的实名；而在升等程序中的投票者却不知谁是评审者，他们在读到几份表述极为类似（如"结构完整、观点正确"）的评审书时，根据什么赞成或反对？这样的防弊措施，不是反具增弊的实际效果么？

"打假"不啻"制假"、防弊反而增弊，动机非不美，效果实不佳。产生这样的现象，很大程度上是忽视了正面提倡的建设性作用。以我熟悉的史学界而论，目前热衷学术打假之人，除一些基本不治史而属于史学爱好者（此类人热心甚可贵，胜于史学界中不关心者）外，多为治外国史或所谓专门史者，治中国断代"正史"者少，治近代中国史者尤少。这或者有一定的提示意义，盖治中国所谓正史者多知历代各种破坏对于民生的影响，故较易认识到建设的重要；而近代中国给我们最大的教训，就是建设应当重于破坏，治近代中国史者对此必有深刻的体会。

自"笔锋常带感情"的梁启超大力提倡"破坏"以来，中国思想界渐形成一种为救国而破坏的大潮。革命党人钟荣光曾对胡适说，他那一辈人"力求破坏"，是因为中国政象已类大厦将倾，故"欲乘此未覆之时，将此屋全行拆毁，以为重造新屋之计"。而重造之责任，就在胡适这一辈人。所以他建议胡适"努力向学，为他日造新屋之计"。然胡适回国不久仍以破坏责任自居，他在 1921 年对吴虞说，"吾辈建设虽不足，捣乱总有余"，希望吴在教书时能引起多数学生研究之兴味。又将建设的责任，留给了下一代。而胡适的下一代也渐有同样的认知，以前文化民族主义情绪甚强的闻一多到抗战末期发现，在文化领域仍有重提"打倒孔家店"口号的需要。

这样代代均以破坏自居，而代代均觉破坏得还不够，破坏的大潮乃如洪水泛滥，一波盖过一波，而不知所止。其实梁启超自己在提倡"破坏"后不久即有所转变，特别在文化领域提出一种"以日新全其旧"的取向，颇为中国古学张目。不过在他本人推动的"举国方主破坏"（黄节语）之大趋势形成后，梁氏提倡"破坏"的言论更受时人关注，影响甚大，而其"以新全旧"的主张反被掩盖而不显。结果适如其总结自己在晚清的作为，是"破坏力确不小，而建设则未有闻"。

今日中年以上之人大约都熟悉一句话："破字当头，立也就在其中了。"这话在打仗争天下方面大概不无道理，因为多消灭敌人，也就保存了自己；破坏了敌对方面的统治秩序（包括社会秩序、经济秩序等），就能凸显敌对者的"失道"，使自己的事业更具"有道伐无道"的意味（古今中外任何时候，"民不聊生"的状态都是对既存政治权势的最大威胁；不过那时恰生活在"敌占区"的老百姓，因社会、经济的紊乱失序，恐怕要多吃不少苦头）。这且不论，通常从"马上打天下"进入"下马治天下"的时期后，即旧日所谓承平之时，统治者便不再提倡破坏，因为此时的统治秩序已是自己的了。

但近代中国的情形有些特殊，即使在相对稳定的时期，政治领域之外的各类"革命"仍得到广泛的提倡，且常为统治者所容忍。与古今中外既得利益者多主张维护既存秩序的常态相反，民国年间许多社会精英，即社会学上所谓既得利益者，仍不断提倡思想、学术、家庭甚至佛教的"革命"，而且这样做通常并不妨碍其任高官或入名大学以取高薪（蔡元培和胡适皆是显例）。与社会精英提倡"革命"相伴随，当时学术界也充满了突破、打倒的愿望和实践。

问题在于，如果说"破中有立、破即是立"在政治领域还有相当实效的话，在不一定存在"敌对方面"的学术领域，"破字当头"恐怕未必就能"立在其中"。学界当然也始终存在不同学术倾向的竞争，但应该是所谓良性竞争；在这样的竞争中，一方若能正面证明自身取向、方法、见解的优越，则所谓不战而胜，反可收"立字当头，破也就在其中"之效。

1927 年 3 月，姚名达给顾颉刚写信，转达王国维对顾氏的批评，他觉得顾先生"疑古史的精神很可佩服"，然提出"与其打倒什么，不如建立什么"的选择。其实以顾颉刚为代表的"疑古"取向也并非只打倒不建立，在方法论层面尤可说极有建树，但确以"破坏"为象征、为主流。而王国维自己早年提倡西学，所治多哲学、文学一类新学，对中国旧学或也稍带点"打倒"的意味。辛亥鼎革可能使王先生有了某种深层次的解悟，乃一转而研治中国经史之学，专重"建立"，在史学方面建树尤多。故其对顾先生所言，或也包括自身的省悟；其时距王氏自沉昆明湖已不远，这一赠言寄予了对顾先生的满腔希望，可谓语不重而心甚长。

然而，在一个"破坏"被认知为国家民族的"必须"且提倡各种"革命"甚至有助于人的上升性社会变动的时空之中，"破坏"真可谓左右逢源，不仅在意识层面的吸引力不言而喻，更重要的是其已渐入下意识层面，成为一种"自然而然"的惯性心理态势。结果是产生出一种较强的"斗争哲学"，在"敌人"不明显时，也要寻找斗争的对象。新文化运动时文学革命的发起人胡适承认，是这一革命的后起响应者钱玄同"为文学革命找到了革命的对象"，最能体现当年"自立自破"的风气。此风今日犹存，有时还愈演愈烈。

目前多数热衷学术打假者，因爱学术而维秩序，出自善意毫无可疑。然结果或未必如其所料，亦不难预见。有意思的是，这些人下意识中多少带有"打天下"思潮的余绪（尽管其中不少人相当年轻！），又不无自相矛盾处：他们的总体思维趋向比较适应乱世而非治世，特别是倾向于斗争哲学而不看重建设；然在具体为学术立规矩方面又比较习惯于自上而下的"一元化"政策，反对各大学自定"土政策"（参见本书《学会共处："双不赢"未必即"双输"》）。合两者而共观，多少反映出一种从"马上打天下"到"下马治天下"的过渡心态，有意无意中不免以政治的模式思考学术。其实就学术言学术，正不必以"斗争哲学"为宗旨，或者还是应该回到王国维之所言，"与其打倒什么，不如建立什么"。

学术应提倡以建设为主，实为对近代中国整体大环境和学术界的具体发展有深刻领悟的见道之解，非常值得后人细心体味。这里所说的"建设"，不仅是正面的论述，也包括胡适所谓"严格的批评"。清儒朱一新说，作者著一书，"必有一书之精神面目"。批评者若能尽量设身处地，思作者之所思，而努力了解其所欲言，便可以认识其"精神面目"。如陈寅恪所说，必与立说之人"处于同一境界，而对于其持论所以不得不如是之苦心孤诣，表一种之同情，始能批评其学说之是非得失"。学术批评最理想的状态，是批评者能与原作者进行不低于原书原文层次的真正学术对话；而最低限度的要求，则是将批评局限于学术范围之内，尽可能减少"功夫在诗外"的空话。

应当看到，真正打击"伪劣"学术（而不是借机炒作）者的手段虽为破坏，其目的仍在于建设。今日学风的败坏渐呈史无前例的态势，的确不容忽视。所以或不妨破坏与建设并举，打假者继续打假，而建设者仍努力建设，希望能鱼与熊掌兼得，使学术逐渐往健康的方向发展。惟在两者并进之时，必须强调以建设为主、破坏为辅；若建设不足而破坏有余，无论动机多么善良美好，无意中仍会走上一条自毁之路。至于学术风格尚未确立的青年学子，还是多提倡建立的一面更好，庶几养成一种建设的学风，虽不能人人皆成王国维，多少总建立点什么，为整体的学术建筑增添些许砖木，将来亦不致后悔无所建树也。

原刊《东方文化》2001 年第 6 期

学术规范的主要目的是建设而非防弊

——呼应王笛先生

最近读到王笛先生的《学术规范与学术批评》一文（《开放时代》2001 年第 12 期，以下所引王先生语多出此文），颇受鼓舞。尽管此文也是呼应目前"关于学术规范和学术腐败的讨论"，但却与多数空喊口号的表态式议论不同。此文以务实而非务虚的态度，相当具体地讨论了相关问题，提出了实在的建议，真使人有空谷足音之感。学术规范是每一个从事大学教育的学人都曾经或正在面临的问题，特撰此文以呼应王先生。本文主要就王先生提出的学术素质、学术创新和学术积累等问题稍作申论，也会论及一些与王先生见解不甚同的层面。

学术素质与专家匿名审稿制度

王先生的务实态度在于一开始就将学术规范问题从相对抽象的学术道德层面下放到具体的"技术性标准"，如他所说：

"国内对学术规范的呼吁大多强调一种学术道德，这无疑是十分重要的，但中国目前尚未制定学术界普遍认可的一种技术性标准，往往使那些即使力图严守学术规范者也常常感到无所适从。这犹如一个社会只强调伦理道德，却不制定维护这种伦理道德的法律，这种社会难免陷于'无序'状态。形成一个严守规范的学术风气并非一朝一夕之事，但制定一种标准去约束和防止不守规范的行为却相对容易得多。"

在我看来，"形成一个严守规范的学术风气"远比"制定一种标准去约束和防止不守规范的行为"重要得多。根本言之，规范是为了从业者特别是初学者有章可循，其主要的出发点、目的和效果都在建设而非防弊一面，而并非针对抄袭者。如果不然，则王先生列举的美国持续存在大量的各类"规范"书籍，岂不是暗示着美国的抄袭现象甚为严重且持久不衰？正如王先生所说，制定学术规范具有"促使学者以最高的标准来要求自己的作品"这一建设性目的，应有助于"学术研究水平的提高"。

不论建设与防弊，规章制度皆不是万能的；在特定的时空环境下，有时甚至可能是基本无用的。学术规范空有成文的条款是不够的，只有部分学人认可也是不行的，必须要如王先生所说达到"学术界普遍认可"的程度。现在国内一些学术刊物已开始实行专家匿名审稿制度，无疑是个好的倾向。但王先生则看到，"如果审稿的人本身的学术素质存在问题，如忽视学术规范等，恐怕学术研究的前景并不会由此改观"。这是深有体会的睿见。今日我们有些刊物发表的品质很差的论文，恰恰是经过所谓"外审"的。可见评审者本身的学术修养是个至关重要的问题。

"学术素质"不仅体现在是否重视学术规范，其所涉及的范围要宽广得多。说句得罪人的话，学术修养不足是今日学者（本文凡述及中国学者不足之处，皆包括我在内）的普遍现象。本来读书不算多，而学术社会的风气又日益急功近利，提倡"多出成果、快出成果"，使学者用以提高自身的时空日渐萎缩。在普遍学养不足的共相之下，各学者的程度又相差太远，教授或博士生导师这样的学术头衔几乎不再具有普遍的意义。同为教授，有的人简直可以做另一些人的老师。博士生导师亦然。普遍的学术头衔既然未必意味着相应的学术评判能力，就给评审"专家"的确认带来极大的困难。

同时，相当一部分学者似乎还不习惯较中立地看待他人论著，已发表的商榷文章中便不时可见将不同观点作为"硬伤"而批判者，有时甚至宣称某一学科"唯一正确"的方法是什么什么，若违背便自然"错误"（这样的文章竟然能在高层次的刊物发表，或也提示着相关编辑对"学术"的认知）。① 有些学者看见与自己观点甚至风格相异的文字便断然否定，而所提

---

①　学术研究的主要特点正在于未必有什么"唯一正确"的方式或方法，在学术对话中预悬一个"唯一正确"的标准然后据以评判，与"学术"本身的基本精神就不相合。黄宗羲在其《宋元学案》的序里曾说："孔门之中，师、商之论交，游、夏之论教，何曾归一？奈何今之君子，必欲出于一途？"然黄氏所针对的观念却一直在流传，今日在研究方法上主张"唯一正确"的学者大约即受"必出一途"观念影响太深，养成了凡事皆欲定于一尊的思维习惯。参见罗志田：《提倡和而不同、多元开放的学术对话》，载《中国社会科学》，1999(4)。

出的理由又往往抽象空洞；对评审对象持肯定态度者亦常类此。① 更可怕的是，一部分有一定学术地位的学者已渐停关注本学科相关领域的学术发展，他们的确是"专家"，但其专长基本停留在若干年前该领域的专业水准之上。

只要出现上述情形中的一种，专家匿名审稿制度便未必能成功地维护学术品质。尤其被看作某一领域专家的评审者不熟悉所在学科领域的研究现状，是导致抄袭或重复的论著能顺利通过"评审"而得以发表的主要原因。此类明显的问题还相对容易纠正，真正阻碍实施广泛的专家匿名审稿制度的，是学者无学、专家不专，以及学者缺乏中立地看待同行作品的容量这些相对普遍的现象。即使从技术层面言，我们许多学者恐怕还需要学习怎样写评审书。类似"结构完整、观点正确、论述有力、具有新意"这样的肯定意见和"缺乏深度、观点陈旧、问题意识不足"一类否定评语都还不少见，而这类并不具体的审稿意见也尚能为编辑部所接受。问题是，它们在多大程度上说明了被审作品的实际贡献或不足呢？

尽管有这样那样的困难，我并不因此就主张暂不实行专家匿名审稿制度。正如民主只能在实行中学习和适应一样，

① 这仍然涉及对"学术"本身的认知，如今学术日益受到政治特别是以多取胜的"民主方式"影响，寻求"共识"无意中成为不少学者追求的目标。其实学理上能达成共识固然不错，但学术机构和刊物的主要任务恐怕是确保各种学术问题都能得到公开、公正和公平的辩论。（这是套用普林斯顿大学校长 Shirley Tilghman 最近在该校一次充满争议的研讨会上的讲话，她说："The role of the University is to insure that questions are being openly, honestly and fairly debated."）

只要充分认识到这一制度在当前学情下的局限性，学者和编者双方应可在实践中逐渐习惯和完善专家匿名审稿制度。学者应在追踪本学科相关领域学术新著的同时，提高自身素养，即使对一篇不甚满意的文章，也尽量较中立地指出其长处和短处以供编辑部考虑。刊物编辑则可注意非万不得已不请较长时间不发表某一领域论文的学者担任审查人，不接受空洞不具体的评审意见，对于不负责任的评审者，特别是那些对抄袭论著投赞成票者，刊物可将其列入"不宜评审"名单。

有一点我与王先生的观察不甚同，尽管我们今日学界的抄袭现象已较严重，甚至有人因怕被抄袭而采取引文不作注释和修改档案题目这类"犯规"层次并不低的做法，我仍不同意中国学术界已"抄袭成风"的判断。要怎样才算"成风"当然是个见仁见智的问题，不过王先生毕竟去国已逾十年，有时看某些信口开河的网络或媒体报道稍多而忽略了正规的学术刊物，也未可知。在今日这信息爆炸时代，看什么多了无意中便会受其影响。网络本以"虚拟"著称，其消息之可据程度当然要打个问号；报刊电视的从业者多非学界中人，其关爱学术的热心甚可感，然"外行看热闹"的味道总不能免。反之，如王先生文中提到的《历史研究》、《近代史研究》和《清史研究》，那上面的文章恐怕不支持"抄袭成风"的判断。

自人类形成"社会"而开始订立各类规则而来，各式各样突破规则的尝试便不曾间断。犯规和犯罪是伴随人类社会共生的常态，在绝大多数时空里皆未得到正式的肯定（对特定的某些规则，不同文化可能有歧异的看法）。故抄袭这类明显的犯规行为对真正的学术不可能形成多大的冲击，那种看见有人因抄袭而得利便仿效跟进之人，本不必在学界求生存；因为有人犯规自己便采取同属犯规的"自我保护"措施之人，并不能罪减一等，也不甚适合学术社会。有时后者对学术的负面影响比抄袭一类还要大得多，盖其似乎有相对正当的出发点，表现得也较隐蔽。

王先生认为，"国内学术界对引用和注释都没有具体和严格的规定，因而使抄袭者有机可乘"，似有些误会了学术规范的主要目标在建设而非防弊；同时如他所观察，对引用和注释的规定疏漏直接使那些以不注材料出处为"自我保护"措施之作品得以发表出版。换言之，抄袭和反抄袭者所利用的皆是同一规则的疏漏；若引资料而不注，学界实无法判断其是认真查来还是从别处抄来。这就提示出注释方面的问题远更广泛，也比抄袭更值得关注。

学术积累和学术创新

王先生自己便"经常看见有些学术专著和论文，甚至包括一些德高望重专家的作品，注释寥寥几个（而且几乎都是原始资料），对于同行专家来说，不知通篇所讲哪些是他自己的，哪些是别人的；之前有些什么现存研究，自己在哪些方面有新的建树。尽管明显的有些是别人早已研究过的题目、内容或观点，但这些专著和论文对以前的成果并不提及，似乎都是'开拓性'研究，都是'新'材料，都是'新'观点"。他发现，西方的论文写作十分强调"对话"或"争论"，即是否加入学术界所关注的一些普遍问题的讨论；且任何具体研究都应"涉及这一课题更为抽象的理论和方法问题"，因而也就基本不存在什么"前无古人"的开拓性研究。

这个问题我自己也曾提出过，只是层次较低，尚未及"抽象的理论和方法"而已。2000年我就指出，"写文章或著作不引他人的相关论著在今日史学界就特别流行，许多人的论著也不是没有第一手资料，但似乎总像是个开拓者，全不见他人相关研究的存在。史学发展到今天，除极个别的小问题外，几乎已不存在无人研究过的内容，尤其不可能没有相关的研究。比如要研究刘邦，如果确实没有既存的研究在，那也可引用对项羽的研究，如果连项羽的也没有，那总还应有对秦始皇、明太祖或者外国什么王朝开创者的研究在，至少也还会有关于刘邦所处时代的文化、社会、经济、政治等研究在。学术论著如果不与以前的研究挂钩，其实也就不曾进入整个的学术发展流程，恐怕也难真正地算作学术"。[①]

出现这些弊端不能完全责怪我们的研究者，特别是初入道的研究者。不少学术刊物和出版社过去并不十分强调这一点，许多大学教师视此为必然的"应该"，所以根本不曾告诉学生（自己也不守此规矩的老师也不能说没有）。如果老师肯拨冗讲讲这类粗浅的起码要求，如果凡未引证他人论著而又没有一开始就申明是"完全"开拓之作的论著均不得出版发表，

---

① 参见前文《业余"学术警察"心态与学术打假》。

这类问题应该可以很快得到解决。前些时候中央电视台"东方时空"栏目曾就"纯洁学术"问题请了三位学者作即时访谈（但显然是经剪辑之后才播出的），其中秦毅教授便特别强调老师有责任告诉学生这一点。①

这也涉及目前说得极为热闹的"创新"问题，现在各方面都特别提倡创新，强调开拓性，有些学校的博士论文评审书就要求作者填出几条"创新点"。但这一倾向又明显带有从清季开始到新文化运动时特别流行的"有新无旧一派"的特征，即希望能割断历史联系而"劈空造出"一个新世界来（顾颉刚语）。由于学术是一个不断发展的流程，到今天任何创新都是在既存研究的基础上产生的，没有学术积累，根本谈不上学术创新，故学术研究或应提倡走"温故知新"之路。即使是今日更流行的"推陈出新"，也应"推陈"与"出新"相结合，即不能仅"推陈"而不"出新"（此不少见），尤不宜鼓励"劈空造出"的做法。

具体到以论文或著作表述研究结果这一步，仍以遵循同一原则为宜。若旧之不存，新又安在？故不论是温故知新还是推陈出新，学术论著的第一部分（可长可短，然不可缺）应该是"温故"或"推陈"，即说明对这一题目已有什么人写了什么论著、将此问题研究到什么程度、有哪些不足或尚可发展

---

① 秦教授是《中国社会科学》的主编，她能注意并强调学术规范中这一更具建设性的面相，使我看到了希望。其他两位受访者一是科学院负责纪律的，一为"学术腐败"问题发起者之一的单位领导，或因职责所在，或因具体的社会关联，皆更侧重防弊的一面。

的余地等。其实也只有先写出这一部分，才得以铺垫出自己所做研究的必要性、重要性及可能的贡献，即其"知新"或"出新"之所在。在写作过程中各具体论点的陈述仍应如此，必与相关既存研究对话，才算是入了学术之流，也只有在这样的对话中才能真正呈现所谓"创新"。

实际上，除了普及性著作和教材一类（现在或许还应加上一些为升等而炮制出的作品），没有学者会认为自己的论著不是较过去的研究更进一步；进步可有大小，但总有所进，否则还有什么必要将其研究结果表述出来呢？故对学术而言，"创新"本是自然而无须提倡的。若"创新"也到了必须提倡的一步，要么是出了问题后的临时针对性措施，要么是误解了学术的自然秉性，也有可能出于对中国学界的现状认识不清。①

现在一个流行的说法是外国人（主要指西方人）比较提倡也善于创新，而我们则讲究因循，故进步较缓。有人将此归咎于我们从小学到大学的教育方式，有人认为是体制的问题，更有人甚至以为是中国传统过于"保守"使然。今日学校教育的确有这方面的问题，连大学教育都还在强调灌输知识而不是教会求知的方法，遑论中小学。这至少部分是"现代"教育特别强调"标准化"而造成的，在一元化且细致入微的管理下实行同一标准，当然保证了竞争的公平，其隐含的封闭性也

---

① 就我较熟悉的史学而言，目前的整体状况既非"好得很"也非"糟得很"，而是更呈多元化，即一方面学风的窳败确显登峰造极之态，然若以十年为分段，则90年代史学的创获至少在20世纪后五个十年中不比任何一个十年更逊色。

的确不利于创造性的思维。

在研究生教育层次，情形相对多元化一些。我知道在工科和许多依靠实验的理科领域，导师出思想（在口语中通常用英文 idea 一词表述）而研究生具体操作是目前相当流行的方式，因为"拿项目"的是导师。类似表述在我参加的研究生培养和论著署名问题等讨论中不断得到重复，使我这样的外行也耳熟能详。我所听说的西方情形似不甚同，那里"拿项目"的仍是导师，然 ideas 常常是学生在讨论中提出，导师将其综合、系统化并提高以形成研究计划；而且被我们看得很高的"博士后"或尚能接受老板出思想的说法，因为他们本是老板花钱请来做事的（实则"博士后"同样参加讨论并常提出 ideas），但没有一个博士生敢于说其博士论文的"思想"是导师出的，也没有导师会这么说，因为博士论文最强调的就是研究者本人独立的创造性。[①] 目前说中国学生和学者创新不如西方的更多是理工科的人，很可能便是他们培养博士的这种方式影响了这些未来学者的思维习惯。

在文科，"导师出思想"一说似尚不流行，但也存在究竟是以教知识还是教方法为主的争议；尤其是硕士生阶段，不少老师仍主张以传授"专业知识"为主。这一歧异自然反映在博士生的入学考试中，究竟是检验考生的专业知识还是所谓"分析问题解决问题"的能力，在不少学校中是长期争论的问

---

① 其实我们的学位条例中也有类似的条文，所以导师能够明目张胆地这样说或也是"有法不依"特色的一个表现。

题。这也意味着实际入学者是何种类型的读书人，很多时候硕士阶段培养风格不同的博士生入学后会有一个较长的师生适应过程，若像过去那样限期三年毕业，显然不利于保证高品质的博士论文。结果是老师和学生都倾向于走"因循"之路，最省事也效率最高的往往是从本科就跟随某一老师读书的学生。然而，固定的风格却未必有利于学生思维的开放，博士论文的品质在一定程度上是以学生放弃接受多种风格培训这一转益多师的收获为代价的。

这样一些 20 世纪新教育中产生的问题基本与传统无关，本来中国传统是儒家长期占主导地位，而孟子已说孔子就是圣之时者；"苟日新，日日新"的先秦古训虽有不同的解读，长期以来基本是从"日日新"的字面意思被人理解和认知的；求新求变的倾向虽未必是历代的主流，却也时起时落，续而不断，到近代更形成"新的崇拜"这一大潮，迄今不衰。从所谓"体制"言，也未必不想创新或有谁遏制创新——即使在计划经济时期，"技术革新"也是一个不断得到鼓励的做法，而且是产业及相关领域上升性社会变动的一个重要而稳定的途径。因此，目前中国人创新能力不如西方大体不必归咎于传统和体制。

若回到学术本身，中西在创新方面的差异反可能正是因为西方学术传统长期延续而中国学术传统曾经中断（不是全断）引起的，最简单的例子是西方的"经典著作"源源不断，且大体不存争议；我们说到经典，则动辄言几百年甚至上千年前的作品，说到近三百年便有争议，更不必说本世纪了。一且学术传统中断,学术积累便虽有而亦似无,自然也就失去了创新的基础。就算能够从先进地方引进成套实验设备、最新方法甚至世界顶尖人才(以目前的实际当然基本做不到),也不过产生一定数量的近期成果,却未必能真正解决问题,因为思维方式和学术观念的改变需要较长时间的积累。

目前我们学术论著中的注释疏漏问题也部分归因于学术传统中断,而不是或不完全是中西观念的差异,更不像有些人说的那样必须到西方去找学术规范。清代学者已相当注意引书的问题,方东树之《汉学商兑·凡例》中颇列举前人各种引书注出处之法,并说明自己的选择是只注明引自某人某书,而不及篇卷。后来也有一些成文的规则,如陈澧便写过《引书法示端溪书院诸生》,提出"当明引不当暗袭"的原则,并一一具体指出怎样引著者、书名、卷帙以及转引的方式;由于古无标点符号,更要求"引书之后,继以自己之语,必加'按'字或'据此云云'",以示区别。①

学术传统既中断,复受近代"劈空造出"新世界一类有新无旧观念影响太深,目前中国学界忽视学术积累的风气似呈现从无意到有意的倾向。如王先生指出,"对过去的研究要么不屑一顾,要么视而不见,要么有意回避的学术风气,已经成为中国学术发展的极大障碍"。他并举例说,90年代中期

---

① 该文收在张舜徽:《文献学论著辑要》,413～414页,西安,陕西人民出版社,1985。有意思的是,陈澧并从正面提出,只有"明引而不暗袭",才能体现引者"见闻之渊博";若"暗袭"则不仅"有伤于笃实之道",也不足见其渊博。

一位颇有成就的中年学者曾撰文呼吁重视清末新政的研究，却未注意到王先生自己从 1984 年到 1994 年发表了不下十篇关于新政的论文，而马敏、朱英等那时在新政研究方面也成果颇丰，故他对这一不尊重既存研究的呼吁感到"十分惊讶"，认为这会对这一课题了解不多的人产生误导，以致产生"低水平重复"的产品。

我非常赞同王先生关于忽视学术积累已成为中国学术发展障碍的观念，抱歉的是，我自己在最近又重蹈那位中年学者的覆辙，也认为清季最后十年的新政，特别是各级政府的实际举措，未见充分的研究。当时受到较多关注的"进步"方面是革命党人及其活动，而"落后"的一面则是所谓"立宪派"，关于这一群体的研究也主要侧重于其与"革命派"观念竞争的一面；而中央政府，尤其是地方一些重要的趋新督抚推动新政的具体努力却往往被"革命与改良"之争所遮蔽。[①]

王先生和他提到的马敏、朱英二位，如果允许我高攀，都是我熟悉的同辈朋友。在充分承认他们三位研究成绩的基础上，也应看到对个人而言"颇丰"的成果在整个近代史论著总数中仍只占很小的比例。与对近代其他"革命高潮"的高度关注相比，或与对戊戌维新这一短暂改革的研究相比，我们对清季新政的研究还是显得相当薄弱。且过去涉及清末十年新政的研究都有大致共同的特点，那就是：1. 对新兴的"改

---

① 参见罗志田：《见之于行事：中国近代史研究的可能走向》，载《历史研究》，2002(1)。进一步抱歉的是我未曾读到那位中年学者的论文，否则便当引用在拙文之中。

革"和变化大体持预设的肯定态度（当然是在指出"资产阶级局限性"的基础上肯定）；2. 相对更注重趋新的民间议论而忽视官方的实际举措，尤其忽视辛亥革命前几年的政府行为（他们三位在 90 年代中期以前的作品也不同程度地带有这些特点，近年的研究可见明显的改变）。

这两者都是可以讨论的，前者不无以"改革开放"时代的眼光看往昔事件的嫌疑；如果将历史事件放到较长的时段里考察，有些晚清新政措施未必就好，甚至可以说有明显的弊病。比如，教育是否需要特设一个政府部门来管？如果需要，是宏观管理还是微观管理？具体管理到什么程度？这些问题都相当值得思考和分析。但既存研究基本是在对设置学部（仿照日本之"文部"）这一改革措施持肯定态度的预设前提下进行的，明显忽视私人办学和半官半私的书院等传统办学模式的长处。即使以"一切历史都是当代史"的眼光看，随着"改革开放"的发展，最近的政策不是给从小学到大学的各级私人办学以越来越大的运作空间么？清末学部的设置及其主导的相关改革对中国教育的利弊是否需要再研究和再评估呢？我以为是需要的。

至于后者，特别是辛亥革命前几年各级政府的所作所为，明显提示了不致"低水平重复"的宽广研究空间。比如，清末新学的兴办应是相对较受关注的题目了，然许多既存研究不过是以万字甚至不足万字的篇幅作整体的论述，兴办新学的过程本身至今仍然缺乏相对清晰的整体和局部的史实重建。根本是"革命与改良"竞争之外的众多清末报刊、文集、日记等资料和中央以及地方档案尚少为人充分运用，而"革命"和"改良"本身及其竞争也仍然有大量未及研究之处，至于不怎么趋新及本欲趋新却被认为守旧的面相更是极少被触及。且不说什么"抽象的理论和方法"，我们对那十年的中国究竟是个什么模样还相当模糊。所以，在承认既存研究成绩的基础上，我认为重视清末新政研究的呼吁仍当其时。

广义言之，"低水平重复"现象如果确实存在，学术刊物及其寻找的评审人恐怕应负主要责任。学术研究是一个发展的过程而非"标准化"的固定产品，模仿的或无意中产生的重复作品至少在理论上应是无效的。对真正的学界中人，"重复"的学术作品不论水平高低，其实一眼便可看出。"重复"作品能通过不论是否匿名也不论内部还是外部的评审而发表，当然是因为所谓"专家"和具有"专家"水平的刊物编辑以及编辑部竟然没看出论文是"重复"的，实不知他们平日在做什么？也正因有这样的刊物编辑及其聘请的类似专家，"重复"作品的生产者才能得到鼓励。

"重复"作品可分为无意中产生的和有意模仿的两类，其对学术积累的态度刚好相反，前者完全忽视学术积累，少看他人论著；后者其实特别注重学术积累，专看过去论著中有"重复"生产价值者；且后者对我们学界的了解实相当深入，知道何种方式的"重复"作品在何种刊物能够通关。至于所谓"低水平重复"，更揭示出某些刊物编辑及评审人不仅未曾追踪本学科研究的发展，实在是不具备审稿能力。不论"重复"与否，根本是"低水平"作品就该退稿；试想"重复"且"低水平"的文稿居然能通过评审,这还能算"学术"刊物么?

"创新"本学术之当有而"重复"乃学术之当无,如今却成为特别得到提倡或严防的关注对象,这就从不同侧面揭示出今日学界的主要问题未必是抄袭等明显的弊端,而是对学术本身的认知开始模糊和混淆。目前学界的某些不良现象正与"学术"本身的混淆相关,这里有学者本身的问题,许多在学术机构任职的人日益倾向于跨出本学科专业立言,且所论广泛而随意;同时也与各类刊物有直接的关系:除有些学刊根本不够"学术"外,还有一些学术品质尚高的刊物也不时思出其位,过分追求所谓"可读性",进一步导致"学术"的混乱。[①]

学术应该也可以尽量扩大其接受面,但不能以牺牲学术品质为代价,而当以学者自身提高学术素质为基础,通过注重学术积累走向学术创新。目前学界不守学术戒律的情形确已相当严重,制定相应的规则是必需的,但却不是万能的,尤其不能以防弊为主(作弊是古今中外皆不能免的通病,规章制度一旦以防弊为主,学术的真正目的就被手段所掩盖),更重要的毋宁是鼓励提倡学者的道义感和荣誉感,像王先生说的那样养成一个严守规范的学术风气;也只有学术社会的整体风尚足以构成一种具有约束力的无形体制,具体的学术规则才能起到应有的建设性作用。

原刊《开放时代》2002 年第 2 期

---

① 参见罗厚立:《人鬼共舞:学术的多重围城式表现》,载《东方文化》,2002(4)。

论文评审与学术创新

　　我在几年前一篇小文中，曾将我们不少学术刊物编辑的非学术苦衷归因于尚未实行专家审稿制，并希望具有改革意识的学刊朝此方向过渡。[①] 几年后的今天，越来越多的刊物已开始实行或号称实行专家审稿制，但我们（包括学者和学刊）似仍不太适应这一制度，并生出一些新的弊端。有位朋友收到的退稿信便只说是据"专家审查意见"不拟刊用，却并未提及具体的"意见"如何。也许有的刊物是以"外审意见"作为退稿的婉词（用稿信上说是依据专家意见者便较少见），但我斗胆猜测，或不排除我们有的"专家"真就只下了"判断"而未曾提供具体的"意见"。

　　我也看过一些评审书，文字并不算少，有的甚至多达几段，然基本是关于结构是否"完整"及观点是否"正确"一类判断性意见。肯定者如此，否定者亦然。当刊物编辑部收到这类表态性的评审意见时，或为了维护自我形象，不好意思将

---

① 　罗厚立：《功夫在诗外》，载《读书》，1999(8)。

此转达给受审者，所以出现上述的退稿信，亦未可知。有的评审意见稍涉具体，然却不是针对受审论文的基本论述发言，而是摘引评审者感兴趣的枝节内容或褒或贬，甚至大发感慨。后一类评审意见仍具明显的"态度"领先倾向。

一般情形下，只要评审结果是正面的，这样的审查对受审论文没什么损害，但可能对刊物造成损害，甚至严重的损害。有一家相当权威的学刊曾发表一篇甚差的论文，据说就是外审通过的。前面说到我们的学刊还不太适应专家审查制度的一个例证，便是有的编辑部虽承认评审意见不甚高明，但却认为既已请人审，就应当"尊重"评审者。这与我们今日的"学情"相关，由于专家审查尚不流行，不少专家不愿接受这类吃力不讨好的工作，许多时候编辑要靠"关系"才能找到评审人，所以不能不对其表示特别的"尊重"。不过我还是希望编辑更加尊重其所编的刊物，及其所在的专业。

如果评审结果是负面的，则受损害的就可能包括受审论文和刊物两方面了。通常"态度"领先的评审意见都不涉或少涉具体，而更多体现评审者的"感觉"。有突破性的研究往往不易使维持既存思路者产生舒服的感觉，中外学术界因既定思维而无意中打压所谓"学术创新"的事例屡见不鲜（最多为人言及的是爱因斯坦获得诺贝尔奖的艰难）。这是学术评审与生俱来的困境，且通常越强调"规范"者越难接受和容忍具有挑战性的研究。这就更要求我们的学术评审必须就受审论文的具体内容发表具体见解，一一指明其具体优劣之所在。同样，刊物应予受审者以充分的答辩机会，并在出现争议时尽可能增加新的评审人。

如今学术日益受到政治特别是以多取胜的"民主方式"影响，寻求"共识"无意中成为不少学者追求的目标。由专家来认定文稿的刊发与否也多少体现着某种"求同"的倾向，其实学术不一定非"求同"不可。具体的学术问题能得到学人的共认当然理想，更重要的恐怕是对"学术"本身形成一个得到学人共遵的认识，即达到"约定俗成"程度的共识：学理上能达成共识固然不错，但学界（学人、学术机构和学术刊物）的主要职责恐怕是确保各种学术问题都能得到充分的讨论、辩论或争论，具体问题上出现歧异的看法，应当是学术研究最正常的状态。

学术评审非易事，担任"评审专家"也不简单。胡适曾说，民主政治不难，只要给老百姓尝试的机会，民众自会在实行民主的过程中学会民主。就像"学游泳的人必须先下水"一样，推行"宪政是宪政的最好训练"。[①] 同理，专家审稿制的推行尽管出现了这样那样的弊端，还是应该继续。相信包括我在内的学者可以逐步"学会"怎样作"专家"和怎样审稿，从而提高我们的学术品质。今日许多学者还面临着另一类论文审查的任务，即学位论文的评审，这里面同样有不少需要适应和学习之处。

今春各校学位论文答辩前夕，不仅拜读各类博士硕士论

---

① 胡适：《从一党到无党的政治》，载《独立评论》171 号（1935 年 10 月 6 日），11 页，长沙，岳麓书社，1999 年影印本。

文较多，且需要填写评阅表格，其中特别使人注意的就是近年对学术"创新"的强调。尽管"新的崇拜"是近代中国一个持续的现象，"学术创新"这一提法本身大致也是个"创新"，我念书的时候便似未听说此语。究竟怎样理解所谓"学术创新"，估计可能也是言人人殊。一项表述出来的研究成果（比如论文、著作）应对相关题目的认识有所突破或推进，乃是正常的学术研究题中应有之义；从来还没有人会自认其"研究"并无新意可言，大概也很少有人会认为全无突破或推进的学术表述谈得上"研究"。

如果一家理发店以告示特别提醒该处是真正理发之场所，我们或者就可从中看到社会的变化，即一些理发店已不怎么履行其常规的功能了。研究生的本职正是学习如何"研究"并实践之，倘若其常规应做之事成为提倡的对象，恐怕也揭示出某些"社会变化"正在发生。我的理解，特别强调学术应该"创新"是针对我们学界的正常学术秩序受到扰乱的一种临时性反应。也就是说，有些并无新意可言的陈述品本非学术研究，却自诩为或竟被视为"学术研究"了。

现在学术戒律败坏的现象的确存在，也引起不少人的担忧。大学中一些相关职能部门为此制定出不少针对性的规章，其中许多都涉及各类评审。其立意不为不美，但遗憾的是，有些规章想象力太过丰富，无意中起到了进一步扰乱正常学术秩序的作用。不少学校的答辩申请书或所谓论文"自评书"，规定学位申请者本人必须填出论文的"创新点"（通常不少于三点）。其实学术创获本难以量化，当看其在什么层次和范围里有所突破或推进。若所见重要，一篇论文能有一点创获也相当不错；若不过标新立异，则一篇论文有百项"创新"，亦仅徒见撰写者之胆大敢言而已。

有些学校进而要求申请学位答辩者自己列出论文的"不足之处"并提出"改进方法"，在我看来这就有些违背研究生培养的常规：因为提交答辩的论文应代表撰写者当时的最高水准，若撰写者自己明知论文有"不足"，且知道应当如何"改进"，却并不实施其已知的"改进方法"而偏要提交答辩，这是否不够正常也不甚符合"学术规范"呢？有时这样的栏目甚至可能迫使学生"作假"：且不说理论上并不能排除可以有"完美无瑕"的学位论文出现，在我们目前的文化和学术氛围下，即使自认其论文已达到本人最高水平而并无"不足之处"的学生，也很少有敢冒"不谦逊"之风险者。如果造成"不足"的都是类似"沙尘暴致使航班误点"或"本校实验设备不如贝尔实验室"一类非自身的原因，这一栏目的用处何在？

如今世风不古，有时老师也不得不以类似的"作假"来表示"不假"。目前有些导师为了"避嫌"，或主动不参加学生的答辩委员会，或在答辩时特别提些较"深刻"甚至带"刁难"意味的问题，以示公允。前者我以为不必，至少我从来都坦然参加。后者只有少数特定情景才可以理解（譬如导师不认为可以答辩而学生一定要提交答辩，或师生间对某问题有不同意见而学生坚持己见，或老师在同意论文交稿后新近产生某项意见等，这些都以当场说明原因为宜），多数情形下实际是"违规"——因为导师本身也是论文的责任人之一，若看出任何问题应在提交答辩前向学生提出并要求其修改，而不是留到答辩时再让学生知道。

这两项被迫"以假示真"的作为隐隐约约提示着一种很可怕的社会现象——从事学术研究本是一项真正冠冕堂皇的事业，如今却因极少数人不名誉的行为而有变成监控对象的趋势。如果学生和老师更多被视为需要防范的潜在"犯规"者，而不是看作某种高尚事业的参与者，师生的荣誉感日益为避免犯规的琐碎努力所取代，我们还能期待多少学术的创造性呢？

在有些学校的表格中，评阅人必须对申请学位者自己填出的论文"创新点"打分。这使我感觉相当困难：怎样将所谓"创新点"进行量化并予以"评价"对我而言还是需要探索的"新课题"，可我却必须给出可能关系到被评审者前途的"评价"！更使我吃惊的是有些学校还要求对申请人自己列出的"不足之处"也予以评价性的打分，这更让我感到无所适从，因为我确实不知道在这里是高分还是低分表明对论文的正面"评价"！或许，论文的"不足之处"越少或越不"确切"，越当视为论文成功的标志，尤其因为有的学生本是不得不表明"谦逊"而已。① 包括我自己在内的多数担任"导师"者都是做过学生的，对这类可能放入档案的材料，我们难道可以不为被评审的学

---

① 我感到高兴的是，今年收到南方某重点大学的评审书上，对"自评书"不足之处的打分标准已注明："自评确切为'A'；较确切为'B'；一般为'C'；不确切为'D'。"当然，如果一篇真正优秀的论文，其"不足之处"本是学生被迫找出的，就很可能"不确切"。作者 2004 年补注。

生考虑考虑么？

　　如今有的大学以"创新"为"校训"的内容，不可谓不重视。但强调的同时，是否也该向年轻人谈谈学术究竟怎样创新？从我所在的史学领域看，今日博士论文中"好大求全"的倾向相当明显，有的论文题目大到恐怕可以写十卷以上的专著。我曾见到有论文自称某方面的研究已甚丰富，却少有人进行系统总结，该作者毅然起而"填补这一空白"，并进行理论的提升。在其不得不填写的"创新点"中，首选即是该项"填补空白"之举。一个领域的总结通常是由相对资深且学有所成者为之，理论上当然不排除新入门者可以做得更好，然既曰总结他人成绩，不是较难有所"创新"么？①

　　另一方面，不少自称"填补空白"的论文又全不提前人所作，真给人以"无中生有"之感。我倒觉得，上述答辩申请书既然规定必须由作者自己标明"创新"，首先应当要求其说明"创新"的基础。盖没有继承，何来创新？继承之不足道，又安可言创新？若真是"白手起家"，也须具体说明之。前些时候电视中常听见一句老话，谓"继往开来"，且通常置于"与时俱进"之前，窃以为这一思路应当贯彻到学术领域。至少在我所从事的史学领域，只讲"开来"而不言"继往"的取向非常不合适。

———————————

①　只是较难而已，却不是不可能。总结综述的同时也很可能提出新的问题和发展的方向，尤其是当总结者与总结对象之间存在着观念的时空差异之时（详后）。但若不过整合最近一段时间的研究，总结者和总结对象关怀思考的问题基本一致，借总结而有所突破仍非不可能，却会相当困难。

　　章学诚曾提出：文士见解，不可与论史文。他以为，"文士论文，惟恐不己出；史家之文，惟恐出于己，其大本先不同矣。史体述而不造，史文而出于己，是为言之无征。无征，且不信于后也"。故"文士剿袭之弊，与史家运用之功，相似而实相天渊；剿袭者惟恐人知其所本，运用者惟恐人不知其所本。不知所本，无以显其造化炉锤之妙用也"。① 不幸今日史林渐染文士之风，有些人的确"惟恐人知其所本"。从"学术规范"言，相关题目的既存研究，是正常学术论著不能不述及的。真正具有"造化炉锤"之功夫者，正不避引用常见史料和他人著述，必多用而后益显其功力也。

　　史家固当注重言有所本，在刘勰看来，文士也不必太顾虑言非己出，其"品列成文，有同乎旧谈者，非雷同也，势自不可异也；有异乎前论者，非苟异也，理自不可同也。同之与异，不屑古今，擘肌分理，唯务折衷"（《文心雕龙·序志》）。苏轼所谓作文如行云流水，依势而行，势尽而止，大致也是此意。文章有其势、理，犹学术研究之有其规范和理路，顺其自然，何虑异同，更不必有意趋避。章学诚说得好："古人于学求其是，未尝求异于人也。学之至者，人望之而不能至，乃觉其异耳，非其自有所异也。"②

　　不过章氏既如此说，大概他所处之时已出现治学以"求异"为高的倾向了。入民国后此风不息而反盛，周荫棠在抗战

① 章学诚：《文史通义·与陈观民工部论史学》，仓修良编，294、298页，上海，上海古籍出版社，1993。
② 章学诚：《文史通义·砭异》，123页。

时观察到，"晚近风气，竞尚小题大做，文必翻案，言人之所未言；此之谓发明，此之谓专家"。为了避同趋异，有人"专搜孤本秘籍，不读常见之书"；这样"不求本根，但寻枝叶；能从小处着手，未从大处着眼"的结果，不少专家能"知人之所不知，而忽己之所应知；通人之所不通，而忽己之所应通"。其实"学术进步，原同接力赛跑，后来居上，本无足奇。必也有所承而后成，有所变而后大。"[①]

这是套改桐城文派学作文的名言："有所法而后能，有所变而后大。"在这方面真可说是文史不分家，固无多少文士、史家之别。程千帆基本是"文士"一类，他也强调"学术自有源流，抽刀安能断水"。中国"现代文学之发皇，初不如提倡者之预计"，亦因提倡者"矫枉过正之咎"。以当时之"现代文体言，所受西洋文学之影响，实远过于前代文学之沾溉。故以历史眼光论之，殆属脱节。此亦由不习旧体，即无法创变新体。盖文学自有其历史上之连续性，初期之词人多工诗，初期之曲家多工词，则其明证。惟如是，乃能蜕旧生新"。[②]

程氏所说的"脱节"，颇类今人所谓"传统的断裂"。文学方面"不习旧体"是否即"无法创变新体"固可再探索，然"历史连续性"的中断未必利于"创新"，则大致可立。今日有些人提倡的"学术创新"，正以立异为高，而忽视了学术的"变而后

---

① 周荫棠：《为读一部史书运动进一解》，载《斯文》，2卷4期（1941年12月1日），2页。
② 程会昌：《论今日大学中文系教学之蔽》，载《斯文》，3卷3期（1943年2月1日），3页。

大"是以"承而后成"为基础的。尤其是研究生的培养，首先是让其掌握本专业基本的治学功夫，毕业论文的评审，似亦当注重于此。至于一定程度的"创新"，乃是任何学术"研究"应有之义，故周荫棠以为"后来居上，本无足奇"；对此自不能忽视，然只要其做到"法而后能"，则"变而后大"自可期之于日后。

若学术如流水，"抽刀不能断水"与西儒所谓不能同时踏入一河之说相通，则"法而后能"的阶段本身也已包括了一定程度的"创新"。近人陆绍明论著述的"因"与"创"说："古人著书，无意于为因为创。古有善法，不妨窃其法以适我用。"如司马迁"具不可一世之才"，其著述体例却"多假借古人"。盖"天下事有因无创，明明为创者，其中亦有无数原因"。有些看上去"明明为创而不为因，安知古人不先得我心，见之而未言也"。虽然，古法古言而我述之，"则古法古言如我创也。何者？其法其言，古人得之；而我述其法述其言，运用之心，未必与古人合也；此一人述彼一人之言笑，则言笑诚为彼一人之言笑，而声容未必彼一人合"。①

换言之，述古法古言看上去虽是"因"不是"创"，且主观上也立意于"因"而并未着意于"创"，然表述者和被表述者的时空之异和"运用之心"的可能歧异，仍使经过再表述的"古法

---

① 陆绍明：《史记通义》，载《国粹学报》，第 1 年（约 1905 年）第 10 期。钱穆曾阐发公孙龙"物莫非指，而指非指"的意思说："人心意所指，则各各相别。此人所指，未必即彼人之所指。此刻所指，未必即彼刻之所指。"其意略近。参见钱穆：《中国思想史》，32~33 页，香港，新亚书院，1962。

古言"具有表述者之"我创"。孔子自称"述而不作"，或视"作"极高，以为没有根本突破性的大创造不可言"作"；其言婉转，然谦退中也有几分自负。盖其虽未必算已"作"，至少也有所"述"。① 从陆绍明提出的角度去体会，"述"即"作"；若再结合孔子向来主张的"温故知新"思考，"述而不作"或许还蕴含着更积极的立意。② 真能做到"温故知新"，则"述而不作"即可达到章学诚所说的"人望之而不能至，乃觉其异"的境界，又何须"求异于人"！

原刊《文史知识》2003 年第 9 期

---

① 许多学者迄今还在考证和争论孔子是否编定或写定"六经"，若我们采信他老人家的"夫子自道"，则其进行了某种类似的工作，大致可立。

② "述而不作"下面一句即"信而好古"，夫子固言"好古，敏以求之"，正可视作"温故知新"的注解。

专家审稿制下学术刊物的主体性

很高兴专家审稿问题能有一个专门的讨论机会,这问题的确到必须探讨的时候了。匿名专家审稿是一项外来的规则,我自己从 1999 年起,曾多次撰文呼吁学术刊物实行这样的审稿制;但在各刊物广泛推行匿名专家审稿制后,又深感我们的学刊和学者都还不很适应这一制度。

作为潜在的审稿人,我首先要做出"自我批评"——我们可能还需要学习怎样作为"专家"进行审稿。在我有幸读到的海峡两岸的审稿意见中,不时看到对受审论文的批评是未曾对(审稿人认为必要的)某些部分展开讨论。不少是要求一篇探讨具体问题的论文做出更加"系统全面"的论述,有时也要求对论文主题的历史背景做出学界并未达成共识的长程综合论述。孔夫子曾说,"君子不以其所能者病人,不以人之所不能者愧人"(《礼记·表记》)。我们这些可能接受审查任务的人,或当记取这一提醒。

不过我这次更多是为刊物进言,希望大家共同努力,以提高刊物的学术品质。我的基本看法是,专家审稿的目的是帮助刊物处理来稿，而不是代表一种"正确"的学术程序，来控制甚或代替刊物决定是否采用来稿。

现在流行一句话，"发展是硬道理"。办刊的目的，就是要使学问发扬光大，而不仅仅是守成。最重要的是，文章的优劣几乎可以决定学术刊物的生命。在其他领域里，很少有人愿意把这样生死攸关的大事委托他人。现在由于对所谓"程序正义"的强调，完全尊崇审查意见，实际等于刊物把用稿的决定权让给审查人。

尤其我们的学情与外国不同，外国学刊通常只有一两位学者担任编辑，很多事不得不假手他人；但他们的主编在学力所及的范围里，却也有时自己承担责任，并不都依赖外在的审查。而我们的刊物，特别是专门的学刊，往往有一个职业编辑队伍，这些人很多具有不低的学养，故至少在其学力所及的范围里，不必什么都以外审专家意见为准。

在一个世风出了问题的时代，对于包括学术在内的腐败是必须警惕的，确实应将防止"学术腐败"落实到程序上。但我们一定不要忘了学问自有的目的和学术发展的需要，不能让防弊的考虑压倒了学术的建设。不论什么样的学术评审，不宜坚持了程序，却疏忽了学问的目的本身。窃以为刊物必须注重自己的主体性，让专家审稿为我所用，而不是被程序绑架，使一些具有突破性的好文稿被僵化的"规则"所杀，却接纳一些看似面面俱到实则无多推进的文稿。

今日担任各学刊审稿人的，多是有些成就和资历的人。这些人可能更倾向于维持既存格式，不易接受新的思路（甚至不同的言说风格)。因此,有突破性的研究,往往使维持既存思路者产生不舒服的感觉(中外学界类似的事例屡见不鲜,连爱因斯坦都有不为人所识的经历)。这是学术评审与生俱来的困境,且通常越强调"规范"者,越难容忍和接受具有挑战性的研究。我接触到的不少编辑,都说现在好稿不多。不排除一些有突破性的好稿,就是为守成的外审所毙。怎样使有突破的优秀稿件不被眼光已固化的外审"专家"所扼杀,恐怕是办刊者的一大难题。

另一方面,那些四平八稳的文章,往往最容易通过审稿关。我听到不少编辑自己也抱怨学术论文的"低水平重复",而那些品质较差的论文得以发表,恰是经过"外审"的。学术研究是一个发展的过程,最不需要的就是"标准化"的固定产品。在一个提倡创新的时代,怎样拒绝平庸,是对学术刊物的又一重大挑战。越是好的刊物,越需要注意这一点。因为这不仅牵涉到刊物的声誉,更直接影响到未入道或初入道者的学术发展路向——好刊物上的文章,是年轻人学习的样板。如果他们以平庸为鹄的,我们的学问就没什么希望了。

通常能引起争议性看法的稿子,就意味着具有突破性。一位同行曾引国外某学刊编辑的话,说他们收到两份都赞同使用的审查意见,并不怎样兴奋;反倒是收到两份对立的审查意见时,可能意味着来稿触及了敏感的前沿问题,常会在斟酌后优先使用。尽管中外"学情"有些不同,这类建设性的做法仍可为我们的刊物参考。不论采用什么样的审稿方式,当尽可能为具有突破性的文稿和学人提供发表和发展的空间,特别需要鼓励而不是遏抑后来者创立新说（沿用一句套话，即用稿向年轻人倾斜）。

实际上，不仅是用与不用的意见对立值得注意，就是两篇主张退稿的审查意见，如果退稿的原因对立，编辑部也不妨加以关注。某重要刊物的主编就告诉我，曾有一文，两审查意见皆主张退稿，但一说其过于标新立异，一说其全是陈词滥调，两者明显对立。依我的陋见，这很可能就是具有突破性的稿子。该刊为尊重程序，只能退稿。然若能予以进一步的斟酌，或许一篇以后产生较大影响的文章就出现在这刊物上了。

尤其今日学术观念多元，学术标准也多歧。即使在不宽的同一专业范围里，不同的人对具体问题的认知可能大相径庭。一两位"专家"对具体论文意见的相近，可以决定一篇论文的命运，却不一定准确反映出"学界"的看法，也不必就是"正确"的意见。赵良曾对商鞅说过，"千人之诺诺，不如一士之谔谔"（《史记·商君列传》）。对于一篇稿件，同是赞成或反对，不同的审稿人，至少对我而言，分量可以很不一样；但在程序面前，千人中的"一人"和"一士"则是等值的，因而也就成了等质的。于是"谔谔"之声很可能淹没在众多"诺诺"之音中。我猜很多编辑原来心里其实有杆秤，只是在程序性的规则面前，将这杆秤暂时束之高阁。不过，放置的时间久了，那杆秤可能离编辑越来越远，终因生疏而淡出编辑之心。

中国古训早就说，"人生而静"是天性，但"感于物而动"，遂在外来影响下产生各种反应，形成"好恶"。由于"物之感人无穷，而人之好恶无节"，倘若"好恶无节于内，知诱于外，不能反躬"，则"天理灭"，终因"物至而人化物"（《礼记·乐记》）。在一个因注重效益而使生产机械化的社会，物对人的影响更甚。所以马克思一直关注资本主义怎样使人物化，亦即担心人可能变得近于机器。如果我们的编辑把用稿的责任让给审稿人，自己只"坐收"审查鉴定的结论，则心中有秤的自主编辑"人"，也可能物化为心中无秤的机械编辑"者"。

其实专家也可能犯错误，所以我们不必过分迷信匿名专家的审稿意见。希望我们的刊物编辑特别是主编，有足够的自信和承担。在学力所及的范围里，遇到自己感觉好的文章（或有值得信任的学人力荐），似不必非尊重外审意见不可，甚至可以不送外审。一篇论文本身是否立得住，大体略经时日即可知悉。有专业能力的编辑若确信能直面时间的考验，正不必担心在程序上是否"学术正确"。否则，即使处处谨守规范，也不过做到"程序正确"而已。

一位重要刊物的主编私下说过，现在最重要的，是学术共同体意识的养成。学术是天下的公器，这公器要大家维护，包括作者、编辑和审稿人。而在维护共同体之时，永远不能忘记学问本身。不同的人可能有不同的分工，但人人都有自己必须承担的责任。有些人在自谦时会说自己不过是在多种任务中担任传递的"二传手"，其实排球的二传手不仅是球的传递者，更是整体球队的组织人。学术刊物的编辑，在学术共同体中或正起着组织人的作用，对学术发展负有重要的责任。如果这个共同体变成了一个大家竞相推诿、提倡不负责任的社区，绝不是一件好事。

我们千万不要忘了学术刊物的主体性，让学术变成被程序控制的仪式和表演——大家坚持了程序的正义，却忘记了设置程序的目的。学术不能没有规则，然或以疏而不漏为宜。若程序性的"文网"太密，可能危及学术生态，出现水至清而无鱼的现象。虽然看起来透亮，却不支持学术生命的成长。

当然，任何规则，都不可能有百利而无一弊。尽管匿名专家审稿制的推行出现了这样那样的弊端，我也并不因此就主张不实行此制度。恐怕还需要作者、编辑和审稿人继续努力，一方面充分认识到专家审稿制本身的局限性，同时也可在游泳中学会游泳，使这一规则在实践中逐渐完善。我对一流学术刊物的期望是：尽量让更多优异论文出现在自己刊物上，而不是让金子在别处闪光。

原刊《近代史研究》2018 年第 5 期

人鬼共舞：学术的多重围城式表现

　　《水浒传》中有个李鬼冒充李逵而拦路劫财的故事，这一在原书中本属枝节的小故事却因近年"假冒伪劣"充斥市场而极受媒体的青睐，"李鬼"之名在媒体的"曝光率"相当高，早已远过其所冒充的李逵了。现在各媒体多有电子版，而网络中的词语搜索功能也相当发达，若将李逵和李鬼二名输入进行搜索，结果可以想见，其所得条目的数量必是真不如伪。再假以时日，将来恐怕是李鬼人所共知，而李逵默默无闻；说不定哪一天还会出现《李逵考》这样的文章，以证明李鬼本李逵之仿冒品。盖读《水浒传》的传统本已呈现中断之虞，传统一断，"假作真时真亦假"便成常态，过去常见的事物可能变为稀见，过去正常的事可能成为反常，而本来人皆所知的人物也可能成为"学术考证"的对象了。①

　　《水浒传》的作者给仿冒者取名"李鬼"是颇有用心的，鬼

---

① 不过，传统中断后的"假作真时真亦假"是一种因历史记忆变化而无意中发生的现象，至少看上去相对"自然"，与有意识地"制假"终不相同。

之本意或训归，意谓人之弃世实即回归其所来处，其寓意相当隽永可思；然在通俗小说笔记中，鬼又有似人而非人的特性，故李鬼者，似李逵而非李逵且可能以假乱真也。在"李逵"这一人物或形象具体清晰之时，假李鬼遇到真李逵，便不能不现出本相；一旦被仿冒的对象本身淡出世人记忆而虚悬化，则真可能出现"假作真而真反假"的情形；甚至可能会有"打假"文章说《李逵考》是假学术，且其证据还看似充足，因为"李鬼"四处可见，形象清晰明显，而"李逵"反需搜索而后可得，且形象也模糊。

这并非我随意驰骋于想象之域，现在就有地位似不算低的教授（任职于某重点大学并兼任某学会的副理事长）"以假打真"的实例出现。可知今日学界的主要问题未必是抄袭等明显的弊端，而是对"学术"本身的认知开始模糊和混淆，乃使"以假打真"之举能以"打假"的名目呈现。[①] 目前学界的某些不良现象多与"学术"的模糊相关，这里有学者本身的问题，许多在学术机构任职的人日益倾向于跨出本学科专业立言，且所论广泛而随意；同时也与各类刊物有直接的关系：除有些所谓学术刊物根本不够"学术"外，还有一些学术品质尚高的刊物也不时思出其位，过分追求所谓"可读性"，进一步导致"学术"的混乱。

在学理层面，"学术"与"非学术"的划分近已受到日带否定意味的关注，学术论著是否应该只写给少数专家看已引起

---

① 参见罗志田：《学者立言宜谨慎》，载《东方文化》，2002(2)。

较多中外学人的讨论。在后现代主义关于知识生产是权势运作过程及知识生产者应主动介入此过程这一观念的影响下，西方不少非后现代主义的学者也开始认真思考学术研究与公众甚至与政治的关系，其一个萌芽的倾向便是认为学术应主动与社会发生关系。这其实也是中西文化中共存的老问题，西人固有所谓知识分子应做"社会良心"的提法，中国士人更向以"澄清天下"为标榜。清代所谓汉学与宋学的一个重大差异就在于"学"是否应当或必须"致用"，或许暗受晚清汉宋调和风气的影响，新文化运动时不少人就一面主张为学术而学术，一面仍致力于影响和改造社会，希望能"与一般人生出交涉"。

20 世纪初期中国的"为学术而学术"更多已是西来的观念，此后西方社会中学术日渐专门化，所以有今日对这一"现代"特点的反思。在中国，由于近代的外患内忧太多也太频繁，不仅以学术影响社会的理想越来越专往物质生产的方向努力（也可说是有中国特色的"专门化"），就是为学术而学术也很少能顺畅地实行，顾颉刚便一直在思考怎样营造一个可以让学者安静治学的"学术社会"。今日官场和商界之人也还有不少人对文凭有兴趣，学术对社会当然也尚非全无影响。但正如顾先生很早就看到的，实际是"真实学问的势力不能去改革社会，而做学问的人反被社会融化了"。①

---

① 本段与下段，参见顾颉刚：《中国近来学术思想界的变迁观》（1919 年），《中国哲学》第 11 辑，302～322 页，北京，人民出版社，1984。

在顾先生看来，这还是学术方面的努力不足，故提出正因"社会是应当改革的"，所以要"努力求学"。或许即因采取了这样一种反求诸己的努力方向，他一生改革社会的努力虽未必特别成功，到底成就了一位学术史上不可遗漏的学者。今日仍有不少试图改造社会的"人文者"，却因"求学"方面的努力不够，其对社会的影响如何尚待检验，自身不见得有几许"学问"倒是确实的。

其实"社会"的力量相当巨大，读书人的学力定力稍差，便多半不能避免"反被社会融化"的结局。由于"适应"时代的学术相对较易得到社会的接受，学术的社会反响常为时代需要所影响。但若社会反响成为有意追求的目标，学者有意无意会受社会的影响而说当时社会认知中"学者"应该说的话，则正如顾先生所说，自谓最能适应时势者，其实只是受时势的驱遣罢了。

学术与社会的关系落实到个体学者身上可以是多元的，不必人人一致；有人固不妨作书斋或实验室的专家，另一些人也正可发挥其对现实的关怀。我赞成读书人多少应有社会责任，所以个人虽力不能及，却并不反对以学术影响社会。惟学者要做"社会的良心"而关怀现实正不妨直言（怎么说和说多少可根据自身情况斟酌），千万不要将口吐真言式的"现实关怀"议论也自诩为"学术"。有些学者的做法是凡写研究性的学术文章时用户口本上的姓名，而写不那么严格的评论或议论性文字时则用笔名或其他名字，其用意即在于区分"学术"与"非学术"。

遗憾的是现在以"现实关怀"而尸"学术"之名这一做法还比较流行，有些在大学任教者基本将专业弃置而渐以发表评论为实际从事的专业，且由于媒体需要"短频快"的即时议论，在"时势的驱遣"之下，其中一些人更从撰写"思想评论"转入时论，几乎任何一件引起国内外媒体关注的事都要当下发表议论，以代"学术"立言。且这些人相当有中国特色，即并不以思想家或时评家为自身认同，仍坚持其"学者"身份。

有趣的是，近年相当一些在我看来应属谈"思想"的普及刊物或文化评论刊物也坚持说自己是"学术刊物"，且的确不时被视为学术刊物，有些已进入各级各类机构制定的"学术核心期刊"范围。但这类刊物至少形式就不够学术，其中常有不少非常个性化的言论(窃以为学术表述应比较中性，所以语录体的禅门问答可以体现极高明的思想，却未必算得上研究。当然这或也是受所谓"现代性"影响的观念)，且引文完全不用或不强调使用注释，有些刊物更必须去掉来稿的注释，怕因此会吓退读者。①

最近一份新刊物《中国学术》发行后，曾有"特约记者"和该刊主编进行了一次关于该刊是否"纯学术"刊物的对话，相当有象征性。那位"特约记者"觉得有必要提出该刊"是否以纯

① 这是主张制定学术规范者以后将要面对的一个困难：对学术论文而言，以注释的形式标明引文或他人观点的出处已成"必须"；而"非学术"文章引文可以不注(当然应在正文中点出立言者或被引的作品名)基本已成言论出版界约定俗成的规矩，后者到底是否算"犯规"恐怕还会有进一步的探讨。另一方面，注释的使用也未必限于学术研究，有时为使正文更顺畅些，非学术的文章同样以注释的形式标明引文出处及说明一些问题。

粹的学术建设为宗旨"这样的问题已经相当反常(意谓名为"中国学术"的刊物可能还有"纯粹的学术建设"之外的其他"宗旨"),却非常能反映目前中国学界出版界面临的现实:一是刊物的名称未必反映其实际内容,二是一般认知中的"学术"已有"纯"和"不纯"之分(该主编则认为"'纯学术'这种说法本身就很值得推敲",没有"理性的根据")。① 这次访谈大约即是针对"学术"已有不同指谓的现状为刊物作定性的说明(那位"特约记者"乃是刊物出版社的编辑),颇揭示出今日办刊者的窘境,特别值得同情。

以西方为蓝本的现代社会之分工倾向或者有些走过头了,但社会分工这一观念本身似乎还是可取的。"学术"与"非学术"就可以视为一种社会分工,尤当留意的是王笛先生最近指出的"学术研究"与"大众阅读"的区别。如他所说,学术研究主要是给同行专家看的,与迎合大众阅读口味的作品不同,故必须接受有些作品读者范围非常狭窄这一现实。②

现在有些"学术研究"恰试图以"大众阅读"品的方式呈现(出版社尤其努力,总欲在书名、封面设计以及插图方面对学术论著实行大众化的"包装",以为这样可以多卖),但问题尚不止此,更具冲击性的是本应主要承担"提高"任务的学术刊物自身也思出其位,向往着"普及"的社会分工。在今日中国特殊的国情下,就连一些层次相当高的刊物也不能不提出"权

---

① 参见《渴盼汉语学术的崛起——刘东先生访谈录》,载《中华读书报》,2000年9月13日,"书评广场"专版。
② 王笛:《学术规范与学术批评》,载《开放时代》,2001年12月号。

威性与可读性并举"这样富于想象力的努力方向，实际当然是希望通过"可读性"方面的努力来提高销售的数量。

孔子早就提倡"辞达"，并注意到"言而不文，行之不远"。苏轼认为，"辞达"就是能使表述的对象既"了然于心"又"了然于口与手"；这一境界实难达到，但把文字写得通畅些，让专家看得舒服，甚至让更多的非专家也愿意读，当不失为学者和刊物一个努力的方向。然学术表述的"权威性"与"可读性"许多时候未必能两全，以今日一般学者的实际学养看，这样的"双赢"状况基本是可遇不可求的；关键在于，当两者出现冲突时，刊物选择什么呢？稍有不慎，则"双赢"尚未得，反可能出现"权威"既不足也并不"可读"的"两输"结果。

目前学术出版界追求"可读性"有社会和经济的原因，部分因为从计划经济向市场经济转化的过程中，学术出版的社会定位和社会分工的转变相对滞后，出版社和学术刊物过去是由国家保证拨款的，现在则转向自筹资金、自负盈亏的方向。就像本不应以盈利为目标的大中小学皆不得不承担起"创收"任务一样，今日硕果仅存的少数几家学术出版社也在金融压力下逐渐走向普及；而多数学术刊物虽然仍由国家拨款在维持，其拨款的增长幅度却远跟不上支出的增加，且随时面临着拨款终止的可能。简言之，以学术为主要目标的出版社和学术刊物在大转变进程中尚未得到适当的社会定位，其资金来源也日渐处于不确定状态。

与此相对应的是，早已处于市场经济下的西方社会已形成了一套学术出版的社会系统，定位在学术的出版社和刊物有其特定的方式获取资金，而数量的多少往往取决于其学术品质的高低，后者也就成为其主要的努力方向（西方情形较多元，这里只是大体言之）。这或者意味着当我们的学术出版之社会定位和社会分工在新的经济体制下逐渐确定并系统化之后，若其资金来源相对稳定，也会出现相对单一的追求目标和努力方向，即提高学术品质。

但即使就目前而言，我们也不能将中国学界任何问题都推向所谓"转型社会"的不稳定状态，这里还有不少更深远的因素。以史学为例，近年许多学人对史学研究的现状不甚满意，而相对比较共同的一个不满即未曾出现众多学人能够全面参与的议题；有意思的是一些20世纪50年代后期到60年代出生的中青年研究者对其出生那一时代经常产生涉及理论的广泛讨论或争论充满景仰，很希望这一现象能够再现。据我所知，有些高层次刊物的编辑也有类似想法，总以其所发表的文章未能引起广泛参与的讨论为遗憾。

很可能是针对这种具有相当涵盖面的心态，赵世瑜先生最近针对2001年中国史学界"显得平淡无奇"一点提出"平淡是福"的观念，他特别指出，如果史学界"不是如此平淡，而是接二连三地大爆冷门，引起全社会的关注"，出现类似"批判《海瑞罢官》或评法批儒什么的"现象，那或许是"大难临头的征兆"。① 赵先生所举的例子或者太政治化一点，上述学人和刊物编辑记忆中的理想状态也许是关于"历史主义"或"历史

① 赵世瑜：《平淡是福》，载《中华读书报》，2002年1月16日，9版。

动力"一类与历史研究稍更接近的大讨论，然其对广泛讨论的憧憬多少隐喻着较强的"全体参与意识"，大概真与"评法批儒"的"文化大革命"时代那全民参与的历史记忆有着藕断丝连的关系。

这样对广泛参与的期望恐怕有些超出学术范围了。从广义的视角看，学术研究中偶尔可能出现得到广泛参与的论题或影响广泛到超出特定专业范围的论著（如前些年美国库恩关于科学革命、纪尔兹关于文化诠释和萨义德关于东方主义的论著，皆是具体的研究而影响甚宽，却又皆非所谓纯理论性或思想性的著作），但这应当不是常态。

目前史学界多数人似乎主张史学是一门科学（我尚存疑，因为"科学"的一个要素是推算出的学理通常要以实验证明，更要具有可重复性，史学之能事似不及此），所以我们不妨到科学的其他分支去看看。好像很少听到数学、物理学、化学和生物学界的学人提出类似的呼吁，实际上，今日在不少学科内，跨过所谓二级学科（甚至三级学科）便可能根本看不懂别人的论文，我们能设想《数学学报》或《生物学学报》常常刊载全学科多数学人能够参与讨论的文章吗？不论古今中外，学术作品的接受者范围不宽、参与讨论者人数不多才是常态。

学术分科也是一种社会分工，有些学科与"现实"的关联紧密，如经济学之于"入世"和社会学之于"三农"等；若史学，便最多只能稍及其渊源发展。从真正的学术视角看，某一学科的学者通常只在其专业领域内较有发言权，越界说话便未必权威；假如史家之关怀议论总在"入世"和"三农"一类问题上，这样的"跨学科"立说，其权威性无限趋近于无，而"胡说"的可能性则趋近于无限大。

近来广可见学文科的信心十足地阐述导弹的发射角度，狭可见学外国史或古代史的专门评论中国近代、现代甚至当代，真有点学贯古今中外文理的意味。由于这些人适应媒体需要，在社会记忆中的再生（reproducing）率甚高，故声名颇著；且其既坚持"学者"认同而又能渊博似百科全书般地议论一切，对初入道者极有吸引力，多被视为某一学科（即其领薪水那一科）的"著名学者"。

结果，现在不是"学术"与"非学术"的划分是否恰当的问题，而是这一划分对非专业者和初入道者已相当困难。不少试图寻求课堂外专业知识的大学生首先选择阅读的便是上述人的非专业评论作品，直接导致大学中出现"专业不专"的现象（所幸这些评论人中不少已渐从思想评论转入时评，离专业日远，对学术的冲击力也已开始减弱）。

对此许多在大学教书的学者不得不采取各类"防治"措施，有位朋友对学生明确指出某著名刊物可以不看，此法或稍过苛，但传达出的信息相当明晰——那不是学术。我自己历来认为大学本科生和研究生皆不是阿斗，其在课余看什么东西应随其自便。我的应对办法是凡研究生都先指定通读近十年的几种相关专业刊物，使其知道真正的专业文章何在（拙见今日本科生以素质教育为主，专业方面不必要求太高）。①

　　有位著名学者过去也以笔名写了些抵制文章，后来发现许多大学生看文章首先关心由谁人所做，只看"名人"之论，而那些不够著名的笔名文章大都不看。他救人心切，同时回想起自己在普及刊物中的文字曾引起众多一般读者注意，竟思以"名学者"身份做"名人"才做的事，专门针对一些本非学术的观点进行"学术"批判（仅思考而尚未付诸实践）。惟无论有什么诱因及何种动机，一旦假学术之名行非学术之事，便是破坏学术，且因其相对"隐蔽"，往往比所谓抄袭一类事对学术的损害性更大。这即我曾指出的"近墨者黑"：虽以"打假"为动机，却因采取了"以假制假"的方式，结果使学术本身变味，徒然成为对立面即非学术一方的同盟者。②

　　今日关怀超出学术范围的学术刊物已不算少，有类似趋向的学人也是老中青都有；与学人和学刊"不学"相呼应的，是非学术刊物和非学人"向学"之心的炽热。这就形成一种多重的围城式现象：一方面是学界和非学界都大声疾呼学术贬值、知识不受重视（故有"尊重知识"的强调）；另一方面官场商界之人又颇嗜好文凭，同时不少非学术的人物和刊物也都

① 不过这里也想提醒常看课外读物的大学生，现在有一样被称为"网络"的新兴物事，是明确以"虚拟"为基本特征的。网上的学术文字已渐成一项重要且较易获取的信息资源，非不可看，但虚拟的东西看时要明白其虚拟特性，比如凡是转发的学术文章作为浏览自无不可，若要细读甚至引用时就必须核对原文了（网上有些拙文就是制作者未征求我的意见自行上网，其中似不无小错）。

② 参见罗厚立：《业余"学术警察"心态与学术表述》，载《读书》，2000(7)。

愿意自称学术，然而他们在面对读者时又或隐或显地表明自己并非学术（与非学术刊物一样，以"学术"为名的评论家也是要么撰文不用注释，要么相当随意地使用注释），或自诩所谓"有思想的学术"，想象力丰富者更创造出"学术随笔"这一称谓（学术焉能随便下笔！这实在有些类似"方的圆"）。套改一句老话：学术学术，天下几多美丑，假汝之名以行！

　　本文开头提到的李鬼虽借"鬼"之寓意，毕竟还是假鬼。文学作品中的真鬼常有留恋人世，不愿归去其所来之处而总欲从非人世回归人世的反意向，往往徘徊于生死真假之间的边缘地带（这几乎已成文学中一个永恒的主题）。冯梦龙的《喻世明言》有"太平之世，人鬼相分；今日之世，人鬼相杂"之说；前些年演《白毛女》时有一句很流行的话，即"旧社会使人变成鬼，新社会使鬼变成人"。看来人鬼地位的互换似乎已超越于治世和乱世，这且留给文学研究者去探索①，然今日围绕"学术"的多重围城式现象提示出我们的学界真有些人鬼共舞的意味了。

　　窃以为对学术本身的认知开始模糊和混淆正是目前学界的主要问题，而抄袭等明显的弊端尚不足虑（古今中外任何社会都存在"犯规"现象，"犯规"当然应予惩戒，然"犯规"也从未具有正面的号召力）。学术应该影响社会，也可以影响社会；学术应该尽量扩大其接受面，也可以通过包括提高"可读性"的

---

① 参阅王德威：《魂兮归来——历史迷魅与小说记忆》，见《现代中国》第 1 辑，武汉，湖北教育出版社，2001。关于《喻世明言》和《白毛女》的引文皆转引自此文。

方式来扩大其接受面；但不能以牺牲学术品质为代价，也不宜向非学术的面相"开放"——有一定的界限和某种程度的封闭性正是 20 世纪初年起中国学人特别提倡的"学术独立"之重要内涵，有所为有所不为更是古今学人立身必不可少的要素。

原刊《东方文化》2002 年第 4 期

五、学术的履迹

近代中国学术分科的演变

中国先秦时代学在官守，学问趋于致用。既为用而学，自重专门，故有"学了无用，不如不学"的主张，所谓商人不必知书、士人不必习武（此大体言之），就是这个意思。也可以说，在实用层面，"古代之学，均分科而治"。春秋是个过渡时代，孔子的学生已是六艺皆学，然尚各有所专，有孔门四科之说。从战国起，学问开始向今日所谓求知识求真理的方向发展，且逐渐形成重广博而尊通识的学风，"博学"长期成为以学术名世（即读书不仅为做官）的士人长期追求的境界，更产生出"一事不知，儒者之耻"的观念。此后两千年，中国学问的主流是反对将学术分而治之（虽然也不时有主张分治者，但皆未得到普遍认可）。古人治学既然不提倡"分科"，也就很难产生将学术"分类"的社会要求。

近百年来中国学者对学术分类日渐注重，主要受到重视分科的近代西学的影响（西方在近代以前似乎也不那么注重分科，今日尚遗存的早期学问如"经学"，即 Classical Studies，便颇类 20 世纪前期中国所谓"国学"，实为一种以文字为基础的综合性学问）。今日赛先生意义上的"科学"，早年多译作"格致（学）"，那时人们说"科学"多指"分科之学"及"分科治学"之意。这样的"科学"当然也具有新意而属于新学，却与后来和赛先生画等号的"科学"有相当距离。

近三百年中国学术发展的内在理路也有治学趋于专门的倾向，傅斯年注意到："中国学问向以造成人品为目的，不分科的；清代经学及史学正在有个专门的趋势时，桐城派遂用其村学究之脑袋叫道，'义理、词章、考据缺一不可'！学术既不专门，自不能发达。"西潮的冲击支持了中国学界内在的专门倾向，晚清时便有像薛福成这样的读书人主张建立专精的学问。章太炎在 20 世纪初年更特别看重当时分科意识的增强，他说，"近来分科越多，理解也越明"，学人乃逐渐树立为自己求知识的心，"晓得学问的真际，不专为致用"。

自近代西方分科概念传入并逐渐确立正统地位后，中国人对自身学术分科的认知也发生了很大的变化。晚近学人先有了来自西方的学术分类观念，然后回向中国传统寻找分类体系，结果很容易就重新"发现"了所谓四部分类，"四部之学"成为中外不少学者的口头禅（过去也常见用"乙部"代"史学"的，但多为非学术的随意表述；偶有稍正式者，也未必真这么想）。其实经、史、子、集四部本是图书文献的分类，流行不过一千多年，由于论及古代学术流派的载籍不多，一些学者或因长期从记载书籍源流的文献梳理学术流派，无意中形成了书籍与学术流派等同的习惯见解。

到近代西方学术分科的观念传入，惯从四部论学的学者便产生四部分类就是学术分类的观念。实际上，古今图书分类虽然都与学术分类密切相关，但两者间毕竟有不小的区别。近百年间一些学者将图书分类看作学术分类，或者就是只看见两者的相关而忽视了两者间的明显区别。今日的图书分类基本以学科为依据，但中国古代图书分类常常并非以学术为准绳，或以书之多少为类、或以书之形式大小为类、或以书之体裁为类。如四部之一的集部，就是典型的按体裁分类。故主张"学贵专门"的章学诚认为文集的出现就是由于"师失其传"而使学术"无专门"（乾嘉时颇受冷遇的章学诚在近代得到不少学者的青睐，或也因"学贵专门"这一主张与西方将学术分而治之的观念看来有相通之处）。

中国学界在学术分科上对西学冲击的早期回应恐怕体现在清末办各类新学章程中的学科分类及课程表，这才是了解近代中国学术分科的一个重要参考系。从戊戌维新前开始的整顿书院（其重要内容便是"定课程"）到1903年的《奏定学堂章程》，各级政府和书院、学堂关于中国学术的分科先后有经学、史学、掌故学（略近于今日的现代史或当代史）、舆地（地理）学、诸子学、理学、时务、治法学（政治学）、词章学、文学、格致诸学、算学等，后两者也曾并称格算学，实际是愈来愈以固有名词指谓西学，也可以不计入中学。

这一过程中比较值得注意的，一是1898年总理衙门会同礼部奏设经济常科，正式把内政、外交、理财、经武、格物、考工并于科举考试的正科之中，应能提示当时人对学术分科的一种看法；二是《奏定学堂章程》仿照日本模式主张办理分科大学，共分经、文、政法、医、格致、农、工、商八科，每科之下设学门（此前在实际教学中一向得到提倡的史学未能专立一科，而是成为文科之下的一个学门）。除设经科大学作为"中学为体"的象征外，这已基本是模仿，没有多少传统的影子。进入民国后"经学"不立，格致学改称理学，大致即是后来办大学的模式。

与此同时，晚清民间或半民间的书院等也在尝试怎样对学术分科。乾嘉时受到戴震、姚鼐、焦循等关注的义理、考据、辞章的区分，在曾国藩根据时代的需要加上"经世"一类后，成为一些士人的思想资源。据梁启超后来对康有为在长兴学舍教学内容的回忆，该校所设正是义理、考据、经世、文字四科，其中义理之学包括孔学、佛学、周秦诸子学、宋明学、泰西诸子学、中西哲学；考据之学包括中国经史学、万国史学、地理学、数学、格致学；经世之学包括政治原理学、中国政治沿革得失、万国政治得失、政治应用学、群学；而文字之学则有中国辞章学、外国语言文字学等。这里的部分细目恐为梁的事后创造，或至少有修改，但大科目的划分仍能提示民间一些学者确实如此思考学术分科。

康、梁再加上严复和蔡元培即是清末讨论学术分类最有影响者，浙江学者宋恕在1902年年末为瑞安演说会拟章程，便主要依据此四人的著译，并参考他所了解的日本学术分科情形而斟酌定出以哲学和社会学为总科，以乐学、礼学、时史学、方史学、原语学等三十种为别科的分类体系。宋恕对经学的处理方式是："十三经"中的《易》《诗》入总科之社会学，

《书》《春秋》经传入别科之时史学，《孝经》入别科之伦理学，《语》《孟》入别科之伦理、政治、教育诸学，"三礼"入别科之礼学，《尔雅》入别科之原语学（按《说文》也入此学）。另外，他不同意日本大学以汉代以前的经子入哲学，以为"汉前经子中虽有可入哲学之篇章句，而宜入科学［按指分科之学］者殆居十之六七"。

宋恕的分类颇有特色，且有些思考现在仍为学者关注而迄今未能获得充分的共识。如他认为传统的舆地学乃史之半体，不可单独命名，故名为"方史学"，而通常意义的史学则名为时史学；后者也仅是史学的一部分，"全体"的史学还要从哲学角度去理解。今日历史地理学者还一直在争论其学究竟是否属于史学，许多史家也往往忘掉时间概念是史学的关键要素，总思从历史哲学角度去诠释历史上具体的人与事。这都说明宋恕已触及学术分类的深层问题，他所主张的将经学分而纳入各新式学门的主张到民国后也一直是学者关注和努力的方向。

据（日本式）西学分类来规范中国学术的尝试在20世纪初年相当流行，1905年刘师培作《周末学术总序》，"采集诸家之言，依类排列"，所谓"依类"即仍依西学分类，分出心理学史、伦理学史、论理学史、社会学史、宗教学史、政法学史、计学（今称经济学）史、兵学史、教育学史、理科学史、哲理学史、术数学史、文字学史、工艺学史、法律学史、文章学史等。在这样一种新型的"六经皆史"思路下，专门的"史学"反而不存在。但若去掉各学之后的"史"字，也就是刘氏认知中分科的传统学术了。除术数学外，他的分类全按西学分类，大多数学科今日仍存在（有些名词略有改易），中国学术自此进入基本按西学分类的时代。

但中学毕竟长期是一个相对独立发展的系统，它与西学在不少地方并不能充分吻合（比如傅斯年就认为中国古代无西方意义的哲学，以研究中国古代哲学起家的胡适后来也基本接受傅的看法）。结果出现一种长期的努力，即以一个包容广阔的名目来囊括传统的中学，类似的名称包括中国文学、国文，以及后来的国学、国故学等。

康有为在奏请废八股改策论取士时即主张要求士子"内讲中国文学"而"外求各国科学"，这里与各国科学相对应的中国文学包括经义、国闻、掌故、名物等，则其"文"更接近今日广义的"文化"之意，且暗含不分科的寓意，即各国之学主分，中国之学虽分而考试，其根本还是一种以"文"汇通之学。后来张之洞办存古学堂，所学"以国文为主"，其"国文"仍是广义的，包括各类传统学问。那时张君劢进入江南制造局的广方言馆，上课是"四天读英文，三天读国文"，其英文"包括了数学、化学、物理、外国历史……"，而国文则"由先生指导看三《通考》，弄点掌故，作论文等"，分别是中学与西学的代名词。

到20世纪20年代"整理国故"兴起后，各类新旧学者就国学或国故学的含义与类别展开了激烈的论争。最有意思的是一些被认为"守旧"的学者持论并不"保守"，如柳诒徵于1923年明言"汉学、宋学两名词，皆不成为学术之名"；汉学不过"文字学耳、历史学耳",而宋学则可"分为伦理学、心理学",实皆以西式学术分类为依据。反之,最为趋新的胡适在同时的《国学季刊发刊宣言》中却将经学与哲学并提,立刻被更年轻的吴文祺批判。吴氏等不少人以为,国故学只是一个过渡性的"总名",整理国故是将传统中国学术转换成现代西式学术进程中一个必需的环节,国故经"整理"而分别归入哲学、文学、政治学、经济学等学科,中国学术也就成为天下之公器而走入"世界"学术之林。这样,学问不再有中西之别,西式学术分类也基本无人质疑了。

原刊《光明日报》2002 年 3 月 26 日

"赛先生"与国学

　　"赛先生"是五四人标举的两大口号之一，与我们今日基本将"科技"合起来讲迥然不同的是，当时人讲"科学"甚少往"技术"方向走，讲到西方的物质一面时也往往提高到"文明"层次。我们今日说到"科学"，首先联想到的大概是数理化一类学科；但五四人更注意的是科学的"精神"和"方法"，而且这些"精神"和"方法"其实多来自生物进化论（对多数人来说恐怕意味着严复版的"天演论"而已），又渐成为抽象的精神和广义的方法，其与"格致"一线之自然科学的关联反而是相对松散的。本来"科学"的概念在西方和近代中国都是一个发展中的变量，大体言之，可以说五四人意识中的"科学"与我们今日所说的"科学"有相当的距离。

　　而且，时人对"科学"角色的认知在中国与西方之间实有区别：科学在欧洲仍像早年传教士所引导的那样与"物质"相连而常常落实在"技术"之上；但在中国则更多体现为"精神"，在实践层面更首先落实在胡适提倡的"整理国故"以及史学的"方法"之上。造成这样一种异地两歧式认知的原因甚多，只能另文探讨，但理解时人这样的科学观则有助于我们认识五四后"赛先生"何以会走向国学和史学这一特殊现象。

五四人之所以特别注重"德先生"与"赛先生"，在思想上是前有渊源的。康有为于光绪三十年(1904)曾广游欧美诸国，他当时就注意到中国"文明之本皆具，自由平等之实久得，但于物质、民权二者少缺耳。但知所缺在物质、民权，则急急补此二者可也。妄人昧昧，不察本末，乃妄引法国夙昔半开野蛮之俗、压制苛暴之政以自比，而亦用法国革命自由之方药以医之。安平无忧而服鸩自毒，强健无病而引刀自割；在己则为丧心病狂，从人是庸医杀人"。康口中的民权，即今所谓民主；而他那时所谓"物质"，实际多指"物质学"，即后来日渐向技术倾斜的科学。这应是较早将此二者连在一起、视为中国最缺少而急需补救者，可以说开新文化运动的先河。

康有为此说主要是针对当时开始流行的"自由"和"革命"的观念，他主张中国只需引进民主而不需自由。这个主张是否合乎当时中国的国情暂且不论，西学有限的康有为能看出西方政治思想中民主与自由的大区别，说明他的观察力确实相当敏锐。惟彼时中国"野蛮"已成众口皆出的共论，所以在一般人看来，针对野蛮的自由观念正适合于中国，有此想法的又岂止"妄人"而已。但后来的新文化人却相对忽略了自由与民主的重大区别，新文化运动早期得到提倡的个性和人的解放很快就为群体倾向的民族主义和社会主义所冲淡，正因为前者其实与自由的关联更密切，而后者却在很大程度上可以为民主所包容。所以新文化人在具体主张上虽然与康有为大不相同，其标志性的口号实继承了康的思路。

说到物质和物质学，就牵涉到晚清思想言说中一个持续而重要的论题，即"力"与"学"之间的紧张及"学"与"术"孰轻孰重的问题。虽然有不少人说中国传统文化特别重实用，其实中国人轻术而重学有长期的传统（这与儒家所说的道、器关系也极有关联）。然而，近代中国在每一次中外冲突中的失败，都或隐或显地增强了注重物质一边的言说的力量。本受今文经学影响的康有为一面要保"教"，一面又非常强调"力"或"物质"的作用，显然与时代语境的严重刺激相关。后来张之洞本梁启超的观念主张"自强生于力，力生于智，智生于学"。看似最重"学"，但时人的理解其实是中外之争的胜败之分在力，故虽以"学"为最初本源，最后却必须表现在"力"上面。这一学术史的演变相当曲折复杂，五四人正是在这样的学统之下思考和认识问题。

在这样的语境下，五四人专强调科学的精神和方法真是个异数。这与民国最初几年实行西式宪政不甚成功故进而欲学西方文化直接相关，同时也远承了古代重学轻术的传统。那时梁启超讲科学就注重其"精神"，且落实在方法之上。但他同时也在关注科学与艺术、文化的关系，到 1923 年 1 月，梁启超在东南大学讲《治国学的两条大路》，明确指出：西方人讲人生也用科学的方法，但这些方法只能"研究人生以外的各种问题，人决不是这样机械易懂的"。梁同时也不认为西方的形而上学的方法适于研究人生，他主张"文献的学问"可以用"客观的科学方法去研究"，而"德性的学问"则应该用"内省的和躬行的方法去研究"。

将西学区别看待固然表明中国学人对西方学术和思想的了解已较前深入，但同时也是针对那时中国思想界关于"科学"的讨论。陈独秀在 1920 年春曾说："我们中国人向来不认识自然科学以外的学问也有科学的威权，向来不认识自然科学以外的学问也要受科学的洗礼，向来不认识西洋除自然科学外没[也?]有别种应该输入我们东洋的文化，向来不认识中国底学问有应受科学洗礼的必要。"他主张，"科学有广狭二义：狭义的是指自然科学而言，广义的是指社会科学而言。社会科学是拿研究自然科学的方法用在一切社会人事的学问上，像社会学、伦理学、历史学、法律学、经济学等，凡用自然科学方法来研究、说明的，都算是科学；这乃是科学最大的效用"。

从陈独秀的话看，自然科学的威权在中国早已树立，社会科学却不然，所以他那时说到"赛先生"往往特别关注其所谓的"社会科学"。由于陈在新文化运动中的特殊地位，中国思想界（包括支持和反对者）的注意力也开始向此方向倾斜。当时另一个鼓吹科学而影响巨大的人物胡适正提倡整理国故，熊十力后来说：胡适那时"提倡科学方法"甚为成功，此后"青年皆知注重逻辑，视清末民初，文章之习，显然大变。但提倡之效，似仅及于考核之业"。结果是"六经四子几投厕所，或则当做考古资料而玩弄之"。这与前引梁启超将学问区分为"客观的"和"德性的"两种时所关注的类别相同，即担心现代"学术"的专门化使"学"失去了原有的教化作用，学术即学术，也仅仅是学术，不再与"作人"有多少关联了。但熊一则曰"考核"，再则曰"考古资料"，实看到了当时"科学方法"的真正走向，即胡适所提倡的"科学方法"多落实在整理国故之上。

伍启元后来观察到，文学革命运动后，其领袖人物"不是努力于创作和翻译新文学，就是回头向所谓'国学'方面去努力"。胡适用实验主义整理国故，"同时梁启超氏等（如研究系的一班人）和许多国文教师和许多学者，都舍弃了其他的事业而钻到旧纸堆里"，于是"所谓整理国故运动就这样兴起来"。本来新文化运动是以反传统著称于世的，为什么会在短期内出现这样的转折呢？这里原因甚多，其中一个就是传统文化与外来文化的衔接问题，并体现在具体治学方法之上。

王先谦在戊戌维新时已说："中国学人大病在一空字：理学兴则舍程朱而趋陆王，以程朱务实也；汉学兴则诋汉而尊宋，以汉学苦人也；新学兴又斥西而守中，以西学尤繁重也。"王氏能知西学比中学更"繁重"，显然是下了点功夫了解西学的。他看出那时旧派反新部分也因西学繁重而思回避，尤有识见。在西学之内，又如严复稍后所说："今世学者，为西人之政论易，为西人之科学难。"西学比中学难，而理化等"科学"尤难，逐渐成为清季许多士人的共识。

那时留日学生观察到的西学东渐的过程是："其始也，西国之科学既稍稍输入；其继也，西国之文学更益益发见。"这样一种"今日之学由西向东"的趋势，本可能导致中国"文学科学之大革命"，但可惜中国士夫"其始以为天下之学尽在中国，而他国非其伦也；其继以为我得形上之学，彼得形下之学，而优劣非其比也；其后知已国既无文学更无科学，然既畏其科学之难，而欲就其文学之易，而不知文学科学固无所谓难易也"。且不论文学是否真的就更"易"，但可知"科学难"确是时人的共识。关键在于，"以今日之学言之，则欧美实世界之母也"。这里的"文学"是广义的，大体即今人所说的文科。既然西学已成"世界之学"，而科学又更难，最佳者莫过于口称科学而实际从事（西式的）"文学"，这正是后来新文化运动之师生两辈人中许多人的取径（虽未必是有意识的）。

胡适标举的杜威实验主义，其吸引人处也正在此。杜威曾说自由主义即把科学的思想习惯运用于社会事务之中，胡适恰最提倡此点。当科学由具体的数理化转化为相对抽象的"思想"甚至"方法"后，人们就可以不必实际从事那较难的"科学"，只须运用此"思想"或"方法"于其所熟悉之学问，即可同属至尊之"科学"。因此，当最早系统论述"整理国故"的北大新派学生毛子水提出"世界上的学术，比国故更有用的有许多，比国故更要紧的亦有许多"时，胡适马上指出："学问是平等的。发明一个字的古义，与发现一颗恒星，都是一大功绩。"学者仍操故技，实不过转变态度（具体方法上当然也有变化），居然大家都"科学"且不甚难，又何乐而不为。可以说，理化等"科学"的难，是科学走向属于"文学"的国学和史学的一个潜在原因。

尽管当时许多学人不承认国学是"学"，但真正说到具体治学时，学者们即发现比较有成就的还正是实际落实在史学之上的国学。顾颉刚就注意到"别的科学不发达而惟有国学发达"的现象，他认为这是因为国学方面的材料是极丰富的，"加以从前人的研究的范围又极窄隘，留下许多未发的富源；现在用了新的眼光去看，真不知道可以开辟出多少新天地来"。其实，别的科学不是更属未开发的"新天地"吗？国学之所以独有成绩，即因学术积累深厚，学者轻车熟路，才使"新眼光"有用武之地。缺乏积累和训练的"别的科学"，包括社会科学，便有再新的眼光也无大用。

然而，作为一门学问的"国学"在中国出现的时间并不太长，且始终具有"模糊不清"的特征。从根本言，"国学"其实并未能确立自身的学术典范，它在很大程度上不过是一个涵盖宽泛的虚悬名号而已。更使时人困惑的是，这样一种认同模糊的中国"国学"已不能不与外国发生关系。鲁迅在1922年注意到，"当假的国学家正在打牌喝酒、真的国学家正在稳坐高斋读古书的时候"，斯坦因已将西北的"汉晋简牍掘去了；不但掘去，而且做出书来了。所以真要研究国学，便不能不翻回来"。同时，若"真要研究元朝的历史，便不能不懂'屠介纳夫'的国文"。所以，"中国的国学不发达则已，万一发达起来，则请恕我直言，可是断不是洋场上的自命为国学家'所能厕足其间者也'的了"。后来吴宓为清华国学院写的"旨趣"也明确指出，该院"异于国内之研究国学者"，即在于他们要"取材于欧美学者研究东方语言及中国文化之成绩"。既然国学已与西学挂钩，且还不能不依赖西方（以及日本）汉学，则其作为学术的存在价值也降低。

更重要的是，中西新旧之分是民初思想言说中一个带根本性的区分，无论用什么标签和怎样科学化，国学总是隐隐露出在近代文化竞争中已失败的"中学"的意味，且与"富强"这一晚清开始推崇的国家目标不相适应（甚至被认为有所"妨碍"）。结果，反对国学的意见越来越占上风。北伐结束后不久，国学终于在一片反对声中不得不基本退出中国的思想言说。相比起来，史学虽然也不能对"富强"有多少直接的贡献，但在学科认同上毕竟比国学要超越得多（这在中西新旧对立的时代里有特别的作用）。本来整理国故时期的"国学"在具体内容或研究题目方面已逐渐向史学转移，国学的学术认同带来的问题进一步增强了这一趋势。而1926年《古史辨》出版并风行更将许多学人的实际注意力由"国故"向"古史"转移，也是导致史学地位上升的一个重要因素。

但不论国学还是史学，中国学者真正得心应手的，还是作为其基础方法的考据。整理国故能够一度风行，与考据的"科学化"有直接的关系。民初中国学人的一个主要关怀，就是要使中国学术预世界学术之流，而中国学术的"科学化"是预流的重要先决条件。梁启超在1922年自供说，由于"因果律是自然科学的命脉"，学者多欲证明自己所治学科也有因果可寻，以成为科学；"史学向来并没有被认为科学，于是治史学的人因为想令自己所爱的学问取得科学资格，便努力要发明史中因果。我就是这里头的一个人"。他承认，自己在写《中国历史研究法》时，就具有想为史学"取得科学资格"的心态。

观许啸天1927年所辑的《国故学讨论集》，在在均可看到将中国旧学用西式学科名词或当时流行的新名词来表述的"整理"意识。这些文章的一个总精神，便是将中国传统"科学化"，以进入"世界学术"之林。陈独秀说其"要在粪秽里寻找香水"，虽带有强烈的价值判断，却甚能概括这些人的心态。

而国学的衰落也影响到作为其基础方法的"考据"，使其逐渐陷入困境。结果，考据究竟是否科学？若考据未必科学则什么是科学或要怎样研究才科学，在 20 世纪 30—40 年代成为新的问题。从张东荪到程千帆这类未居主流的趋新派，纷纷指出考据是"前朝学术"，不应在民国仍受推崇。其实，考据之名正，以考据方法治学者便言顺。反之亦然。北伐后不仅国学衰落，以考据治史学者也多只能在学院派的研究群体中仍具地位；而与社会思想言说更接近的非学院派学术中，另一种重视理论的史学则明显上升（社会史论战即最典型的代表），且对学院派构成巨大的冲击。

可以说，北伐后两种史学的竞争是更早就开始的思想竞争的发展和继续，早年的"问题与主义"之争已开后来实验主义和唯物史观竞争的先河。这一竞争当然不仅是学术争端，而有着更广阔的关怀和社会、思想背景，非本文所能详论；但有一点是非常明确的，即双方都自称"科学"，且试图证明自己更科学。当时的社会认知，也大致承认两者都是"科学"的重要组成部分。伍启元后来总结说，"科学方法最盛行有实验主义"，而"辩证法的唯物论至少也有同样的重要"。虽然"实验主义者对辩证法的唯物论者常常施以攻击，这两派的学者至今还常常互相争论"，这并不妨碍它们都是"科学"的分支，而且是当时最主要的分支。

张君劢在 1934 年曾说，陈独秀当年不过"借科学与玄学的讨论来提倡唯物史观"。如果确是如此，则陈独秀可谓相当成功。在"科学与人生观"论战时还是中学生的唐君毅后来回忆说：北伐以后，"上海的思想界则为马克思唯物史观所征服"。史家陈志让也认为，那次论战科学派虽然取得表面的胜利，却不久即"输给了马克思主义"。其实张君劢分析唯物史观何以"在中国能如此的流行"，恰因为"今日之中国，正是崇拜西洋科学，又是大家想望社会革命的时候"。这一分析极有见识，唯物史观根本就是论战时"科学派"的一个主要成分，而并非与"科学派"相异的另一势力；其能"征服"思想界，所依据的正是对中国历史和中国社会"更科学"的解释。

总体言之，晚清中西学战的结果是中学已被认为"无用"，而国学明显地是"中学"的近义词；在一定程度上或可以说，国粹、国故等词汇的大量引入思想言说之中，本身或就因为"中学"已经失去吸引力和竞争力。当章太炎鼓吹"以国粹激动种姓"时，他（以及主张以历史激发爱国心的梁启超等）有意无意间不过是换一个标签而试图将在时人思想言说中已经边缘化的"中学"拉回到中心来。但正由于国粹与中学的接近，这一努力的成就有限，或可说基本是不成功的（那时许多人根本认为中国没有国粹，只有"国渣"）。相对比较中性的"国故"得到采用（尤其胡适明确指出选择这一词语就因为其中性），部分即因为国粹不能得到比较广泛的认可。

对已经边缘化并被"证明"无用的中学来说，即使是一个中立的态度也已相当亲切。其实多数中国读书人的民族主义情绪一直鼓荡于胸中，国粹当初即曾较有吸引力，惟不持久；到国故这一中性名称得到标举，并且是由留学且比较西化的胡适来表述，整理国故运动立刻如日中天。也就是说，整理国故能在全国不胫而走，既有中国学人相对熟悉而能有所为这一技术层面的因素，也因国人隐显不一的民族主义情绪在起作用。胡适虽曾否认"中国学术与民族主义有密切的关系"，说他提倡的整理国故只是学术工夫，"从无发扬民族精神感情的作用"，但未必是其全部的真意。

陈独秀确实看出了整理国故在这方面的实质，即"要在粪秽里寻找香水"。胡适曾辩称他们的立场是中立的，但那只是将整理者自己置于一个超越的地位，即与所整理的国故似乎没有什么内在关联的地位。科学的超越性在这里得到凸显，整理者如果是科学家而不是具体的中国人，则国故也不过是研究的对象而已；但国故这一名称本身，终揭示了整理者与被整理者之间不仅仅是研究人员与研究对象的关系。问题也正在于此，后来的反对者实际反对所有以"国"字开头的名目。反对派的观念很清楚：国故本无多少整理的价值，至少在那时不是当务之急，而且会妨碍引进不论以什么名目表述的西学这一中国当下最需要完成的任务（这个观念渊源甚早，至迟也可追溯到甲午战后的严复）。

有意思的是，如果依照民初人开始遵循的西学分类，国学或国故学带有明显的跨学科性质，而科学对当时的中国人来说本具有"分科之学"和分科治学的意谓。但国学或整理国故如果不"科学化",其实难以成为中国学界注目的(哪怕是短暂的)主流。因此,"科学"落实到以史学为中心内容的"整理国故"之上这一过程,同时也是国学"科学化"的进程——没有科学的支撑,国学便上不了台面(虽然最后还是因不够"科学"而以下台告终);没有"国故"这一多数中国学者耳熟能详的具体治学对象,以方法为依归的"科学"便不能落在实处。

新文化运动中的"赛先生"居然走向了"实验主义"和"辩证法的唯物论",而"科学"这两大分支又具体落实为整理国故、古史辨和社会史研究,这样的结果即因上述种种因素所促成。此时反思梁启超所说西洋学问为中国所固有者唯史学,或能对传统文化和外来文化有意无意间怎样结合得一新知。

原刊《读书》2001 年第 2 期

整理国故与文学史研究

——跋胡适的一封信

信的缘起

五四学生运动后不久，由胡适大力推动的整理国故活动席卷全国。本来与整理国故相对疏远的文学界新人物也对此发生了较强的兴趣，文学研究会的《文学》(周刊或旬刊)，尤其是其所掌握的《小说月报》，曾较积极地参与到这一论争之中，该刊在 1923 年 1 月号刊发了一组"整理国故与新文学运动"的专题讨论。① 发言的人大致为参与文学研究会活动的商务印书馆人士，这些以文学为主要兴趣的人士忽然对整理国故有了这样的兴趣，主动出面为之正名，很可能受到北大国

---

① 参见罗志田：《新旧能否两立：二十年代〈小说月报〉对于整理国故的态度转变》，载《历史研究》，2001(3)。

学门主力顾颉刚的影响；顾氏那时因家事请长假暂居南方为商务印书馆编教材，颇参与文学研究会的活动。[①] 钱玄同1923年2月致顾颉刚的一封信中说，从胡适处得知"先生们将借商务来发表些'整理国故'的成绩，这是我想希望先生们干的事"。[②] 可知文学研究会诸君的确是有意识地参与了整理国故的活动。

《小说月报》的编者郑振铎明确提出，"我主张在新文学运动的热潮里，应有整理国故的一种举动"。而其"整理国故的新精神"，即"以科学的方法来研究前人未开发的文学园地"。不仅要"指出旧的文学的真面目与弊病之所在，把他们所崇信的传统的信条，都一个个的打翻了"；同时也要"重新估定或发现中国文学的价值，把金石从瓦砾堆中搜找出来，把传统的灰尘从光润的镜子上拂拭下去"，而将"正统派文人所不齿的"文学作品发掘出来。[③]

这样一种破坏与开发并存，但明确不认可既存"正统派"所珍视之"传统"的主张大致与胡适的观念相近，但郑振铎在攻击"旧的文艺观念"时，也明确包括"以为白话诗古已有之，把汉高祖、贾宝玉的说话也都当做白话诗看"这样的观念，体现出他与胡适在具体文学见解上仍不相同。可以说，在许多

---

① 参见顾潮：《顾颉刚年谱》，71～89页，北京，中国社会科学出版社，1993。

② 钱玄同致顾颉刚，1923年2月9日，载《小说月报》，14卷5号（1923年5月），通信栏，1页，按此信后收入《古史辨》第一册时删去了这一段。

③ 本段与下段，参见郑振铎：《新文学之建设与国故之新研究》，载《小说月报》，14卷1号（1923年1月），1～3页（栏页）。

具体文学观念上，文学研究会中多数人与整理国故的象征胡适有着相当的歧异。双方的歧异或多或少与"白话"相关，其中一个重要的分歧即什么是中国文学史的主流。

文学研究会的严既澄在表态支持整理国故时说，"振铎既然在《小说月报》上辟出这一栏讨论来，我着实有说几句话的必要，以表示我对于振铎此举的同情和欣悦"。可知他有不得不说话的勉强感，显然是支持郑振铎个人胜于支持整理国故。由于胡适和整理国故的明显关联，支持整理国故而不支持胡适所从事的"整理"是比较困难的。严氏乃以界定"整理"为开端，提出"所谓整理，就是从浩如烟海、漫无端绪的载籍中，理出一条道路来，使诵习的和学作的人得一条便利的可以遵循的正路"。此后他就直接针对胡适关于白话诗词的观点，力图表明胡适以白话来理解和诠释古代的"韵文及诗歌"，并以"现在的标准"来"评判古人所作的东西"，实在就是一条"歧路"。[①]

他批评说，胡适在其《南宋的白话词》一文里"举出几个南宋的词家来，在每人的集子里，选几首较近白话的词，硬断定这些词是那几位词家有意要用白话做的，而且硬推其价值于其时的一切词家的作品之上。他这种论断是极卤莽的，未免太偏用主观的标准了"。严氏认为，鉴赏古人的韵文，"不可仍旧抱着现在的标准以定其高下，因为现在的标准是现在的人新造出来的，就算是进化以后的产物，也万万不能用之

---

① 本段与下段，严既澄：《韵文及诗歌之整理》，载《小说月报》，14卷1号，9~12页（栏页）。按胡适的《南宋的白话词》1922年12月发表在《晨报副刊》，实为其北大讲义《国语文学史》之一节。

以评判古人所作的东西。古人在制作韵文时，他的主旨和态度，只想做成一篇他以为好的文章，我们便当依着他的见解去观察他的制作"。具体言之，就是不能"用白话文的标准去评判韵文"。

胡适读了此文，觉得"不能不提出抗议"，于是写信给他较熟悉也正在参与文学研究会活动的顾颉刚，反驳严既澄的看法。这是一封重要信件，因为它体现了胡适在《国语文学史》和《白话文学史》之间关于"什么是中国文学史的主流"这一问题的思考，以及他对"怎样研究中国文学史"的方法论表述。但这封并不稀见的信却向不为人注意，我所见既存各胡适文集、书信集皆未收。值此胡适110年诞辰之时，特将此信已公布的部分录在下面，以为纪念。

颉刚：

（上略）《小说月报》新年号使人颇乐观。我是向不反对白话文的欧化倾向的，但我认定"不得已而为之"为这个倾向的惟一限度。今之人乃有意学欧化的语调，读之满纸不自然，只见学韩学杜学山谷的奴隶根性穿上西装，在字里行间流露出来，这是最可痛心的现象。我的意思以为，凡人作文，须用他最自然的言语；惟有代人传话，有非这种最自然的语言所能达者，不得已始可用他种较不自然之语句。《小说月报》添上了一些中国材料，似乎使读者增加一点自然的感觉，减少一点生硬的感觉。这也许是我这个"老古董"的偏见，但文学研究会的朋友们似乎也应该明白：新文学家若不能使用寻常日用的自然语言，决不能打倒上海滩上的无聊文人。这班人不是谩骂能打倒的，不是"文丐""文倡"一类绰号能打倒的。新文学家能运用老百姓的话语时，他们自然不战而败了。

但严既澄先生的《韵文及诗歌之整理》，我却不能不提出抗议。严先生似乎怪我用白话的标准去估量旧韵文，"以致大家把这些无尽的宝藏一笔抹杀"。他用我的《南宋的白话词》作例，然而他说："他（我）举出几个南宋的词家来，在每人的集子里，选几首较近白话的词，硬断定这些词是那几位词家有意要用白话做的"。我请问你们读过我那篇文章的，可记得我曾否有这样的一个"硬断定"？我的题目是《白话词》，故单选白话词；然而我只用这些词来表示一个时代的一种趋势。这种历史的趋势是天然的，正不用"有意"，也不用"硬断定"。正为他是无意的，故可用来证实历史上的一种趋势。譬如黄山谷的诗，十之七八是古典主义的下等作品；然而他作小词时，竟完全是换了一个人了，何等自然，何等流畅！在历史家的眼里，这一个隔世的区别，只有一个正当的解释：山谷作诗还不能打破古典主义的权威，而不能代表历史上自然的倾向；及至他随意作小词时，一切古典主义都不必管了；随便说小儿女的自然语言，便成好词。所以他的词——因为是无意的——代表历史上自唐末以来的一个自然趋势；及至吴文英一流人来有意[有意两字加圈]作古典的词，他们便又不代表历史上的自然倾向，只代表一个有意的反动了。

严先生似未细读此篇，不然似不应有这样的大误解。至于他自己说"中国的诗歌，在金元的杂剧以前，都重修饰；元白一派，其势力远不及温李一流"，这个见解更不对。他何不读杜牧的《李戡墓志》？他何不读元微之的《长庆集序》？况且《三百篇》与古乐府，不更可作为有力的例证吗？

文学史谈何容易！要能见其小，要能见其大。小的是一个个人的技术，大的是历史上的大运动和大倾向。大运动是有意的，如穆脩、尹洙、石介、欧阳修们的古文运动，是对于杨亿派的一种有意的革命。大倾向是无意的，是自然的，当从民间文学白话文学里去观察。若不懂得这些大倾向，则林纾的时代和姚鼐的时代、和欧阳修的时代，直可谓无甚分别；陈三立的时代和黄山谷的时代，也可谓无甚分别。然而这岂是事实吗？所以虽最守旧的文学史家，也不会用这五百年的八股来代表这五百年的文学。我不过是再进一步，说王世贞以下到林纾的假古董也不代表这四百年的文学罢了。此意甚平平无奇，只怕学着"太过偏用主观的标准"误解"不废江河"的话，不肯去细细想。

手僵不能成字，草乞恕之。[1]

---

[1] 胡适致顾颉刚，1923年2月24日，《小说月报》，14卷4号（1923年4月），通信栏，8页。

后续的反响

不仅胡适的信未受人注意，与胡适见解对立的表述也基本被忽视，故以下多引用文学研究会中人反对胡适的意见，使这件事能得到较全面的认识。胡适在信中指出，严既澄所说的"硬断定"并不存在，因为"我的题目是《白话词》，故单选白话词……严先生似未细读此篇，不然似不应有这样的大误解"。关于这一点，严既澄在致函郑振铎再辩驳时承认，他当时确未细读《南宋的白话词》，故误"以为胡先生的意思是摭取南宋几个词家的几首白话词来证定他们有意做国语文学的运动"。①

但他指出，胡适那"用白话的标准去估量旧韵文"的倾向也表现在其《五十年来的中国文学》一文中。如胡适于近代推重金和与黄遵宪，便也是"这种倾向的表现。难道说除这两人以外便再没有不是'假古董'的诗了么？金、黄两人的见解即算是不错的，他们的技术也正殊未见高；然而胡先生便已尊崇他们两人做这五十年的代表，而一笔抹杀江西派、闽派以及樊[增祥]、易[顺鼎]一流人了。讲到五十年来的词，他更以'都中了吴文英的毒'一句话作理由而完全置之不谈。其实主张学吴的只有朱祖谋、郑叔问一流人；若况周颐、樊增祥等

---

① 本段与下段，参见：严既澄致郑振铎，1923 年 5 月 16 日，载《小说月报》，14 卷 6 号(1923 年 6 月)，通信栏，1～2 页。

人，都不是学吴；而成就也很有可观的，也不应一笔抹杀。"

稍后严既澄进一步分析说，胡适"所以尊重黄、金两人，由于他们有个性，有'我手写我口'的胆力"。然而王湘绮、章太炎、陈三立、郑孝胥、樊增祥等"一群负一时人望的诗人，便真个是纯粹的假古董、毫无个性、没有一句是'我手写我口'的了么"？至少"陈、郑、樊三人的诗都很有他们各自的个性活跃在纸上：他们的环境、他们的经历、他们之乐其所乐而忧虑其所忧虑，都很有些不能托之他人名下的气象，又怎能说他们完全是掇拾陈言"？其实"中国历来做诗的人所标举的最古的诗之定义，就是'诗言志'三个字。既知其言志，便更没有不言自己的志而言他人的志的道理"。在句调形式上学前人并不会也不能连前人之心思志向都学会，诗人贵在"精神上有独立的价值"；如果"满纸陈言，毫无独立的气概，那是绝对不能成其诗人之名的"。诗的价值在其本身所具的美丑，若是真美的，"无论他是新是古、是创新是摹古"，都可承认好诗。[①]

这里已涉及诗的"句调形式"与诗中所表述的诗人之"心思志向"和"精神"的关系这一重要问题，后面还要论及。不过胡适这封信最重要的部分应该是他提出的研究文学史的大主张（见信的第二段），他写此信时心情似不够平静，其最后表示"手僵不能成字，草乞恕之"，提示着当时有些生气激动，故

---

① 严既澄：《与胡适之先生谈谈文学史上的"大"和"小"》，载《文学旬刊》（1923年7月30日更名《文学（周刊）》，1925年5月10日复更名为《文学周报》），74期（1923年5月22日），2页，上海，上海书店，1984年影印本。

不待抄正。这样的心情使向来较注意语气平和的他忍不住教训严既澄说："文学史谈何容易！要能见其小，要能见其大。小的是一个个人的技术，大的是历史上的大运动和大倾向。"这方面他也有进一步的申论（见信的末段）。

对这些关于文学史研究的大趋势和大运动，严既澄也有系统的驳斥。先是严氏在《韵文及诗歌之整理》一文中说："中国的诗歌，在金元的杂剧以前，都重修饰；元、白一派，其势力远不及温、李一流。"胡适认为"这个见解更不对"，并具体提出杜牧和元稹两篇文章，都有相反的认识，即元、白的诗流布甚广。严既澄反驳说，他"所说的势力，是指及于后来的作家言，并不是就他们的流行广大说"。元、白诗"在唐宋以来的著名诗集中算是通俗化的程度最高的两种，当然大受民众的欢迎"。然而"唐宋以来的文学界里，学元、白的诗人能有几个？而且唐代的诗人受后人的讥弹最多的，也就推这两位先生。我所说的势力——及于后来的诗人身上的势力——总还要让温、李两位吧"。[1]

根据胡适所论历史上本有贵族文学和平民文学两种势力的观点，严氏论证说，"南宋词家之做白话词都是受了柳永的影响"，是由于"柳永的词在当时最是流行，教坊曲院，传歌都遍，因此当时的作家都不免多少受他的影响"，亦无非想像柳永一样因"通俗化而大受民众欢迎"（按今日学人不耐寂寞而

---

[1] 本段及以下两段，参见：严既澄致郑振铎，1923 年 5 月 16 日，载《小说月报》，14 卷 6 号，通信栏，1～2 页。

受媒体引诱亦同），这其间"并没有什么'自然的倾向'可言"。其实历史上"白话的趋势是无时不存在的，正不止唐宋以来为然"。自来"一个时代的作家，同时总有两种趋向：第一种是要做到贵族文学的高妙，第二种是要受民众的欢迎。在往时的文人学士中，总是前的趋向盛而后的趋向微"；后来流传下来的诗文也是贵族式的多而平民式的少，胡适"单独摭拾几首白话词来充什么'大倾向'的证据"，并不成立。

这样，胡、严之争已越过"南宋的白话词"这一具体问题，而涉及什么是中国文学史之主流的大问题。严既澄肯定，"中国的文学界向来是'文人学士'所独据的，所谓民众的文学，向来不为士大夫所注意，大家都以为是'不登大雅之堂'的东西"。从"唐以后的文学直到清末为止，千万作家之中，有几个完全拿白话来做诗词歌赋的人？金元的杂剧本来就是为普及计的，所以差不多十之七八用白描的方法。然而到明以后所产的传奇曲本，又以咬文嚼字为风气"，诗词亦相类。"虽然每个时期总有些可以勉强叫做代表白话化的人"，"但白话派之人数及其得后人崇拜之盛，实不敌胡先生之所谓复古派的。直到清代，白话小说的作家依然未得'文人学士'之流之重视，如金人瑞的见解，只有被视为狂妄的"。①

既然"贵族文学界里的人物本来就不想和民众的文学发生什么大关系"，故"向来民众文事之发达，自为路径，与文学

---

① 本段及下两段，参见严既澄：《与胡适之先生谈谈文学史上的"大"和"小"》，载《文学旬刊》，74 期，3 页。

界漠不相关"。而"这四百年来的白话运动，差不多完全只活动于民众的文学里；贵族的文学界上虽然也有些少类似为白话文学响应的现象，然而随起随灭，在唐时如此，宋时如此，直到清时也还是如此，并没有什么进步之可言"，谈不上什么"自然的趋势"。就是"近五六年来胡、陈诸位的大运动"，也只是时代要求的产物，"是时代改变了，然后文学的见解随之而变，并不是什么自然的倾向之底于成熟"。

胡适说"贵族的文学在唐末以来受了民众文学的影响，而趋于白话化的一条路上，便成了这自然的倾向"，乃因他"每每喜欢拿通俗化的程度高低去扬抑古人的诗歌"，而"预先断定唐末以来文学上有了一个自然的白话化的趋势，他便认定趋向于白话的诗才是正宗，反乎此的便是反常、复古；正宗的自然是好，反常复古的自然是不好了"。以这样的方式从民间的文学"看出中国文学史的大倾向来"，实非研究文学史之正途。严氏自己"也是一个极端肯定白话的文学是今后的文学的正轨的人"，但"却不敢和胡先生说唐末以来的自然趋势的话"。[1]

按照胡适最提倡的所谓"历史的眼光"，本不当以今人以为有无价值的眼光来看古人的诗歌在文学史上是否有"势力"。而且他也像严既澄一样注意到过去诗人词人主动的一面，即

---

[1] 鲁迅在读了胡适的《五十年来的中国文学》一文后也曾婉转地说："白话的生长，总当以《新青年》主张以后为大关键，因为态度很平正；若夫以前文豪之偶用白话入诗文者，看起来总觉得和运用'僻典'有同等之精神也。"鲁迅致胡适，1922年8月21日，见《胡适的日记》下册，1922年8月14日，428页，北京，中华书局，1985。

结集时"往往删去他们的白话小词";他也观察到代表守旧趋势的古典派吴文英"居然能受人崇拜,居然有人推他做南宋第一大家",说明其在后来确有"势力"。① 胡适所谓无意的才代表历史上"自然"的大趋势、有意的则是针对自然趋势而"反动"的大运动这一新颖诠释也相当牵强,如果凡"有意"的都在"反动",历史上的诗人词人岂不都像民初的胡适一样热衷于"反潮流",整个中国文学史就成为一部始终与时代潮流"对着干"的革命史了。

这或许正提示了胡适当下的思虑,作为推动文学革命的主要人物,胡适很可能无意中以其"革命心态"去推想古人了。他稍后完善自己的观点说:"历史进化有两种:一种是完全自然的进化,一种是顺着自然的趋势,加上人力的督促。前者可叫做演进,后者可叫做革命。演进是无意识的,很迟缓的,很不经济的,难保不退化的。"而革命则是"人力在那自然演进的缓步徐行的历程上,有意的加上了一鞭"。不过,白话文学虽然"是中国文学史上的'自然趋势'",其本身尚不足以"打倒死文学的权威",必须"还有一种自觉的、有意的主张,方才能够做到文学革命的效果",以利用"这个自然趋势所产生的活文学来正式替代古文学的正统地位"。②

作为一种努力的目标,从主动"革命"的角度这样说或可

---

① 胡适:《国语文学史》,见姜义华主编:《胡适学术文集·中国文学史》,109、113 页,北京,中华书局,1998。

② 胡适:《白话文学史》,"引子"4 页,北京,东方出版社,1996;《中国新文学大系·建设理论集导言》,见欧阳哲生编:《胡适文集》(1),127 页。

成立，甚至可以据此时代需要而批判历史上的"正统"；但在陈述和诠释历史时据这样的后见之明不承认历史上的"正统"为"正统"，而为历史另立一个未必存在的"正统"，就未必符合"历史的眼光"了。这揭示出胡适治文学史的一个明显倾向，即倒着放电影片然后重新剪辑。很可能受这一次与严既澄辩论的影响，胡适后来将其《国语文学史》改编为《白话文学史》时明确提出：中国文学史上代表一个时代的文学，"不该向那'古文传统史'里去寻，应该向那旁行斜出的'不肖'文学里去寻。因为不肖古人，所以能代表当世"。① 既然"旁行斜出"成了时代的代表，所有各具体时代处于边缘的文学家就摇身一变而成了"正宗"。这不啻自说自话，根本不承认历代当时的主流，当然也不与之对话。

在历史研究中关注过去受到忽视的非主流或相对边缘的人与事当然会增进我们对历史的了解，但始终不应忘记特定时代的主流和正统，即多数人真正关怀和心意所指之所在。许多具体的人物都可能有多样化的目标，可能做各种不同的事，有时且可能出现无心插柳柳成荫的现象，但除极少数有意反潮流者（这些人不难确认）外，多数人心向往之、有心栽花的方向才是时人希望趋近的目标和努力的方向；不论那样的方向是否符合历史研究者当时的价值观，那才真正反映往昔时代的主流，才应是历史上的"大趋势"。

民初一些人的潜在思路正是据当时的价值观先确定白话

---

① 参见胡适：《白话文学史》，"引子"，3 页。

优于文言，故"应该"代表历史的主流。① 实际上，就在文学革命后不几年，白话与文言是否必须对立、排除文言的白话是否足以表述优美雅致的思想，甚至是否足以自立都成为争论的问题。许多趋新者都承认白话在表述方面的无力，所以有"欧化"国语的提倡和努力。白话文的走向是个胡适终身关注的根本问题，故其在这封信中也有一段虽不算长但立场明晰的陈述。

胡适先表态说其"向不反对白话文的欧化倾向"，但又"认定'不得已而为之'为这个倾向的惟一限度。今之人乃有意学欧化的语调，读之满纸不自然，只见学韩、学杜、学山谷的奴隶根性穿上西装，在字里行间流露出来，这是最可痛心的现象"。胡适以为，"凡人作文，须用他最自然的言语；惟有代人传话，有非这种最自然的语言所能达者，不得已始可用他种较不自然之语句"。他承认自己或有落伍之嫌，自称"这也许是我这个'老古董'的偏见"。

沈雁冰的见解恰好相反，他承认许多人觉得"新式白话文"的小说"干燥无味"，但他"觉得现在一般人看不懂'新文学'，不全然是不懂'新式白话文'，实在是不懂'新思想'"；具体地说，是"新文学内所含的思想及艺术上的方法不合于他

---

① 如吴文祺就认为："以文体论，则白话自然而文言不自然；以词类论，则白话精密而文言不精密。我们如果不存重雅词而薄俗语的偏见，那末对于白话优于文言的断案，无论如何总应该首肯吧。"吴文祺：《文学革命的先驱者——王静庵先生》，载《中国文学研究》(《小说月报》第 17 卷号外)，1927 年 6 月(文章作于 1924 年 2 月)，10 页(文页)。

们的口味，'新式白话文法'不过是表面的障碍"。故这些人"最大的困难尚不在'新式白话文'看了不能懂，而在'新式白话文'内的意思看了不能懂。因为形式上的不惯，稍习便惯；思想上的固执，却不是旦夕可以转移的"。他明确指出："民众文学的意思，并不以民众能懂为惟一条件；如果说民众能懂的就是民众艺术，那么讴歌帝王将相残民功德、鼓吹金钱神圣的小说，民众何尝看不懂呢？"[①]他的意思很清楚，只要改变了读者的思想，他们自然能"看懂"新小说。

　　稍后严既澄也写出论语体文的提高和普及的专文回应胡适这段话，主张"欧化的意义就是严密的文法化"，故"认定语体文不但可以欧化，而且是应当欧化"。理由是，"欧洲各种文字之严整和细密，是我们的白话文和文言都望尘莫及的"；中国的白话向来极少被用来著书立说，"并未经过许多学术专家的陶冶和历练"，本是"很够不上一切学术上的应用的"。如果"捧起它来接'文言'的正统，实在是将它抬举得过分了"。若"普遍地将它推用于一切学术的领域上，我们自然要觉得它疵漏百出，用起来捉襟见肘"。故欧化本是"自然而然地风行起来"的补救方法，也是"洗练我们几千年来一贯相承的笼统模糊的头脑"的对症良剂，正应据此以"努力提高语体文的地位和价值，建设严密的、精细的新文学"。[②]

---

① 沈雁冰：《答梁绳祎》，载《小说月报》，13 卷 1 号（1922 年 1 月），通信栏，2～3 页。

② 本段与下三段，参见严既澄：《语体文之提高和普及》，载《文学（周刊）》，82 期（1923 年 8 月 6 日），1 页。

在严氏看来，语体文已经过提倡时期而进入普遍运用的试验时期，若"一种工具可以给我们以文学上的助力，我们便应当急起直追地拿来应用，决不容因为什么文学以外的目标而因循顾虑"。但"欧化新文体"却"大受一般爱国人士的谩骂和攻击"，胡适的话虽未必"代表普通的反对新文学的人"，却恰可"代表一部分头脑比较的算是清楚一点的所谓旧文学家的见解"，因为他"和一般旧文学家一样地"注重"国界的问题"，视学习外国文体这一"取人为善"的举动为"奴隶根性"。严氏担心，像胡适这样"曾建大功于文学革命"而又"系一时人望的学者"出来"高唱反对的论调"，很可能"使那些刚才对于欧化的文学稍能顺应的人重新生出疑虑来"，故不能"置之不理"。他强调：

> 文学的提高和普及是截然的两件事，不容混而为一。我们现在虽然不主张更有所谓贵族的文学与平民的文学之差别，然而文学本身所具有的贵族性，总是不可掩盖的事情；我们除了努力提高群众的赏鉴力，使得与有贵族性的文学相接触而外，实在再没有法子去打破这层隔膜。拿一篇柴霍甫的小说给一个仅仅识字的人看，他能看得出它的好处吗？即使这篇小说的释文完全是用我们的日常用语的，这位读者仍然可以没有丝毫领会的能力；我们除了将他贵族化以外，更有何法可使他自有这种赏鉴力？文艺作品的赏鉴力是非有相当的训练不会获得的，而文学和艺术自身的向上，则决不能因为怕群众没有相

当的赏鉴力而迟疑不进。

这一观点和沈雁冰是一致的，即不仅语体文要提高，就是读者也应提高。严氏进而反驳胡适关于表述应"自然"的观念说："人类到了今日，除了这一个赤裸裸的躯体而外，还有什么是自然的东西？何况这时时变迁的语言，还不是习惯而已么？"本来俗语有所谓"习惯成自然"一句话，"如果现在的许多读书人，觉得欧化的语体文是生硬，是不可读的，那末，只有请他们多看多读，再过一年，两年，三年，四年，他们也就不会再觉得生硬了。再过几年，恐怕反要觉得非欧化的不好读了"。

这里的分歧仍在于究竟是顺应民众还是改造民众。胡适显然认为应顺应民众，到 1934 年，当白话文已进入所谓"大众语"的讨论阶段时，胡适再提出"把白话做到最大多数人懂得"的要求。他指出，许多"怪白话不大众化"而"空谈大众语的人，自己就不会说大众的话，不会做大众的文"，因为他们"从来就没有想到大众的存在"，故其"乱用文言的成语套语，滥用许多不曾分析过的新名词；文法是不中不西的，语气是不文不白的"。[①] 他坚持自己的一贯主张，即应侧重"普及"一边，要根据"听众里面程度最低的一个人"的标准来立说。

如果不计其攻击的意谓，胡适指出的"不中不西"和"不文

---

① 胡适：《大众语在那儿》，见《胡适论学近著》第 1 集，429～430 页，济南，山东人民出版社，1998。

不白"现象倒揭示出另一部分新文化人试图"提高"白话的努力方向，即白话文应同时向文言和欧化开放，以达到中西文白兼具的效果。这在当时是有争议的，那时不少人确实主张向"欧化"开放而反对向文言开放；这里一个实质性的问题是，白话文是否应该是一个开放的表述体系。如果答案是肯定的，它既然可以向"欧化"开放，难道就不可以向文言开放吗？这些问题拟另文探索和梳理。

在一般的认知中，胡适学术上最大的贡献是在思想史或哲学史。但傅斯年在 1926 年对胡适说：先生的《哲学史》，"在一时刺动的效力上论，自是大不能比的；而在这书本身的长久价值论，反而要让你先生的小说评居先"。① 这话胡适当时也许不一定喜欢，不过到晚年或已接受这一看法，他自己在 1952 年曾说："我的玩意儿对国家贡献最大的便是文学的'玩意儿'。"②若不局限于学术而放眼全社会，就"一时刺动的效力"和长久的影响言，胡适的主要贡献也正在以白话为中心的文学革命之上。1923 年这封信，既体现了胡适文学史观转变的一环，也触及了他终身关注的白话文的走向，所以提出来纪念他的 110 年诞辰。

原刊《中国社会历史评论》第 4 卷

---

① 傅斯年致胡适，1926 年 8 月 18 日，见耿云志主编：《胡适遗稿及秘藏书信》（37），356～357 页，合肥，黄山书社，1994。

② 胡适：《中学生的修养与择业》(1952 年 12 月 27 日)，见胡适纪念馆编：《胡适讲演集》下册，669 页，1970。

北伐前后清华与北大的史学

——清华大学历史系 90 周年纪念

　　能有幸躬逢清华历史系 90 周年的庆典，甚感荣幸！仲伟民老师给我分配的任务是比较民国时期清华和北大的历史系，我会更多侧重北伐前后一段时间。那是两系史学风格的形成期，的确展现出各自的特色。这不是个小问题，无法在简短的"笔谈"篇幅里说得周全，只能说一些点到为止的观察，恐怕还是个人的偏见。

　　据出身北大却长期在清华任教的冯友兰观察，北大和清华在"教育界各自代表一种风格"，在"学术界也各自代表一种流派"。我觉得这是一个非常好的概括。而两校历史系的风格异同，又与另外两个重要的机构相关：一个是 1929 年停办的清华国学院（正式名称是"清华学校研究院国学部"），一个是 1928 年开办的中央研究院历史语言研究所。下面就从这一视角做些初步的探讨。

　　历史系与国学院的风格差异，是清华内部一个需要辨析的因素。前些年常有人说及"清华学派"甚或"清华历史学派"，据说这是一个广义的指称，不过落实到史学上，相当一些人说的可能更多是清华国学院的学术取向。其实国学院和历史系在治学方面虽有互动和分享的一面，但风格仍有不小的差异。20世纪30年代曾就读于清华历史系的何炳棣曾明确辨析说：

> 目前不少学人认为陈寅恪是所谓的"清华历史学派"（如果这个名词是恰当的话）的核心。事实上，三十年代的清华历史系决不是以陈寅恪为核心的。自1929年春蒋廷黻先生由南开被聘为清华历史系主任以后，历史系的教师、课程和教研取向都有很大的改革。与当时北大、燕京、辅仁等校的历史系不同。

何先生的评价虽然落实在具体人物上，实则他想要说明的，正是历史系和国学院的学风差异。毕竟国学院存在时间不长，如果说清华历史系刚成立时还明显感觉到国学院治学取向的压力，分享着一些国学院的思路（详后），到1928年清华大学成立后，历史系逐渐形成了自己的风格，并未承接即将停办的国学院的学术取向。真正较多承接清华国学院学术取向的，是同在1928年成立的中央研究院历史语言研究所。

需要说明的是，清华国学院的学风本较独特，与更早开办的北大国学门研究所风格就颇不相同。清华国学院规划的主要设计者和前期主持者吴宓曾明确宣布："本校研究院在中国实属创举，他校如北京大学亦设国学研究所，然组织办法颇有不同。"其研治国学的取向，也异于国内其他研究国学者。这固然是创办者的追求，从其发展看也是言之有据的。大体上，北大国学门受日本东洋学的影响较大，而清华则受西洋东方学的影响更大（详另文）。

清华学校在 1926 年决定在新建的大学部①里设立历史系，一开始国学院中的老师多兼任于历史系，而历史系的初期风格（更多是纸面的，因为学生极少，老师也不多）也颇近于国学院。首任历史系主任陆懋德为历史系设计的发展方向，就与国学院风格接近，还共建了一个考古学室。但这或者是有意向那时强势的国学院倾斜，或根本是采纳了其他教授意见的产物，是否代表陆先生本人的治史取向，都还存疑。

我们只要把陆懋德后来出版的《史学方法大纲》与北伐前李大钊在北大所教《史学要论》以及北伐后傅斯年在北大开设的"史学方法导论"相比较，就可以看出很多不一样。故上述发展计划恐怕更多停留在纸面，并未在清华历史系形成多少实际影响。或可以说，即使在陆懋德主事期间，清华历史系的风格也与国学院不甚同（我们通常说到王国维便要提及的所谓"二重证据法"，在清华历史系就少见传承）。而不论是陆懋德的计划还是后来的发展，又都与北大历史系的风格不同。

清华真正成为大学，是北伐后国民政府执政时期。北伐

---

① 刘桂生老师不止一次指出，作为留美预备学堂的清华学校是从中学一直到昔年美国的初级大学（junior college），并非没有大学班级，只是大学不完整而已。所谓设立大学部，是增设高级大学（senior college），以成完璧。窃以为可以仿效当年完全小学简称"完小"之例，称为"完大"。

后几年那段时间，对清华和北大两历史系都特别重要。当年的北大同学罗家伦和傅斯年，曾实际掌控着两校的历史系——罗家伦以清华校长兼任历史系主任，然后引入蒋廷黻主持历史系；北大则一度由校长蒋梦麟兼任历史系主任①，后由陈受颐出任，实际为任讲师的傅斯年幕后主持。② 罗家伦和傅斯年两位《新潮》时代的同学和战友，办出了两个风格很不一样的历史系。

据冯友兰的观察，"1928 年以后，清华北大，互相学习，所谓'北大清华化，清华北大化'"。从社会角度言，这多少提示着北大学生罗家伦"入主"清华一事（冯先生自己就是罗家伦援引入清华的一位北大同学，后长期在清华任教）。但两边学风的差异仍是明显的，到西南联大时期，各校的研究所仍是独立的，保持着自己的风格——"在历史学方面，北大注重在史料的搜集和考订，清华着重在对于历史事实的分析和评论。"

冯友兰的观察仅涉及一个方面，在其他不少方面，两校的史学风格也非常不同。这又与中央研究院历史语言研究所（以下简称"史语所"）的创办相关。史语所成立后不久，清华

---

① 那时清华和北大两校的系主任都先后由校长兼任，或许说明当年史学的确重要，也表明以前不在学科体系下成长起来的学人似乎都有相当的史学功力，揭示出史学在中国的源远流长。

② 时任教于北大的钱穆后来回忆，当时"系主任陈受颐……人素谦和，主讲西洋史。闻其于西洋中古史颇有深入，实际并不任务，乃由孟真幕后主持"。钱穆：《八十忆双亲·师友杂忆》，北京，生活·读书·新知三联书店，2005年，161 页。傅斯年幕后主持北大史学的时间相当长，直到西南联大时期，独立于联大的北大文科研究所仍受傅斯年干预。

国学院便停办，初期五位教师①中王国维已离世，梁启超多病(1929 年 1 月弃世)，其余三位(陈寅恪、赵元任、李济)悉数被史语所网罗。连清华国学院学生中唯一一位获得首届中央研究院院士选举正式提名(即进入"决赛")的徐中舒先生，也被史语所收纳。虽然有人说傅斯年主持的史语所是"北大派"，但傅先生自己在 1939 年曾明确指出：史语所中清华留美之人不少，而"研究员中，今无一人出身北大，弟'北大派'之实际如此"。

从那时研究人员的构成看，说史语所更多继承了清华国学院的学风，大体不差。不过，傅先生做出的显然是一种选择性表述，若就史语所中尚未升任研究员那些更年轻的成员看，恐怕"北大派"的称谓还是难以避免的。这提示出一个重要消息，即在教学中，清华国学院的学风并未在清华历史系得到多少传承，而在北大则得到更多传承(那时史语所多位研究人员在北大历史系兼课)。其结果，清华历史系的毕业生很少进入傅斯年一手掌控的史语所，而进去较多的是北大学生。

在清华，罗家伦和蒋廷黻开出一条非常不同的史学之路。按何炳棣的看法，清华历史系主任蒋廷黻"强调外国史(西洋和日、俄史)的重要"，故"在三十年代的中国，只有清华的历史系，才是历史与社会科学并重；历史之中西方史与中国史

---

① 现在很多人说清华国学院则必称梁启超、王国维、陈寅恪和赵元任"四大导师"，其实李济之所以任讲师是因为他是合聘的，其薪水大部分非清华所支，但数量与其余四位同。而其对学生的实际影响，至少超过被人视为正式导师的赵元任。

并重；中国史内考据与综合并重"，最终确立了"社会科学、中西历史、考证综合、兼容并包"的风格。

何先生所说的是较宽宏的整体概括，具体言，强调外国史这一倾向到刘崇鋐任系主任时代更加明显，并在雷海宗任系主任时代进一步发扬（按：刘崇鋐任系主任时间不长，但在清华历史系任教时间则特别长，实际影响较大。不过因为1949年后去了台湾，所以少为人提及）。昔年很多大学教外国史的老师，就毕业于清华历史系。一般而言，1952年"院系调整"前的清华历史系，正以外国史和中国近现代史著称。

这又涉及前引何炳棣提到的陈寅恪。何先生对陈寅恪在清华的影响有些低估，这或许与他一向对史语所不注重西洋史学方法和社会科学不满相关。其实陈先生因为晚到，在清华国学院的影响没有一般所说的那么大。① 另一方面，陈先生虽一直任职史语所（并任第一组主任，但多取卧治，早年实际管理第一组事务的是徐中舒先生），又长期在清华历史系教书，然其治史风格独特，既不同于我们一般印象中"动手动脚找东西"的史语所取向，也与偏重社会科学的清华历史系风格有别。通常体现一系治史风格的更多是如何培养研究生，而即使在蒋廷黻全面掌控历史系之时，研究生也一直是以中古史和清代史为方向，大体还是陈、蒋平分秋色的局面。

在研究生层级，清华的中国近现代史便超过外国史了。

---

① 真正对国学院学生感召力大的，首先是近代久负盛名的梁启超，其次是王国维（详另文）。

我们都知道罗家伦和蒋廷黻是 20 世纪中国近现代史这一学科的创始人。尽管他们两人都先后离开了这一领域，导致这一学科整体不够成熟，但其开创性影响是不容置疑的（费正清就曾受教于蒋廷黻，由他发扬光大的美国近代中国研究后又反过来影响中国，形成一种循环式的推动和促进）。近现代史在清华的吸引力很大，后来著名的考古学家夏鼐在本科时便是跟从蒋廷黻专攻清史的，其学士论文《太平天国前后长江各省之田赋问题》发表在《清华学报》之上。而邵循正的硕士论文《中法越南关系始末》（清华大学 1935 年出版）也是蒋廷黻指导的，后蒋先生送邵循正到欧洲学蒙古史，但其回国后仍兼教中国近代史课程，到 20 世纪 50 年代还担任了北大历史系的中国近代史教研室主任。

两校不同的学术传统长期延续，北大的中国近现代史一直不是很强，而清华在院系调整后历史学中断了几十年，恢复历史系后，一开始仍以中国近现代史见长（老清华历史系的毕业生刘桂生老师在"院系调整"后留在清华教公共课，后来复系时便使往昔的学风得以传承）。这是清华的传统学术强项，非常希望以后得到进一步发扬。

从 20 世纪 30 年代清华和北大两校的历史系发展看，北大由谁担任系主任不一定有实质性的影响，而清华似乎是谁任系主任谁就能塑造和改变一系的学风（如蒋廷黻和刘崇鋐、雷海宗的影响都非常明显），所以我对清华历史系的未来充满了希望。

近四十年史学的流变蠡测①

这个题目半是命题作文，我自己一般不敢主动想到去探讨这样宏观的问题（要求说四十年，遂自定以史学为范围）。且改革开放以来四十年的史学，从当历史系的学生到在历史系教书，我自己就经历了三十多年，几乎是全程了。史学界有一个基本的看法，就是不宜讨论自己身历其中的事，因为可能有个人因素参与其间，很难做到不少人提倡的"客观"。这样看来，我和我的同龄人都不适合讨论这个问题。

不过，四十年史学的发展，确实需要反思。十年前我也写过一篇类似的命题作文，探讨1949年以后六十年来的中国史学。这让我可以适当采纳一些过去的意思以及在其他场合说过的相关内容。但下面的简单探讨，仍不是一些年轻人喜欢说的"首次系统全面"的总结，甚至连大趋势的勾勒都说不上，因为那也必须先做广泛的"调查研究"。

---

① 这是前段时间在一次内部小会上的发言稿，因并非"正式"的文字，表述风格也不那么郑重其事。

实际上，很多被总结出来的时代风气和时代特征，或许对相对多的人适用，对个体学人就可能完全是另一回事。而我能说的，基本仍是个人的观察，且非常可能是一叶障目而不见泰山的偏见。我不敢自诩客观，只能试着多从他人的视角来"旁观"自己的所见、所闻和所传闻，以减少个人倾向；尽量多述现象，少下判断。简言之，这就是名副其实的管窥蠡测，也是真心实意的抛砖引玉。

一般而言，学术史的分期和政治史不一定相同。不过前几天在讲座中听一位年轻朋友说，改革开放造成的影响和变化，可能不亚于"改朝换代"。这个说法对我很有启发。因为此前的"文化大革命"是全方位的，用当时的话说，触及了几乎一切事物的"肉体"和"灵魂"；故1978年以后的"拨乱反正"，也同样是全方位的。从今天往回看，我们的史学和20世纪70年代末80年代初的史学相比，不啻判若两学。

要说改革开放对史学的影响，可能"开放"远大于"改革"。若严格说，这几十年史学领域里有多少"改革"，甚至有没有"改革"，或许都还需要进一步的探讨。但转变是明显的，很多转变恰因"开放"对史学的冲击而生，也是有目共睹的。所以，说促成史学天翻地覆变化的更多是"开放"因素，估计没什么大的疑问。尽管如此，下面的讨论还是先内后外，详内略外，以呈现中国史学本身的流变。

一、内在的演变

改革开放是紧接着"文化大革命"的。一般都说史学是"文化大革命"的重灾区，这也有正负两方面的后果：负面的影响是主要的，随便乱写历史的倒行逆施，对史学造成了严重的伤害；正面的则是相当一些历史书籍因为"评法反儒"和"批林批孔"等运动而得以出版（我现在手里的一本《荀子》就是那时出版的），在一个全国总共只有几十本书可读的时代，这多少提供了阅读古籍的方便。

很多人喜欢用春天来表述改革开放带来的万象更新，但对于过去的重灾区史学来说，改革开放初期可能还有不少早春二月的乍暖还寒之感。那些已经十多年不能读书不能发声的人，多少会有某种春回大地的感觉。不过实际的现象是一些人或许积极活跃而示人以欣欣向荣之相，另一些人仍不免小心翼翼。据说上级对 1976 年后几年的历史所下的判断是"在徘徊中前进"（这是刚从韩钢教授那里学到的），借用这表述，那时的史学可能是"在前进中徘徊"，因为大家虽有不小的积极性，实在也不知道要怎样做，真有点"摸着石头过河"的感觉。

要说改革开放最初十年的史学，可能就是个过渡时期。最初几年的研究可见明显的延续性，在选题和研究取向方面，基本是以回归（到"文化大革命"前）为主。实则由于"文化大革命"前几年的学术研究已经受到"拔白旗"等影响，一些人写成的论著不能轻易出版发表，结果如蒋大椿先生所言，"十一届三中全会后出版的不少史学著作，都写成于 60 年代"。当时习用的表述是"拨乱反正"，从旁观的视角看，在研究上要说有多大的推进，那就是少做和不做荒唐的事而已。当然，从"文化大革命"的荒唐往前"文化大革命"方向走，在时间上或许是退步，却也可以说是进步了。

但史学发展的步履蹒跚可能真有点"跟不上时代"。从 20 世纪 80 年代初期开始，史学界对既存研究状况的不满可以说是老中青共同的。最明显的不满是较长时间里"史学危机"的议论不绝于耳，而思有所变。当然，不同的人对"危机"的具体指谓可能相当不一样。1986 年《历史研究》第 1 期发表"编者的话"，说近来一些青年史学工作者不断发出"史学危机"的呼声，编者以为这意味着"史学正在发生转机，正酝酿如何革新内容与形式"。这就清楚地表出，那时的史学还未曾出现"内容与形式"的"革新"。

从思考的问题看，改革开放前十年甚至前十五年的史学文章，大体延续着"文化大革命"前所谓"十七年"的思路。其中一个特点，就是史学文章中谈理论的还不少。然而上引"编者的话"又说，那些"青年史学工作者"所言"史学危机"的一个要点，即体现在"理论"上。问题是，如果针对的是过去稍带教条意味的理论之失落，则具有"危机感"的似乎应当是在更早学术背景下成长起来的年龄偏大的学者；青年学者会有这样的感觉，恐怕是他们觉得已经出现的改变还不够。不过在我看来，为什么那时的"青年史学工作者"总在关注理论，这个问题可能比他们关注什么理论更有意思。

20 世纪 80 年代的青年学者大概是 50 年代（以及 60 年代初）出生的，进入 21 世纪后，他们已成长为中年学者了。有意思的是，其中一些人仍延续着原来的关怀，还是感觉到理论的缺乏。而他们对研究现状的另一共同不满，是未曾出现史学界能够全面参与的议题。不少研究者对他们出生年代经常产生涉及理论的广泛讨论或争论充满景仰，很希望这一现象能够再现。直到 2002 年年初，还有人对 2001 年的史学界"显得平淡无奇"感到不满，使赵世瑜兄怀疑他们是否在期待类似"批判《海瑞罢官》或评法批儒"那种能"引起全社会的关注"的议题（《平淡是福——2001 年中国史学一瞥》，《中华读书报》2002 年 1 月 16 日）。

从广义的视角看，学术研究中偶尔可能出现得到广泛参与的论题或影响广泛到超出特定专业范围的论著，但这应当不是常态。现在很多人把史学看作一门科学，我们似乎很少听到数学、物理学、化学和生物学界的学人发出类似的感叹。实际上，今日在不少学科内，跨过所谓二级学科（甚至三级学科）就可能根本看不懂别人的论文，很难设想《物理学报》或其他自然科学学报刊载全学科多数学人能够参与讨论的文章。可知史学这一曾经的"重灾区"，的确遗传下一些当事人未必自觉的特别因素。一个持续不满的群体，却在不知不觉中憧憬着他们自以为否定的情状，是进是退，两皆茫茫，能不费思量？

若认真考察，过去有些被媒体说得多的标志性风气转变，可能不全是那么回事。例如很多人爱说 20 世纪 80 年代是文化热，90 年代则思想淡出，转向学术，于是学术史研究特别受到重视。这个说法流传很广，但里面涉及的名词，使用者和读者的理解，恐怕有些不一样。而且，一些特征性的现象即使出现，实际涵盖面有多宽广，也需要辨析。

现在的好处是有很多数据库，比以前更容易看到一些趋势性的内容。若泛览 80 年代的论文题目，或许就不能支持"文化热"的概括（当然，这样的概括是否需要统计的支持，或统计的支持能不能成为特定概括的基础，或也需要论证）。后人若以数据为资料做研究，估计也不见得会生出这样的认知。有些以文化为中心的丛书的确出了名，但这可能更多属于"走在时代前面"。一个在"时代前面"的现象是不是可以用来表述所在的"时代"，也还可以斟酌。不排除"文化热"总结的产生，是媒体喜欢文化，有所感而下判断，然后回馈到学界，渐得呼应，衍生成众皆转述的套话。

至于"学术史"，在史学界更是个长期缺乏共识的概念，过去和现在都有相当多的人根本不把"学术史"视为"学术的历史"（如大学中不少学生的论文用"学术史"来陈述既存研究状况，这当然是老师教的）。就实际研究言，90 年代所谓"学术史研究"，也常常不是总体或具体的"学术的历史"，而是一种泛称，试图区别于"受政治影响的历史"和"不够学术的历史"。两者大致异曲同工，都有明显的"中国特色"（西方一些人也常在学术中看到意识形态和权力等，但和我们的"政治影响"还是有区别）。

　　从其所欲区别的对象，便可知至少史学领域的"学术"在那之前仍与政治若即若离，至少是受到许多"非学术"因素的影响，或已经形成一种不那么"学术"的风格。如果研究要做得"学术"还是一种追求的目标，对那时的历史研究，就不能做太高的估计。当然，我必须说，在整体不是特别高明的时期，也已出现了相当数量的秀异学人和优秀作品。

　　假如把四十年作为一个整体看，从提问、使用材料到论证，史学界思路的转变是缓慢的，给人以潜移默化的感觉。尽管如此，变化也日渐明显，不过真正显著的转变要很晚才可以看出而已。如果把现在的史学和改革开放初期比，最大的特点和我们的经济状况接近，即产量很大。常听到有人说，以论著数量言，中国史学在世界上是数一数二的。这是横向的对比，其实纵向亦然。今日史学论著的数量，应当是有所谓专业论著以来最多的，也可以说是有史以来最多的。

　　在此巨大的体量中，隐伏着一个不小的转变，就是中国近现代史的论著已接近甚或超过中国古代史的论著了。在史学界内部，这可是一个翻天覆地的变化。因为不到一百年前，中国近现代史算不算一个合格的学科（是指学人认可而非官方认可），恐怕都还是一个需要讨论的问题（例如，在四川大学的图书馆里，1950年以前的期刊少之又少，除了后来影印的，能看到的多属赠品，大概就因为当年主持图书馆的老先生基本不视此为"学问"之所需，所以并不着意收藏）。

　　如果可以倒放电影，或许20世纪80年代和90年代都带有过渡意味——80年代的过渡更多是往回看，90年代的过渡则逐渐向前看。大约从 90 年代中期开始，特别是进入 21 世纪以后，历史研究出现了日渐明显的转变。史学论著中似乎已表现出一种与 20 世纪 70—80 年代作品不同的文类（genre）——不仅两者思考和关注的问题、看"问题"的角度、观察的对象、探索的题目等大不相同，就连使用的材料、论证和表述的方式等，也都已经很不一样。或可以说，与前不同的"另类"研究取向（alternative approaches）已经出现。若允许夸张的表述，甚至可以说出现了史学文类的转换。

我们只要找一两种学术刊物，泛览一下文章的题目，就可以看出变化所在。直到 90 年代中期，喜欢关注历史事件的性质、意义的学者和对此进行实际讨论的文章都还不少，但此后这类文章题目就逐渐淡出。也可借一个事件来观察，例如明年是五四运动一百周年，必会出现很多纪念论文。我们只要倒回去看看五四运动 90 周年、80 周年、70 周年和 60 周年的各种论文集，就会发现一个倾向，即"五四运动的性质和意义"这类文章越来越少。值得注意的是，这几乎未见什么提倡，还真是默转潜移、逐渐成形的后果。

从对史料的认识看，到 90 年代中期也还较为刻板，连在论文中使用较多报纸材料，都需要有所说明（因为很多人觉得不可靠）。那时对材料的开放态度，甚至不如五四时代。五四人一面不看二十四史，一面却广泛开拓史料。或因此而产生反弹，后来渐以一种看似"严谨"的眼光，排斥、抹杀了大量可用的史料（这似乎也在"十七年"中形成，倒与政治无关）。而在今天，报纸上的言说已经成为历史研究中很正常的材料了（用得好不好是另一回事）。

不过我们也不宜过高估计已发生的转变。从目前的学术刊物看，尽管后一文类的追随者呈增加的趋势，越来越吸引着史学新人的关注，就数量言恐怕前一文类仍占多数。数量最多的可能是那种半新半旧的文章，在题目的选择和材料来源及一些表述方式上或更像新文类，但其真正思考、处理或试图"解决"的问题，特别是其因应的框架性学术背景，仍更偏向于旧文类。

这是一种更深层次的过渡现象，故即使在变化之后，仍可见前期的遗存。前些年比较受欢迎的论著是顺着过去的思路反着说事（包括媒体和学界），被视为能"出新意"，却最能揭示很多（专业的和非专业的）读者的思路仍未见大的转变。这在革命史领域最明显；其他如过去把"民国"说坏，现在把"民国"说好，也是一个显例。这一取向先前还较隐晦（即作者可能是不自觉的），但逐渐显著醒豁，近年更发展出一种翻案史学，不论大事小事都要翻案。

我自己也一向鼓励学生"见异思探"。如果有非常可靠的史料，对一些含有误解的史事做出甄别和澄清，当然是重要的贡献。如柯林武德所说，历史知识的扩大，主要就是寻求"使用迄今被历史学家们一直认为是无用的"事实以作为证据。但若所翻之案本是一种说法，就要非常小心了。事件当时出现的说法，即使是谣传，至少也是无风不起浪。这类认知有可能是"错误"的（特别是涉及政治斗争的说法，不排除有意的党派作用），但一个不实的"谣"能够"传"，就反映出某种时代的认知，应予足够的尊重。很多时候，挖掘出的史料虽增强了怀疑，却不足以证伪。据一些看似"可靠"但未必足据的史料做出对或错的翻案，不如探讨那些不准确的当时说法何以形成。

或许因为我们现在特别强调创新，多数刊物似乎很喜欢翻案文章。在一个发表对年轻学人构成沉重压力的时代，估计这样的风气还会蔓延一段时间。然而熊十力说过，"学问之事，先圣见其大，后贤造其微"。史学是一个发展的流程，其中需要建设的面相还多。我不反对有依据的翻案，但还是希望年轻人多做建设性的题目。

上面的举例当然不是全面的考察，但由此也可以知道，真正从思考问题到研究取向的转变，或者说学术风格上较大的转变，可能要从 90 年代后期才开始，现在仍在过渡之中。新文类的一个显著特点，就是与昔年多数人都思考同样的宏观问题不同，逐渐形成了今天一些人不喜欢的"碎片化"状态。"满眼是一些片断孤立不相连贯的著作"，是向达在 20 世纪 50 年代初的抱怨，却颇能表出相当一些后人的不满，也可见类似的心态一直在传承。

从大学的历史教学看，如果要做一个倾向性的概括，多数学校的本科教学似仍偏向于旧文类，但研究生的教学就更加多元。只要多参加几次招生的口试，就会发现考硕士的本科生和考博士的研究生所读的书有很大的差异，揭示出两类人心目中的学术前沿和学术榜样相当不同。由于研究生已经进入半自学的阶段，他们所体现的不同，或不一定受到老师的指引，可能是从自选阅读中得来。且现在即使同一个历史系的同事之间，学术标准也可能相去甚远。而不同学校和系科间的差异可能更大，实际存在的现象会更具多样性，仍是一种过渡情状。

上所谓"另类"的研究取向，多少也因应着史学的过渡状态，更多意味着既要关注国外的整体史学发展，又要适应中国本身的思想和学术语境，出现非驴非马的状况是非常可能的，但也不排除产生陈寅恪所说"童牛角马"的结果——"一方面吸收输入外来之学说，一方面不忘本来民族之地位"，以"融会异同，混合古今"，进而产生"于思想上自成系统"的创获。国外的整体史学发展不仅仅指国外的中国史研究，但前述"开放"对史学的冲击，最先却是海外的中国研究，然后才逐渐扩展到整体的史学。

二、外在的关联

史学界与改革开放最直接的关联，就是与海外特别是西方学术界的接触，不少新说输入。而最初受到的影响，更多来自海外汉语学界。如戴燕所说，那些年余英时、张灏、林毓生等旅美学者的影响力"不容忽视"，他们既有"很深的'中国情怀'"，又"都经历过西方的学术训练"，确曾"给我们带来新的问题意识与新的思考路径"（《一本书与一段学术史》，《中华读书报》2013 年 9 月 4 日）。前面说到史学界思路的转变较为缓慢，但在一些特定的领域，因受海外汉语学界影响，变化就快很多。这也造成一些特殊的结果，如在西方已长期乏人问津的思想史，在中国就一度成为显学（最近思想史在西方又开始起来了，不过是借着全球史的东风，取向与前颇不同）。

随着开放的扩大，或也受到自然科学界"与国际接轨"的影响，史学界所受的外在影响逐渐从海外汉语学界转向海外的中国研究，进而扩展到整体的外国史学（以西方为主，日本次之，其他则影响较小）。四十年来，对西方史著的翻译，从零星的输入发展到较大范围的引进，而且所译之书越来越接近原著的出版时间，有时几乎同步了。这样的输入规模，是过去没有的（虽然仍不"系统全面"，有很强的选择性）。

不少有吸引力的新说，引起很多人追风，给我们的史学言说带来不小的变化。但所谓"与国际接轨"，首先意味着与国际学术研究进行真正的"对话"。这即使在中国史领域，对话也相当不足；除了一些选择性明显的对话，大致仍是各说各话。外国史则研究性的对话更少。其实不仅走出去要"接轨"，就是引进来，也要弄清其轨辙，才能为我所用。所谓西学，既是一个整体，也是一个变量。至少从 19 世纪末开始，我们"尊西崇新"已经一百多年了，但作为西学基础的希腊和希伯来，都还未见系统的翻译，遑论其余。而 19—20 世纪又是西学变化极大的时期，任何一个阶段的缺失，就会影响对其前后阶段甚或整体的了解。

导致双方难以对话的主要因素有二：一是西方的中国研究在其学术领域中实属边缘，仅欧洲极少数传统汉学的堡垒有其特定的取向（现在也基本淡出），其余多是追随西方主流学术的演变之所思而思、所言而言。那就是他们的轨辙。只有在大致了解同时期或稍早西方主流学术思潮的基础上，才能看出其中国研究关怀之所在。二是西方学术既然是一个发展的变量，"十七年"中大部分时间的不接触，使我们对第二次世界大战后西方主流史学论著的翻译实在有限。后来又想直接追赶所谓最新的论述，而人家的"新"是针对着他们自己的"旧"。我们对那个"旧"几乎全不知道，要跟上"新"也很难；有时可能追得越快，离得越远。

例如行为科学的"冲击—回应"（stimulus-and-response）模式、社会科学的结构—功能理论和现代化理论等都曾在西方流行，后来又都受到当地后起史家的批判，而它们几乎是"同时"被引进，被模仿而又被批评。另外，第二次世界大战后的西方史学整体比较"左倾"，西方马克思主义史家曾深入探讨所谓马克思未曾处理或未"解决"的问题，而受苏联模式影响的中国史学界基本未曾经过这一反思阶段。对这些发展过程不了解不熟悉，就连跟风都感困惑，遑论对话。

如所谓"西方冲击、中国回应"不过是将行为科学的"冲击—回应"模式运用于特定的区域研究之中，并将具体的"冲击"和"回应"予以地域或空间的界定。他们后来要"在中国发现历史"是反潮流，我们若追风模仿，等于承认 20 世纪初年的"中国无史"论。又如前些年西方盛行的"解构"，恰针对着此前结构主义的广泛流行。我们本无此构，正亦无须跟着解。最有意思的是，"现代化"理论在 20 世纪 60—70 年代盛行于美国，而在中国，以"现代化"说近代，是在改革开放后才开始受到较多的关注。自从后现代主义兴起又衰落后，西方学界已转而标举"现代性"。两者虽不过一字之差，后面实隐伏着根本性的学理差异。但在我们这里，继续说"现代化"和改言"现代性"的人，有时表述的却是大致相同的意思。

直到21世纪初，对西方史学缺乏整体了解而又极欲获得新知的中国史学研究者，仍常依各人的观念和需要，随意摘取西方不同派别的史学方法中大致可以接受的部分（其中不少是转引，已先经"海外"学者事先的选择、加工和再创造），糅合入他们所熟悉的治学方法中。结果形成一种特别的样态，即在西方对立的见解，在我们这里却常能相互支持（当然，这些见解本相关而可互通，也不排除它们原有互补性，经中国学人的沟通而呈现，则又当别论）。

尽管有这些不尽如人意的现象，我们与外在学界的对话还是逐渐走上常轨。改革开放前期，西方学者主要和海峡对岸的中国学人接触。近年一个明显的变化，这类接触越来越多地由对岸转向大陆。同时，中国学术作品的"走出去"也已"初见成效"。以前西方对中文论著的确不够重视，大概从十年前开始，西方史学界开始真正关注中国人以中文写作的学术成果，很多大陆学人的中文著作进入了著名大学的研究生课堂。当然，这还只是一个开头，中文论著还远没到英文论著的程度，绝大多数本科生仍只能看英文作品。

可以说，导致西方学界向中国靠拢的主因，是中国百多年"寻求富强"终于初见成效。如今关于中国历史的研究早已是世界的，而外在世界的急遽变化，必然对学术发生相当影响，我们也必须注意外国研究已发生和可能发生的转变。

从理论上言，学术最好能够独立，实则史学受外在世局的影响一向显著。在西方，大体上世界每经历一次大的动荡，思想家都会产生某种"历史终结"意味的观念。在今天这样一个变化急剧的时代，面临多方面的失序，认同问题又变得重要，对历史的看法也可能出现转变。从西方中国史研究的发展可以看出，试图从历史理解当代现象的倾向一直存在，中国本身（有时也包括周边国家和地区）的状态，往往可以影响相关研究取向、研究典范的形成和发展。

从 50 年代到 70 年代，西方的中国史想要解答的一个主要"问题"，即中国共产党的革命何以成功。由于是诠释一个既成事实，目的论非常明确，所问的基本是一个答案已经前定的问题，不过有多种不同的解答，需要更多的探索方向而已。后来所谓亚洲"四小龙"的经济起飞，以及 80 年代末欧亚的事变，都在很大程度上影响了西方学界的思路转变。

而近几十年中国经济的持续快速发展，中国经济体量的大幅增长，不仅增强了国际影响，也在冲击西方思想界和学术界。试图为此寻找历史"原因"，可能会成为研究者一个未必自觉的预设，受此影响的论著会越来越多见。或许用不了多久，还会出现一次中国研究的典范转移，导致对近代中国史的再次重估，且必然影响到重新审视古代中国。而研究者如果探寻经济成功的超经济和非经济因素，还会自然延伸到文化、政治等领域。

不过，这样的延伸也很容易与因世界多方面失序而强化的文化认同问题联系起来，基于文化差异而凸显非我一方不合心意的现象。故国人的言说可能影响外人的认知，导致另一层面中国研究的典范转移。实际上，那些总"不高兴"而欲"说不"的言说，已经在冲击西方思想界和学术界。因为你可以"不高兴"，也很可能让人"不高兴"；你要"说不"，当然不能阻止别人"说不"。尤其西方特别美国的"政治正确"近年可见明显的淡化，使他们的"不高兴"思路更容易出现，或更少遮掩地表出，也会影响其"说不"的形成。

今日人类是个命运共同体，中外已比从前更加息息相关，我们不必总要表现出与人不同。尤其作为世界第二大的经济体量，更要充分认识到自己国际地位的重要。越是有地位者，越不宜随时"不高兴"（实则表述"不高兴"从不能解决问题，自己不会因此就高兴，还非常可能让人不高兴），更不能轻易"说不"。只有真遇到涉及世界命运的大事，确实需要也能够"掷地有声"时，才不妨审慎出之。

总之，不仅中国的经济成长可能影响外国研究中国的走向，我们的学术和非学术言说亦然。可以肯定的是，西方的中国研究将会发生转变，甚或已经在转变。但这转变会朝什么方向发展，却还不好说。

三、余论：一切皆有可能

上面的观察不仅零散，也只点到为止，且稍多关注了一些无意中形成的现象和趋势，包括其中的无意识传承（有时越是无意中形成的事相，越能呈现历史本身的力量）。我的感觉，四十年史学的发展是多因素的合力所促成，似未见多少有意的"改革"，而"开放"的影响非常大。或许学问本不需要什么"改革"，却必须保持开放的心态，就会自然走出一条向好的路。

由于自己也是这几十年史学的当事人，不妨做点自我批评。巴枯宁曾说，历史的用处是"教我们不要再这样"了；然而周作人以为，"读史的好处是在能预料又要这样了"。我们千万不要高估四十年来学人意识的变化。就在不到十年前，某大学历史学系的研究生复试中仍有"洋务运动的性质和意义"一类题目出现，引起相当一些考生的"惊诧"。

同时，至少到90年代后期，在我同辈或稍年轻的学者群中，仍期望出现某种可以众皆参与的题目，让大家都来讨论，而不是东一下西一下地各做各的研究。前所说历史研究的"碎片化"，就有相当一些人看不惯。他们也不喜欢学术界群龙无首，希望能出现众所推尊的学术权威（由此看，现在上级提倡什么学术领军人物，确有一定的"群众基础"）。

我必须说，抱有这种感慨的学者当然不是想回到昔日学术"定于一尊"的年代，而是觉得当前学术界有些光怪陆离，缺乏一套众皆认可的学术评价标准。这是一种新的不满，却隐约显出某种旧的关怀，因为"五朵金花"的模式就曾达到了众皆参与的效果（我要再强调一遍，他们不是有意识地怀念"十七年"，而更多是下意识层面的向往）。

马克思曾提醒我们，"陈旧的东西总是力图在新生的形式中得到恢复和巩固"。我很希望自己的感觉是一种误读，但若多少有点不幸而言中的意味，还是有些让人不安。五四运动差不多一百年了，我们对比一下"五四"时高一涵主张思想"不要统一，只要分歧"和周作人直言"或者世间本来没有思想上的'国道'"，就可以看出当年的追求和后来的世风很不一样。他们说的是思想，可能更适合于学问。史学当然也需要有共识，话题却不必要成一统。道并行而不相悖，大家彼此尊重，多元发展，其实是理想的现象，又何需能"一锤定音"的学术掌门人呢？

在 20 世纪开始时，梁启超曾说那时的现状"实如驾一扁舟，初离海岸线，而放于中流，即俗语所谓两头不到岸之时"。一百多年后，我们是否已在学术领域成功建设出一个稳定的学术秩序，能够众皆认可而广泛分享呢？就史学而言，或许我们仍处于梁任公所谓"两头不到岸"的过渡状态之中。其实学问不必非"到岸"不可，一切皆有可能。只要大家守住基本的底线，保持开放的心态，就可以守先待后。

原刊"腾讯·大家"2018 年 12 月 15 日

六、多面的史学

与《光明日报》记者谈史学

问：你是怎么把新的方法应用于你的研究的？

答：我自己的学生也不时询问老师用的是什么"方法"，但我的回答总不能令他们满意。少年时读鲁迅的书，印象很深的是他认为写作的本领不能从什么"文章作法"一类的书籍中得来。自己当了大学老师后，也常将鲁迅的意思向询问"史学研究法"的学生述及。这首先因为我本赞成史无定法，同时也有些试图"藏拙"的意思——我确实不知道有什么可以"放之四海而皆准"的抽象"方法"，学会了即可在治史方面"点石成金"。

中国的传统似乎不甚注重抽象出来的"方法"，谦逊一点的说"文无定法"，自信更足者便说"文成法立"。其实要说方法也有，从补锅做家具到练武学写字，大致都是从临摹入手，作文作诗亦然。不过一般的手艺人以谋生为念，很少有武侠小说中人欲"光大门派"之想；而作文作诗作画的，就总思在临摹的基础上有所突破，以形成自己的"特色"。桐城文派所谓"有所法而后能，有所变而后大"便是这一学习方法的最好总结。多数人虽然很难越过前一阶段，但后一境界总是有志者的努力方向。

我也不时将这一"方法"告诉学生，劝其在今日中外史家中选一性之所近（而不是一般认为最好）的高手，先熟读其论著，自己研究时试着思其所思、言其所言，觉得像了，便已有一定火候，以后再想突破、特色一类高远的问题不迟。不过，以今日本科生课程安排的饱满程度，学生看"课外"读物的时间已不多，恐怕到毕业时还不一定找到性之所近的临摹对象；而研究生又苦于学习期限不长（通常第一年主要致力于外语），要广读当世论著而择定模仿目标，似亦非短期可成。所以如今大学教育的课堂讲授时间和研究生教育的年限，或许都还可以考虑改变得更具弹性。

话说回来，我真是没有感觉到运用了什么可以概括出来的"新方法"。如果要说有什么特点，或许是研究视野较宽，近代中国政治和中外关系等都曾涉及，而以落实在思想、社会和学术层面的文化史为主。这使我研究的题目宽泛而不成章法，但好处是有时也能从他人不注意的方面发现很有价值的史料。因为教学的原因，我也曾略微尝试过外国史和先秦史的研究，在中国研究外国史和研究先秦史有一个共同点，即资料不算丰富，故治学者自然会细心斟酌能够获得的每一条史料。这或者帮助我形成读书较仔细的习惯，在进入资料相对丰富的近代史领域后，在希望发掘稀见史料的同时，更注重开发虽常见但为人视而不见的材料。

近代中国是一个以多歧性为显著特点的时代，变化频繁而且剧烈。我自己过去的研究一向多见变的一面，而较忽视历史的延续性。其实只有较全面深入地了解了变与不变的两面之后，才能更充分地认识近代中国。我以为历史研究首先应注重史实的考订，在史实准确的基础上寻求对时代人物事件的理解。这就需要研究者在注重人物事件成长发展之内在理路的前提下始终将其置于其前后左右的时空环境中进行考察。必先读具体史事的前后左右之材料(不必只是文字材料)，然后能从其前后左右立论，而历史演变之脉络显。这样才可能趋近于章太炎所说的"字字征实，不蹈空言；语语心得，不因成说"这一境界。

问：你是怎么把新的教育思想带入教学的？

答：我近年的教学主要在研究生层次，谈不上"教育思想"，也无所谓新旧。自己也做过学生，故努力尽量多为学生的实际需要考虑。

研究生的主要任务是学会研究，对史学而言即学会从原始资料中发现问题并写成专业论文。我以为要会写先要会看，除了专业参考书外，我的硕士生和博士生一开始都要把过去十年的《历史研究》和《近代史研究》(涉及古代史的包括《中国史研究》)的论文通看一遍，在熟悉近十年研究现状的同时，注意观摩究竟什么是作者之所欲言；他们是否搜集和运用了较多的第一手资料；怎样安排材料及怎样论证其所欲言；其所用材料及其论证是否能成功地支持其所欲言；作者之文字表述是否做到"辞达意"；在其所讨论的题目或领域里，作者是否及怎样利用、修正和发展了既存研究成果；其作品是否已经基本解决了其所讨论的问题；是否提出或提示了一些值得进一步研究的问题。

在对何为历史研究有比较清楚的了解之基础上，我希望学生能养成据资料以言事的表述习惯。我认为把事情本身说清楚应是史学最重要的基本功之一。司马迁曾引用孔子的话："我欲载之空言，不如见之于行事之深切著明也。"现在一些学术刊物和为人师者多鼓励学生发掘人与事的历史意义，意非不美，然若事情尚不清，又有多少意义可发掘呢？治史者如果忘记自己的学科特点，而去做本属理论家或历史哲学家分内的事情，结果恐怕是理论未必成立，而距历史真相也更远。倘能习惯于据资料以言事，则用力既久，未必无"一旦豁然贯通"之日，则"历史意义"不求而自得，最为理想。即使不能达此境界，事不分大小，弄清一事便是一得，仍有实在的贡献。

问：历史系的本科生读什么书？

答：现在不少学校要求给本科学生开列"必读书目"，其实在"知识爆炸"的时代，我不认为有谁能决定哪些书是"必读"。以今日中学教育的实际状况和大学生的实际水准，本科教育大概会越来越朝着素质教育的方向发展。素质当然与知识有相当程度的关联，但未必以知识（特别是所谓专业知识）为核心。故历史专业本科生的读书范围，不一定非集中在史学方面不可（以今日史学与其他学科的交叉互动，纯粹专门的史学书籍也已渐少）。我同意一个流传很久的看法：开卷有益。本科期间，应尽量强化一些基本技能（如中、外文的阅读和表述及计算机使用能力等，这与任何文科学生今后的择业直接相关），读书或可以泛览为主，尽可能多读。尤其是中外小说，多读只有好处。

所谓专业书籍，很难确定何者当读，何者不当读（有些书如《易经》和专谈性理的理学、心学书籍等也许不适宜多数本科学生读）。对研究历史未入门者也许以读一些离我们时代较近的名家著作比较好一些。管见所及，下列诸人都是通人，他们的书以至少翻阅一下为好：康有为、章太炎、刘师培、梁启超、王国维、吕思勉、鲁迅、胡适、陈寅恪、傅斯年、顾颉刚、钱穆、钱基博、陈垣、郭沫若、蒙文通、徐中舒。这些人的著作凡涉及史学时，多属古代史，而近现代史的著作稍难确定何者当读。因为对近现代史有意识地进行研究是本世纪的事，不过几十年；积累太浅，又恰处于传统断裂的时代（当然也有颇多未断之处），未能继承传统史学注重当代史及前代史的传统，故迄今未能出什么大家（专治近现代史者或未必同意）。这样，近现代史是处在一个什么人的论著都可以不读，但若进行研究则人人的论著都不能不读的境地。

海外华裔学者的著作甚可参看，因其多受西学训练，而又具有中国传统的成分（受影响的深浅差距可能甚大）。可注意参看其注释中所引西人的史学及非史学著作，既可了解其接近何流派，也常常能得知哪些书籍曾经或正在影响外面史学的发展。

外国史家的著述，也是能多读最好。我们的翻译书籍通常出版年代越后则译错之处越多（有例外），故有可能最好读原文或西文译本。读西方史家著作，最好先了解西方当时或稍前流行的思潮，因为史学必然在大学术语境的影响之下。近几十年如社会学、结构主义、系统论（不是我们有些人说的那种）、人类学、文化批判理论，以及前些年兴起的"后现代主义"等对史学都有非常明显的影响。读外国史学著作最好读其研究本国史的著作，那才是主流。至于其研究中国的论著，则在他们的学统内只是支流，以中国史为研究方向者固不能不读，余人则可不必读。读外国史家关于中国的论著，除了解国外的学术大语境外，还要先了解其史学的主流，然后才知道其论著之所欲言。

现在不少学校"中外史学名著导读"所列的中外书籍全是很多个世纪之前者，中国的从《左传》到《资治通鉴》，外国则有要求读吉本《罗马衰亡史》的英文原本者。是否《资治通鉴》之后中国便无"史学名著"？吉本的文采虽好，让学生读相当于我们乾嘉时代的英文是否有利于今日的学术"走向世界"呢？这样的名著经过什么样的"导读"能对今日的学生研究历史有实际的帮助？有多大的实际帮助？

这类选本或书目其实反映出只图顺手而不设身处地为学生着想的心态。朱光潜先生在抗战后期论大学《国文选目》时提出，应学荀子的"法后王"取向，最好选章士钊、梁启超、胡适等人的文字，若选文言文也以多选唐宋以后的为好；因为秦汉文章"大半绝对不可模仿，比较易模仿的还是唐宋以后的文章"，更能起到实际的示范作用。其最后所说的"示范"作用其实应该是"选读"和"导读"最应考虑的功能，可惜这一重要观念长期没有受到足够的注意。拙见恐怕还是多选用白话或当代外语写作的论文和专著，对学生更有实际的启发和示范作用，因为他们即将面对的（学术刊物和出版社所要求的）正是今日而非往昔的学术研究和表述方式。

附带地说，从学生的需要看，我们现在开设的有些课程不够实用，有时且与人的常识相悖。例如，不少学校皆有"专业外语"课。然浅陋如我，便未曾听说世界上哪一国有专供某一专业使用的"语言（或语文）"。国内大学似从未开设过"专业中文"课，哪里会有什么"专业外语"？今日学生相当不足的是国文的书面和口头表述能力，及非常缺乏所谓"非专业"（其实许多是相邻专业）知识。从学生将来可能面临的实际需要看，可考虑为有志于史学专业者开设一两门类似"史学研究与教学"或"史学研究辅助知识导读"这样的选修课，或有更直接的帮助。

问：谈谈史学发展的展望。

答：20世纪及以前的史学家曾相当关注史学究竟是一门艺术还是科学；史学是否应该和能够做到"客观"；史学方法应是计量的、分析的，还是描述的；等等。在文化批判理论或后现代主义的冲击下，史学的定义、目的、范围、研究方法和表述形式等史家考虑的基本问题已不得不有所改变。探讨新世纪史学的可能走向，不仅要有前瞻的眼光，更需要开放的心态。

其一，史学研究与理论的关系是近年中外学者都相当关注的问题，个人以为，新世纪的史学必须是开放性的，史学研究者应以开放的心态利用一切可资利用的方式方法研究历史，当然也包括新理论、新方法的引进和运用。各种史学或非史学的理论都可能有助于研究者观察、认识和分析问题；多接触、了解和借鉴各类理论显然是有益的，甚至是必要的。在具体题目的研究上，则不一定非要套用什么特定的理论不可。因为任何具体的理论都自成"体系"，有其附带的框框，未必全适用于异时异地异学科的研究。从根本言，若把"理论"定义到切入角度、认识立场和研究取向等非常宽泛的程度，史学研究显然离不开理论。就具体的个案考察分析而言，像一些社会科学学科那样先明确所依靠或运用的理论，然后按图索骥式地循理而论，当然不失为一种可以尝试的方式；但是否必须如此，我也还有些存疑。

从治学的具体层面看，引进新方法其实不一定非落实在成体系的"理论"之上不可；很多时候，只要换个新的视角，就会拓宽我们的史学视野。历史上的人与事本来就有"横看成岭侧成峰"的特点，视角的转换在许多方面可使人耳目一新，不仅可以观察到一些以前所未注意的历史面相，更重要的是很可能导致研究者对许多早已重视的面相产生新的理解，从而丰富人们对历史的"立体性"或"全息性"认知。因题材和眼光的转移，不仅史家"处理"史料的能力会增强，实际上会有大量本来常见但过去视而不见的史料"涌现"在史家眼前。对任何以实证为取向的史家来说，大量"新史料"的出现意味着什么，自不必多言。

其二，史学区别于其他学科的主要特色是时间性，而其研究的对象为已逝的往昔这一点决定了史料永远是基础。中国近代史的特点是资料极其丰富，即使落实到很小的题目，史料的穷尽也几乎不可能，这就更要求治史者尽量广泛地占有与研究对象相关的史料，然后可减少立论的偏差。本来20世纪中国新史学的一个主流取向就是史料的尽量扩充，虽然也曾导致忽视常见史料的倾向，但在注意纠偏的基础上，史料的扩充仍值得进一步提倡。对中国近代史而言，档案特别是基层档案的运用仍极为不足，这是造成我们史学言说中乡、镇、县层次的论述迄今非常薄弱的重要原因之一。同时也应更加注重日记、书信、回忆录等史料的运用，尤其应重视社会中下层那些"无名之辈"的个人记述。

由于中国近代史资料的异常丰富繁杂，其中颇有真伪难辨者。古代史研究者一向看重史料辨伪，这一风气在近代史领域尚不够流行（当然也有类似罗尔纲、王庆成先生等少数例外），似应得到进一步的重视和更有力的提倡。同时，在充分注重史料辨伪的基础上，也应注意真史料和伪史料各有其用（造伪的需求、造伪者的动机、伪史料产生和造伪过程等都能揭示很多问题），且有些不"真"的史料却也并不"伪"，至少不是有意造伪。在史料考辨之后仍需进一步考察的是，历史资料在何种情形下因何目的并经何途径怎样留存下来，以及这样留存下来的材料在多大程度上能使后人了解或认识到历史事物的"真实"发生发展过程。

　　不论史事的客观存在或"历史真相"如何，当其被经由某种程序（而不是其他可能的程序）记录下来后，即使"第一手"的史料也的确可能带有"偏见"。有些后现代史家以为凡史料皆带有偏见，说虽过苛，也未必不通。然推广言之，史料既然可以皆有偏见，则无不具有某种特定之含义，因而也就无不具有研究之价值。"落花有意"是一句不断重复的老话，对史学而言却有非常实际的意义。落花既各有其意，则史料不论常见罕见，其中俱有"意"在，读者以意逆志，必有所得。既知其可能有"偏见"，则或尽量去其偏见而用之，或顺其意之所近而用之，皆有助于理解过去、认识往昔。要在平等对待史料，予以发言权，便能激活之而使其"说话"。

　　其三，史学最忌主观，而近来学者又多已承认史学实不可能做到绝对"客观"（那本是 19 世纪科学主义影响下的乐观愿望），但不能客观未必就意味着主观，似乎还可以有一种顺乎当时当地当下社会文化风俗思想的"他观"。今人不能疏离于今世，故史家面临的现实是不能不运用后起概念作为诠释历史的工具，但怎样兼顾历史当事人的时代关怀和当年的概念工具，仍是值得史家认真思考的问题。所以陈寅恪提出，"解释古书，其谨严方法，在不改原有之字，仍用习见之义。故解释之愈简易者，亦愈近真谛。并须旁采史实人情，以为参证"。

　　所谓"旁采史实人情"，正是前后左右治史的具体表述。特定的历史事件不一定都有明确的因果，不少事件或人物很可能是偶然成为"历史事件"或"历史人物"的；但即使是偶发事件，其能达到引起时人及后之史家注意的程度，也必有其前后左右时势的作用，受其周围社会、思想、文化、政治、经济等各种因素的影响。在史实考订的基础上兼顾人与事前后左右的时空语境甚至更宽广的社会文化深层结构，应能获得一个更接近原状也更全面的动态历史形象。

而"不改原有之字"这一点尤其应当引起今日学者的重视。傅斯年在论证中国古代严格说来"没有哲学"而只有"方术"时强调，"用这个名词，因为这个名词是当时有的，不是洋货"，乃"是他们自己称自己的名词"。古代"方术论者"所讨论的问题"多是当年的问题，也偶有问题是从中国话的特质上来的"；若"把后一时期、或别个民族的名词及方式来解他，不是割离，便是添加"，皆不能用。当我们将"现代化"或类似的"历史任务"加诸近代人物并据此观察他们之时，可能已经疏离于当时"习见之义"所反映的"当年的问题"了。

其四，前瞻性的学术眼光不仅要看得远，同时也意味着把握时代的脉搏，具有观察"世变"的因应能力。三十多年前史家沈刚伯就以《史学与世变》为题讨论了史学发展与时代的关系。在后现代主义的冲击下的今日西方学界，史学家是否应主动介入"历史的制造"已成为每一个史家面临的困惑。今日海峡两岸的学人也都（因不同的语境）在思考和探索史学怎样为现实服务或史学如何从时代社会转变的刺激中寻找研究的新路径和新境界这类问题。当然，任何门类的"学术"的社会价值之一正在其与所处社会的距离感（以及实际的距离），史学如果走向社会甚至走入社会，怎样保持其相对的"学术独立"，怎样做到不随社会之波而逐社会之流，把握这一分寸恐怕是史学界不得不深思熟虑的一个基本问题。但史学与世变的关系将会比过去更密切，大概是新世纪学术发展的必然倾向，学人恐怕也不得不预先考虑怎样因应这方面的挑战。

问：近来关于学术腐败的话题最为大家所关注，虽然具体语境各有不同，但都说明学术体制的改革应该被提到议事日程上来。

答：国内学术评估的主要标准一是课题的有无及是否重点，一是发表论著的刊物等级和数量。任何学科的发展不能不面对和针对我们自己的国情，故各大学不能不尽量争取国家级的一般和重点课题，同时大力提倡教师在科研方面的努力。但从长远看，"多出成果、快出成果"是不宜过分提倡的取向，至少应在保证品质或重在品质的前提下提倡之。在相对长一些的时段里，一个学术团队的实力仍是以有一定数量但主要是高品质的学术成果来最后确立的。

针对当前全国学风的实际状况，必须长期持续强调学术戒律，发扬前辈学者注重第一手资料（包括田野调查资料）的优良风气，特别注重培养青年学者能落实到实证的扎实学风。具有较好的理论素养和思辨能力固然是理想的，但对史学来说，尤其是对初入这一领域的年轻学人来说，任何时候都只有站在充分掌握史料的基础上才能立于不败之地。在面向世界和与国际接轨越来越得到提倡之时，千万不要只看到西方学者善于分析的长处，应注意别人写一篇论文或一本专著的时间通常比我们要长许多许多。

原刊《光明日报》2002 年 3 月 21 日

作者附志：大约是在 2001 年年底或 2002 年年初，《光明日报》史学版的编辑曾经约我做一次访谈。我通常不接受这类访问，但这位编辑明言希望能在该报发表像我这样的"另类"学者的见解（"另类"是其信中的原用语），而当时我所在的学科正在申报某事，似也比较需要"亮相"；于是我们进行了一次书面的"访谈"，由编辑部将问题写给我，我即根据其问题作出尽可能不那么"另类"的回复。后来编辑部又增加了关于"学术腐败"的一问，并把所提的"问题"整理得更有文采，根据版面的需要将我的答复缩减，发表在 2002 年 3 月 21 日的《光明日报》之上（但访问者的姓名却非与我联络的那一位）。差不多两年后，网上出现一篇"罗志田答问"，核其文字，即我最初给《光明日报》的文稿，想来因负责史学版的编辑调往他处，此稿"不慎遗失"，遂为有心者挂到网上了。既然有此"罗志田答问"的出现，此处即用其"全文"，以示对该文的负责，仍将后增的关于"学术腐败"的问答置于最后。谨此说明。

答《三联生活周刊》问近代史

问：在清末民初的各种政治思想中，是不是都要回答"中国出路"的问题，都想让国家强大？都包含了民族主义的成分？

答：最好不一概而论，因为"各种政治思想"间确实有很多也很大的差异，但应该说基本都在朝着你说的这个方向努力，而且多少都是对外力入侵的一种反应。这里说的"外力"包括军事、经济和文化等各方面。清末主张革命的人主要是认为政府不能救亡，已不能依靠；主张改良的人则以为仍可自上而下地解决中国问题，而且这样效率更高。因为都是因应外患，都向往"富强"，而后者当然是以国家民族为载体，可以说都包含了民族主义的成分。

问：梁启超能否算一个政治家呢？他是一个失败的政治家吗？

答：这要看如何界定"政治"，特别看"议政"是否被视为"政治"。如果答案是否定的，梁启超仍可算作政治家，但不够成功，因为他参与的实际政治运作许多都不很成功；但也有相当成功的，即民国初年针对袁世凯的"二次革命"。如果答案是肯定的，则梁启超就是他所在时代最成功的政治家了。从鸦片战争到民国最初几年，影响中国读书人最多的前有曾国藩，后即梁启超。"梁笔"在清末曾风靡一世，远超过其老师康有为的影响。当时梁启超所论大部分与政治相关，不能不说他是一个特别成功的政治家。

问：清末民初的各种思想，留下了什么遗产？

答：这个问题可以写十本或者更多的书，但如果和第一个问题联起来看，则一个最明显的遗产就是寻求"富强"以及与此相关的"物质的兴起"，也就是物质层面的"富强"基本成为"文明"的标准。从清末开始，不少读书人一面攻击中国的"礼教"，一面为凸显传统"专制"而说两千年所推行的政治是"儒表法里"。其实不然。法家才以"富强"为目标，儒家则未必。晚清出现的西方榜样无意中为法家正名，不以"富强"为目标的儒家早已不打自倒。从这一视角看，新文化运动以来的反孔孟者皆不过在为近代兴起的"新法家"之正当性做出理论诠释。清末主张革命者与主张改良者的一个重大分歧即在于何者更能救亡并使国家"富强"，论证"共和"（也就是晚清人所说的"民主"）制胜过"君主"制之处也多着力于此。民初不同的思想派别基本也是在怎样才能最快也最有效地实现"富强"方面相互竞争，很少有人能"思出其位"，即使有也多被认为"曲不高"因而"和者寡"。简言之，"共和"以及其他政治思想的吸引力和正当性往往落在实现"富强"的可能性和快捷程度之上。

问：当时的报纸杂志在传播思想的过程中起到了什么作用？

答：这方面清末和民初有较大差别，清末明显是报纸的影响更大；杂志的流传不广，许多杂志更是在海外经办和发行，有些政治倾向明显的还受到政府的查禁（但远不如后人想象的那样严厉），故杂志虽多为后之研究者所喜好，其实影响比报纸差得甚远。民初则不同，杂志本为知识精英和向往知识精英的边缘知识青年所办，主要的预设读者也同样是这些人，所以在传播今人所谓"思想"方面明显起着更大的作用；而报纸面向的是对知识精英兴趣相对薄弱的大众，越来越侧重政治和社会"新闻"，尤其在社会变动急剧的时代，不但不回避且必须追求"短频快"，其本不以传播思想为意，或者说传播着相当不同的"思想"。

　　作者补注：关于儒家未必讲究富强，可稍申说：一般认为近于法家的荀子也讲富强，故谭嗣同说两千年历史时将"秦政"与"荀学"并论。但若中国两千年的政教真是"秦政"与"荀学"，近代又何必重新致力于富强！谭嗣同此说开启了后来反传统的风气，其实也混淆了近代思想。"荀学"固孔学支裔，然古人书籍分类中《荀子》既不列于"经"，也不列于"百家"中的儒家，而列入诸子之一，正是承认其自有独到之处。

原刊《三联生活周刊》第 242 期（2003 年 5 月 21 日）

史学前沿臆说

　　袁祖杰教授(《中国史学前沿》的执行主编)命我就当下"史学前沿"的问题,以数百字的篇幅谈点看法。这是一个无法完成的任务。我的看法,任何学科的学术前沿都是做出来的,而不是说出来的;即使要说,也不是少数几个人各用数百字就可以说明的。其实这本不必说,今日中国史学界的一流研究,就是现在的史学前沿。若非说不可,也只能名副其实地姑妄言之。

　　这次会议中不少学者以为,能够"与国际接轨"的史学成绩,就是今日的"史学前沿"。这个看法大致也不错。因为中国历史早已成为一项世界性的研究领域,若像陈寅恪提倡的那样"以观空者而观时","过去"的确可能是"外国",而时间层面的"外国"或"他人"(the other)亦自有其"地方性知识"。这样,生于斯长于斯的人并不能保证比其他人更能理解当地之"过去";在一定程度上,研究者面对的同样是他人的文化和行为,常常需要通过转译和诠释来认知。

　　但"国际"不是"外国",更不必是所谓"发达国家"。故"与国际接轨"也并不像有些人所理解的那样趋同于"发达国家"的学术，以致在研究的方向、题目、内容和取向等方面都"思他人之所思，想他人之所想，做他人之所做"。"国际"本包括"我们"，"国际学术"亦然，应该是毋庸"加入"的。在这个共同的"国际学术"里，任何研究只要做得好，自然可算接轨。你不主动去接，别人迟早也会接过来。

　　另一方面，任何文化都有其思考和表述的特点，语言不同的文化尤其明显。对中国历史这一世界的研究领域，不同的视角很可能看到不同的现象，或对同样的现象有不同的认识和理解。我其实赞成在研究中尽可能"思他人之所思，想他人之所想"，充分关注和考虑时间和空间的"异文化"取向对这一研究对象已经有和可能有的各种看法，并在论述中与之进行实质性的对话。未曾这样做的，只能说是在"学术"周围徘徊，遑论是否"国际"；只有在此基础上的研究，才可以说是真正"进入"了国际学术。然而这是否就算是前沿，我仍不敢说。

原刊《四川大学学报》2008 年第 4 期

让思想回归历史

——近代中国思想史研究反思

作为史学的一个子学科，思想史在今日西方是相对没落的①；以近代中国研究为例，自从李文森（J. R. Levenson）之后，似乎就少见思想史方面的著作。但是在中国大陆，或许因为过去太重政治史、经济史等更为"实在"的学科，原来相对不被看重的思想史在近十多年显然处于上升地位。我们学界近年相当强调"与国际接轨"，却表现出与西方相异的发展趋势，很值得探讨。

或许这是我们学术"主体性"的体现，恐怕更多是既存学术积累的影响。在 20 世纪的中国，思想史在各专门史中虽算不上显学，却也并非边缘，一直有其地位。不过，在学科认同层面，思想史却显得不够"独立"。从早年的"学术思想

---

① 这是十年前作此文时的状态，现在思想史在西方，伴随着全球史和国际化的趋向，可见明显的回暖。（作者补注）

史"到后来的"思想文化史"，似乎是个总需要外在支援（当然也可说是持续对外开放）的子学科。

尽管与思想并称的前有"学术"后有"文化"，至少从胡适开始，真正与"思想史"关联最紧密的还是"哲学史"。在相当长的时间里，一些以"哲学史"为名的著述就曾被认为本是"思想史"。有意思的是，胡适自己早年所写的"哲学史"还隐约带有旧"学案体"的痕迹，以人物为中心；后来改称"思想史"，却渐渐疏离了作为思想者的人物。从20世纪50年代开始，我们的思想史研究受苏联学术影响甚大，更多偏向哲学理念一边，思想者遂进一步淡出了思想史。这一倾向留下的痕迹，至今仍较明显。

思想固然是历史的产物，但思想本身也是历史，因为思想本有过程，或始终处于发展进程之中（此意黑格尔、马克思似皆说过）。我想，思想史研究首先要让思想回归历史，其次要尽量体现历史上的思想，最后最好能让读者看到思想者怎样思想，并在立说者的竞争及其与接受者的互动之中展现特定思想观念的历史发展进程（竞争当然有胜负、有主流，后人很容易代胜者立言，但在竞争正在进行之时，或未必如后人所想；非常有可能是，我们所不看重的，是曾经更有影响的）。

在近代中国思想史研究中，过去较多出现的一种做法，是标举某一观念，界定其（通常不受时间限制的）外延内涵，然后描述其单线式、直线式的发展——往往还是一种不断"进步"的发展——过程。这一取径的好处是清楚明了，但可以考虑有所修正。

任何名相，永远有抽象和具体的两面，其意义常随时空和文化的语境而转移。例如，我们说到"民主"或"法治"一类词汇，大体会有些众皆认可的意思，实际却常常是众皆以为共享着"众皆认可"的意思，其具体指谓，却未必能真正分享（所以有时会被加上冠词而限定之）。如果把"思想"视为有意的行动，名相的抽象意谓就大大减弱，或随时处于某种转变之中。甚至可以说，当名相被使用时，它们都是使用者在一定时空和文化之中用以表述自己、说服他人，或借以与不同意见竞争，而其意义也与这类有目的之"使用"直接相关。

列宁曾说："判断一个人，不是根据他自己的表白或对自己的看法，而是根据他的行动。"而对哲学家，就更应"根据他们实际上怎样解决基本的理论问题"来做出判断。此所谓"实际上怎样解决"等，就是名相"使用"中思想的行动。在此基础上，"他们同什么人携手并进、他们用什么教导自己的学生和追随者，以及这些学生和追随者学到了什么"，都是有助于理解和判断的重要因素（《唯物主义和经验批判主义》）。

简言之，言即行。思想不仅是名词，也是动词——思想是行动，而且是有意的行动，并始终处于行动的状态之中。"立言"的行为进程所能告诉我们的，绝不少于言说本身的文字意谓。眼中有了思想的行动，心中才能领会作为动词的思想。

在思想本身的发展衍化历史中，恐怕很难找到什么真正边界清晰、概念固定的观念，也很难见到某种观念可以呈现出一条清晰而没有枝蔓的发展"进程"；多数思想观念都是在反复表述和实践的过程中，伴随着各式各样的理解，甚至各种歧义和冲突，在相关见解的不断辩论和竞争中发展的；具体见解的提出者和先后参与争辩者，又都有其常受时空语境限制的特定动机和意图。如果不能展现这样一种互竞的辩难进程，大概就很难说是"历史上的思想"。

一方面，名词术语可以说永远是时代的；另一方面，后人又往往援用前代的某些名词术语。当其使用前人术语之时，既有接受继承的一面，多少也总会赋予其某些新的含义，以适应和因应其时代的要求，或借其表达自赋的新义；两者更多都处于有意无意之间，即使是有意地因应或创新，也在无意之中受其所处时空的限制，更不必说很多时候确是无意之中就表述出其所在时代的声音了。

不论是名词术语的提出还是其被援用，不论是在名词术语提出的时空还是其被援用的时空，其具体含义往往体现在"各家所用"之中。对个体的表述者尤其如此。故要"洞悉当时语言所指之内容含义"，恐怕更多要侧重于名词术语的"使用"之上。同一词语在不同的时空场景中为不同的人使用，其指谓可能很不相同。有时同一当事人对同一观念的表述，也可能参差不齐。解读者只有回到立言者所在的语境之中，充分理解其所受的时空限制，侧重其当下意图，在辨析中尽量探索其隐伏的未尽之义和未尽之意，才可以说"懂得名词，也就懂得思想了"。

让思想回归历史，就要特别注重具体思想观念之所出，而不宜将不同时期不同派别的观念混同使用而不加辨析。近代著名的"中学为体，西学为用"，就最能表现同一词语可以表达出颇有歧异的意思。类似的说法可回溯到较早（如冯桂芬），然若充分考虑甲午中日战争的转折性影响，则其具体意谓在甲午前后实有很大的不同。后之表述虽借鉴或继承了前之说法，但已赋予了非常多的新意。最简单的区别，即在甲午前的士人心里，中西学的主辅位置是非常明确的；而张之洞的《劝学篇》却提出"旧学为体，新学为用，不使偏废"的观念。从文化竞争的角度言，两不偏废代表着立场的重大转变。

李文森注意到，清末人讲"中体西用"，侧重的还是"西用"；民初人重弹此调时，强调的已是"中体"了。几十年间，前后关注已迥然不同。在某种程度上甚至可以说，本没有什么抽象的"中学为体，西学为用"，只有在具体历史时段和语境里的"中学为体，西学为用"。若不细心揣度，轻易将其混为一谈，很容易南辕北辙。

同理也适用于外来名词。在中西文化碰撞异常激烈的近代，很多中国读书人被西方改变了思想方式，在中学不能为体之后，外来名词逐渐占据了中国思想言说的中心。由于直接牵涉到不同语言的翻译问题，空间转换引起的歧义又更常见。且不说最初引进者对外来词的翻译是否准确，由于表述的仓促和随意，不少追随者引述外来词语，常常不过据其中文的字面意义宽泛地使用。而近代中国的流行观念，多数是经日本转口的西方思想（包括受日本改造而具有新含义的中文旧词语）。这类经过长途跋涉并辗转于几种文化之间的观念，翻译转换因素的影响尤其显著。对其流动性及因此而产生的转化，更要有充分的认识。

故对于外来的观念术语，一方面不能不先弄清其原始出处及原初意谓（同时要注意其在原产地也是随着时间演变的，故当地今日的概念未必与此前相同），另一方面也不宜过于拘泥，避免产生傅斯年所说的"刻舟求剑"效应。有些思想史研究者似太重观念的"原始性"，对来自西方的观念，必号称展现出几百上千年间从头到尾之"思想的光谱"，然后据以衡论中国之言说。他们似未考虑到，现存的观念理论，即使源自于西欧，而"西方"早已从西欧扩大了许多，这些思想在西方范围内的历时性发展已是足够大的变量；同样的思想又早经世界各国所思考甚或实践，现在更有不少产自西方的理论是基于非西方地域的考察（如关于民族主义的"想象共同体"之说，便似更适应殖民地区域，而不是殖民者本身的地域，也不那么适应既非殖民地亦非殖民者的区域）。真要展现这类思想观念的光谱，恐怕也只能像今日解析人类基因一样，由全世界大量的学者合作才有可能。

而且，在历史时空里的特定思想，各有其发散、传播和接收的途径与范围。后人的解读，自不能不受此范围的限制。必须充分尊重当事人当下的表述，若其表述中所无的，就不应把后来的概念强加给他们。至少，若当事人视为相同、相通、冲突或对立的观念，决不能以我们所能知道的某观念之"原状"或"全貌"来做出与当事人相左的判断。很多时候，与其刻意追寻特定观念原初意涵的精准，还不如梳理其渊源流变的走向，尽可能呈现其在竞争中发展的动态历程。

不少近代思想史研究者又很愿意断言某一观念（词语）在文献中何时最早"出现"、被何人最先使用等。实际上，在未曾穷尽所有文献之前，这类判断常常不过是近于"大胆假设"而已；不论其构建的言说体系多么系统坚固，只要有过去未曾注意的"新材料"出现，真可以被片言所颠覆。这样的溯源性考证和争辩当然也需要，但更重要的可能还是特定观念何时成为一种众皆分享的时代思想言说，即成为用以表述并相互沟通的时代知识系统的一个组成部分，或至少在特定范围里达到众皆参与的程度。

近代中国的显著特点是动荡而激变频仍，在这样的社会里，思想的内在理路之运行更加潜移默化，表现也更为模糊，而思想本身则特别容易受到外在因素的影响，并与外在因素互动，形成所谓思潮。在这样的动荡时代，那种考证特定观念"何人何时最先提出"并辨析其单线性渊源流变的取径，通常只能在该观念传播的早期进行。而梳理"思潮"发展形成的进程则更为重要，且必须充分结合外在因素，以殷墟发掘时那种"由外求内"的方式进行探讨。

"思潮"既然是内在理路与外在因素互动的结果，必然能够吸纳和聚积众多富有热情的追随者。而"思潮"一旦形成，当"众皆参与"进入名副其实的阶段时，借鉴或转抄就是最为常见的现象：不同之人对具体观念的使用和表述，可见相当的不同（也可能完全相同，却常常不说是借鉴而像是自创）；有时即使是基本转抄他人话语，却可能是在表述不尽相同的意思。在承认"思潮"共性的前提下，仍必须把参与者的言说置入其发生发展的语境中进行具体解析。

如论近代者几乎言必称民族主义，若从学理言，这一观念与"国家主义"密切关联。不过，昔年之读书人若非进行专门的学理论述，遣词用语常较随意。梁启超多数时候就把民族主义和国家主义当作同义词替换使用。而胡适对其所谓"狭隘的民族主义"始终有所保留，对"国家思想"一词却常赞同地使用，实则两者在他心目中基本同义。很多追随者更常常从其中文的字面意义宽泛地使用这类词语，后人在进行历史叙述时，恐怕不能不充分认识昔人的随意性，并予以足够的尊重。

在充满激情的近代中国，学术规范相对宽松，像陈寅恪那样非常讲究表述严谨性的书斋学者是极少数。多数读书人即使在做出学理表述时，也常带有一定程度的随意性。有些历史当事人在做出学理性的界定时，常会参考相关书籍给出一个其以为比较公允合适的定义，反不一定完全反映其真实的想法。例如，对比既存孙中山关于三民主义的临时性演讲文本和其稍早为此演讲所写的少数章节，就可见事先预备的文稿和口头即兴表述有着不小的差别；前者显然核查及引用了相当一些西方理论书籍，后者可能更多反映出其心目中的三民主义。

当然，即使是后来的即兴表述，三民主义也代表着一种构建系统理论的努力。还有不少进入我们研究视野的言说，立言者本非意在阐明学理。至于进入"行动的时代"之后，如胡汉民在北伐时所说："一个人太忙，就变了只有临时的冲动。比方当着整万人的演说场，除却不断不续的喊出许多口号之外，想讲几句有条理较为仔细的话，恐怕也没有人要听罢？"

这是非常形象的写实性陈述。过去一些研究者，常把这类临时冲动下脱口而出的现场表述，拿来进行仔细的学理分析。另外更多的研究者，又往往侧重那些有条理的书斋式冷静论述，而忽视这些远更常见的断续"临时冲动"。两者恐怕都有些偏颇。在那激情洋溢的时代，要理解历史上的具体观念，恐怕既要关注那些书斋里的冷静学理论述，更要探索和处理时人相对直观的当下认知。若引经据典的学理性定义出自那些行动者而非书斋学者，就需要更为谨慎的解读。

我们常喜欢追究历史上某一句话或某一观点在学理上是否站得住，其实更应追究的，或许是昔人为什么这样说（而不那样说），为什么说这些（而不是说另外一些），他们所针对的是什么，想要做什么（如维护什么或反对什么等）。应尽可能探寻这些表述者在表述当时意识层面的思考，及其可能是下意识的反应。这些当然都和他们的思想资源和思想工具相关，但更多是一种若即若离的辅助性关联，若将每一具体表述皆先进行新旧中西的定位，然后进行学理分析，就真可能走上刻舟求剑之路了。

如梁启超所说，任何史料中的"单词片语"，都"有时代思想之背景在其后"。立说者及其所立之说，都反映着时代的共性，解读者仍须从论世知人进而知言的方式入手。戴名世特别提出，论世不一定是从众。对于历史上群体性的众好众恶，也要慎重处理："众不可矫也，亦不可徇也。设其身以处其地，揣其情以度其变，此论世之说也。"另一方面，时代的共性不仅表现在众皆认可，很多时候也表现在众皆以为不可、众皆不为或不能为。

众皆认可的面相，若到了所谓众口一词的程度，一般还容易看到；众皆以为不可，则有时容易受到忽视，但若到千夫所指的程度，也还能引人注目；而众皆不为就更为隐晦，这既包括有意不做，也包括不会想去做某些事，也就是众皆不注意。

所谓视而不见，往往是根本不看的结果。一个时代哪些因素不为时人所注意，可以告诉我们的实在很多。孔子曾说"予欲无言"，与孟子所说的"不教亦教"大致相通。即陆九渊所说"如曰'予欲无言'，即是言了"。这样看来，"不言"也是一种表达的方式；历史当事人在意识层面故意不言的部分，即其所不欲言，及其为什么不欲言和不言，应能说明不少问题。而其无意中或下意识的"不言"，也同样重要。

陆九渊的解释还不那么深奥，因为"欲"的一面还在。庄子曾说的"不言之言"，在其特定的玄学范畴里，意味极为深长。后来领导人对文件的"圈阅"，即是深得老庄真意的表述方式；既非言，也非不言，段数尤高，颇有些"深不可测"，而下级还不得不"测"。倘历史上懂玄学的人多了，则史学也就难治，这或者就是魏晋思想史和禅宗史今日少见高段解人的一个原因吧。

同时，众皆不为也包括受到有形无形的约束而有意无意地不做或感觉不可做。胡适所谓"可怜他跳不出他的轨道"，说的就是一个人跳不出他的时代限制。我们都知道马克思的名言："人们自己创造自己的历史，但是他们并不是随心所欲地创造，并不是在他们自己选定的条件下创造，而是在直接碰到的、既定的、从过去承继下来的条件下创造。一切已死的先辈们的传统，像梦魇一样纠缠着活人的头脑。"

钱玄同很可能读过这句话，他也曾说，"以前的人们总受着许多旧东西的束缚的"，即一心想摆脱一切，"'过去的幽灵'总是时时要奔赴腕下，驱之不肯去。所以无论发挥怎样的新思想，而结果总不免有一部分做了前人的话匣子"。如果那些有意破旧的"新思想"中仍不免部分成为"前人的话匣子"，就给史料解读者增添了进一层的困难，同时也为解读史料增添了更深一层的魅力。

今日西方时髦的社会、国家、文化等制约因素，本最适合于思想史来探索，反而让社会史、文化史着了先鞭，显得更具活力，部分即因思想史论著未能让读者看到思想者怎样思想，并在立说者和接受者的互动之中展现思想观念的历史发展进程。若采取"见之于行事"的取向，回到"思想"的产生过程中，落实到具体的思想创造者和思想争辩之上，研究者或许会有更为深入的体会和认识，而思想史本身也会因增强活力而吸引更多的读者和参与者。

实际上，各种正式或非正式的简单界说，未必能尽道出立言者之所欲言。多数读书人即使在做出学理表述时，也常带有一定程度的随意性，遑论另外很多本非意在阐明学理的一般言说了。至于进入"行动的时代"之后，如胡汉民所说："一个人太忙，就变了了只有临时的冲动。比方当着整万人的演说场，除却不断不续的喊出许多口号之外，想讲几句有条理较为仔细的话，恐怕也没有人要听罢？"这是非常形象的写实性陈述。若把这类不断不续的"临时冲动"拿来进行有条理而仔细的学理分析，必须非常谨慎。至少需要不仅摘取其言论，并将每一立说者还原为具体场景中活生生的人物，然后或能避免将其过度抽象化或将具体的人"物化"。

过去思想史领域的研究者往往侧重有条理的书斋式冷静论述，而忽视上述临时冲动下脱口而出的现场表述。其实正如马克思和恩格斯所说，"不是意识决定生活，而是生活决定意识"。对思想的观察应"从现实的、有生命的个人本身出发"，而且是"处在于一定条件下进行的现实的、可以通过经验观察到的发展过程中的人"。只有"描绘出这个能动的生活过程"，历史才不再是"一些僵死事实的搜集"（《德意志意识形态·费尔巴哈》）。也只有我们将史学中已经淡出的具体单个的"人"召回到历史著述中来，让读者在"思想"的产生过程中看到思想者怎样思想，才可能构建出以人为主体的思想史。

原刊《东方早报·上海书评》2009 年 4 月 12 日

史无定向：思想史的社会视角稗说

　　史学在中国有悠久的传统，我们今日实行的仿西式学术分科确立时间却不算长。不过，在 20 世纪初年中国"新史学"滥觞之际，章太炎、梁启超就已提出了类似今日所谓"跨学科研究"的主张。① 这一取向近年来在中国大陆更得到大力提倡②，然而若从社会视角看，史学之下各子学科的畛域又还比较明显。譬如各大学的中国近代史和中国现代史现在大都"整合"为一科，但从课程的设置、学会的组成到学术研讨会的召开，大体仍可见比较明晰的"边界"。

　　以前从中央到地方的广播电视一律说着标准的普通话，但各地的广播电台通常都有一定时段的方言节目(那时电视台

---

① 　章太炎在 1902 年说，"心理、社会、宗教各论"，皆能"发明天则"，故"于作史尤为要领"。章太炎：《中国通史略例》，见《章太炎全集》第 3 卷，331 页，上海人民出版社，1984。关于梁启超，参见黄进兴：《中国近代史学的双重危机：试论"新史学"的诞生及其所面临的困境》，载《中国文化研究所学报》(香港中文大学)，1997(6)。

② 　海峡对岸通常将这一取向表述为"科际整合"，其热情似已较大陆稍减，发展情形也不甚同，本文所论，基本只限于大陆的现象。

甚少）；如今媒体讲究"煽情"，就连中央台都出现不少带有地方口音的主持人，但除民族语言外，各地的方言节目似乎都停歇了①，却出现不少探讨"地方特色"的话题和方言电视剧。类似的诡论现象史学也有：当政治史几乎成为史学的"普通话"时，各专门史在保全各自的"方言"层面多少带点"草间苟活"的意味；今日政治史雄风不再，即使研究政治的也往往掺和着一些专门史的"方言"风味，然而各专门史的区分却较前更受关注，有的还存在着关于"什么是某某史"这类论题的持续探讨，其实就是一种希望进一步划出或划清学科"边界"的努力。

这方面比较明显的是社会史，近年处于上升地位的各专门史中，社会史应属比较成功的一科，而其画地为牢的正名意识也相对更强。历年社会史学术研讨会的综述中常见试图为"社会史"正名的论文，一种比较有代表性的看法是只有运用社会学的理论和方法才可以算得上"社会史"，否则便只能

---

① 我没有进行认真调查，据朋友说似乎粤语节目仍存在。粤语那保持自我因而也形成自我保护的"顽强"能力非常值得文化学者研究，据说今日香港一般大学中，国语和英语都不甚通行，不会粤语的教师固然仍可教书，但与学生的沟通总有些问题；国语暂不论，这可是被英国殖民统治一百多年的地方，在大学这样的社区里英语的势力范围尚如此有限，则其"殖民化"的成效大可思考。在美国，唐人街里迄今仍有更会说粤语而不太会说英语之人。在英语里唐人街即 China town，美国民间日常口语中能说 Chinese 是指说粤语而不是说国语或普通话，后者不过是 Mandarin 而已。这一自然形成的"以偏概全"现象同样揭示出粤语那超强的自我保持能力。

算以社会为研究对象的普通史学。① 其实即使是后者，也渐已形成某种大致众皆认可的认知，即应该以社群（通常隐约带有大众化的或反精英的意味）和特定范围的"社会现象"为研究对象，尽管近年"礼俗"和"生活"这类过去社会史的常规论题已渐溢出而有"独立"的势头了。

反之，思想史这一近年也处于上升地位的专门史②，则表现出相对宽广的包容倾向，其一个特点是许多人往往将思想与文化连起来表述为"思想文化史"；惟就一般意义言，"文化"似较"思想"宽泛许多③，前些年西方所谓"新文化史"更与通常所说的思想史大不相同④。另外，为思想史划分界限的正名式论述迄今少见，即使像葛兆光先生这样"专业意识"较强的通人（他本人的研究范围却远不止思想史），也多在思考"思想史的写法"及"什么可以作为思想史的史料"一类问题，其基本立意是希望思想史更开放而非更封闭。

---

① 各种相关看法可参见常建华：《中国社会史研究十年》，载《历史研究》，1997 (1)；周积明、宋德金主编：《中国社会史论》，3～218 页，武汉，湖北教育出版社，2000。

② 这是一个很值得探索的现象，因为思想史在西方已呈明显的衰落趋势，海峡对岸也开始出现类似的走向；而近年较多致力于"与国际接轨"的大陆学界，却表现出与西方相异的发展倾向。

③ 如文化部所管辖的"文化"种类，恐怕就要比较趋新的"思想史"研究者才会瞩目，即使是博物馆和图书馆一类与"学术"关联密切者也不例外。

④ 关于西方的"新文化史"，可参阅 Lynn Hunt, ed., *The New Cultural History*, Berkeley and Los Angeles：University of California Press, 1989; Peter Burke, ed., *New Perspectives on Historical Writing*, Pennsylvania State University Press, 1992. 尽管后者的范围不止于"新文化史"，其中不少内容实际构成对前者的补充。

　　我自己就蒙一些同人抬爱，常被归入"思想文化史"的范围。较广义的社会史论文我也写过一两篇，那些文字却常常不被认为是"纯正"的社会史。尤其是我曾试图学习从社会视角探索思想史的取向①，便有不少怀疑的反应；我的学生也曾就此提出疑问，因为他们感觉并未在拙文中看到多少"社会"。这里的主要原因当然是我的表述有问题，未能清楚说明我所指谓和尝试的主要是一种视角的转换；同时也可见"社会史"学界近年厘清其学术畛域这一努力的成功，读者对"社会史"已有某种预设性的期待，未见预期的内容或未闻某种特定"方言"便易感失望。

　　蒙文通曾说："衡论学术，应该着眼于那一时代为什么某种学术得势，原因在哪里？起了什么作用？这才是重要的。"比如以黄老和今文学为代表的"老子、孔子之学何以在汉代战胜百家之学"这一大问题就当从其得势之原因和所起的作用着眼，"从这里看孔、老，似乎比专就孔、老哲学思想看，更有

---

① 关于思想史的社会研究取向，参见 Robert Darnton, "The Social History of Ideas," in idem, *The Kiss of Lamourette*: *Reflections in Cultural History*, New York: Norton, 1990, pp. 219-52; Fritz K. Ringer, "The Intellectual Field, Intellectual History and the Sociology of Knowledge," *Theory and Society*, vol. 19(1990), pp. 269-94. 柏克(Peter Burke)近年关于 16—18 世纪"知识"的"社会史"颇可参考(*A Social History of Knowledge*, Polity Press, 2000, 此书已有中译本：《知识社会史》，贾士蘅译，台北，麦田出版社，2003), 尽管其讨论的"知识"不全是我们思想史通常处理的"思想"，倒有些接近梁启超和钱穆那两本《近三百年学术史》所说的"学术"。

着落"。① 这就是典型的从社会视角观察思想和学术。傅斯年留学期间的笔记中有一条论及汉代经学，认为当时经学的"家法之争，既是饭碗问题，又涉政治"，大致体现了类似的思路。②

许多年之后，美国文化批评家詹明信（Fredric Jameson）论文本解读说：旧的诠释是要想知道文本的意谓（ask the text what it means），而新的分析则要了解其怎样起作用（ask how it works）。③ 詹明信 1985 年曾在北大讲学，并出版轰动一时的《后现代主义与文化理论》，在该书的《台湾版序》中，他又论及怎样分析"理论"，主张"不仅是理解理论，衡量其真理性与启发意义，而且同时思考作为症状的用途所在"。也就是"同时坚持从两个不同的角度看待理论文本……一是内层解读，这正像旧式哲学一样，目标是发现并建立其内在的创新和效验；一是外层解读，视其为更深层的社会和历史进程的

① 蒙文通：《治学杂语》，见蒙默编：《蒙文通学记》，17 页，北京，生活·读书·新知三联书店，1993。
② 傅斯年留学期间(1919—1926 年)笔记，台北"中央研究院"史语所藏傅斯年档案，档号 I：433。钱锺书据"孔子言道亦有'命'"之说指出，道之"昌明湮晦，莫非事与迹"（钱锺书：《谈艺录》，265 页，北京，中华书局，1984 年增订本），无意中也提示着从"哲学思想"之外观察的取径。
③ Fredric Jameson, *The Political Unconscious：Narrative as a Socially Symbolic Act*, Ithaca, N. Y., 1981, p. 108. 转引自 Lynn Hunt, "Introduction：History, Culture, and Text," in idem, ed., *The New Cultural History*, p. 15.

外在标志或症状"。①

这样的内外解读法与蒙先生所云有近似之处，我们当然不必循晚清"西学源出中国说"的思路，说蒙先生已开西方后学文化批评的先路（毕竟双方还有许多大不相同的讲究）。实际上，中国大陆史学界年龄稍大之人很容易从詹明信的表述中联想到另一段耳熟能详的话："判断一个人当然不是看他的声明，而是看他的行为；不是看他自称如何如何，而是看他做些什么和实际是怎样一个人。"②詹明信是名副其实的左派，熟读马克思主义文献，不论他的内外解读法是否与恩格斯这一具体见解相关联，他的整体思想的确受到马克思主义影响。

过去我们多将恩格斯上面的话运用于历史人物的"评价"，其实若将其作为一种方法推广到思想史研究上，或可以说，不仅要认真研读经典文本的内容，还要注重文本所在的语境以及文本和语境的互动，更要具体考察文本在其时代语境中起了什么作用及其怎样起作用。后者可以揭示一些仅仅研读经典文本之"哲学思想"未必能够获得的消息，这些消息反过来又有助于理解经典文本所反映的时代"思想"。经过这样的考察，我们对于文本意谓的领悟或许会比单纯研读文本更进一层。

对史学来说，这样的取径还有更切实的一面：既存史料

---

① 詹明信：《后现代主义与文化理论·台湾版序》，序 5 页，台北，合志文化事业股份有限公司，1989。

② 恩格斯：《德国的革命和反革命》，见《马克思恩格斯选集》第 1 卷，579 页，北京，人民出版社，1972。

总是有限的，除少数可遇不可求的机会（如新出土的前人少见的史料）外，任何人研究孔、老思想所依据的基本材料是相同的，然视角的转换常可以"盘活"许多原不为人所重的史料，史学的理解也就更进一层了。如孔子曾自称"述而不作"，或以为没有根本突破性的大创造不可言"作"；他虽未必算已"作"，至少也有所"述"。其言婉转，然谦退中也有几分自负。①

进而言之，"述而不作"一语的是否采信，直接牵涉到也提示出另一个大问题：孔子所处的时代究竟是礼崩乐坏的大变动时代还是思想典范基本维持其既有功能的小变动时代？康有为已思及此，他干脆认为此条内容经刘歆篡改，说孔子删《诗》《书》、作《春秋》等皆"受命改制，实为创作新王教主"。康氏并引孔子所说"天生德于予"，以证孔子"何尝以述者自命"。然而，反方向的解读者同样可引孔子说"予欲无言"来支持他确实"述而不作"。故若专在文本的"哲学思想"上做文章，有时而穷，不如转向"社会"层面去考察。

章学诚大致便从此看，他引孟子"周公、仲尼之道一也"的话，证明"周公集群圣之大成，孔子学而尽周公之道"；若一言以"蔽孔子之全体"，则"学周公而已矣"。盖"周公成文、武之德，适当帝全王备、殷因夏监、至于无可复加之际，故得借为制作典章，而以周道集古圣之成"。故"六艺存周公之

---

① 许多学者迄今还在考证和争论孔子是否编定或写定"六经"，若我们采信他老人家的"夫子自道"，则其进行了某种类似的工作，或大致可立。

旧典，夫子未尝著述"。[1] 章氏进而从学术传承方式一面申论说，古未尝有著述之事，"三代盛时，各守人官物曲之世氏，是以相传以口耳，而孔、孟以前，未尝得见其书也。至战国而官守师传之道废，通其学者，述旧闻而著于竹帛焉"，故"至战国而著述之事专"。[2]

讲古代思想变迁者皆不离《庄子·天下篇》，章学诚也有所引述，但其特别强调孔子与诸子在意识层面"态度"的不同，前者自称"述而不作"，后者则"各思以其道易天下"。他据儒家的立场说："道因器而显，不因人而名也；自人有谓道者，而道始因人而异其名矣。仁见谓仁、智见谓智是也。人自率道而行，道非人之所能据而有也；自人各谓其道而各行其所谓，而道始得为人所有矣。"[3]且不论周公所传之"道"是否已"易"，章氏至少观察到"人各谓其道而各行其所谓"的社会现象，由此视角看，时代思想观念确已有所更易了。

一般而言，要既存思想典范仍能起作用并在起作用，才可述而不必言作。薛瑄说朱子曰，"自考亭以还，斯道已大

---

① 章学诚：《文史通义·原道上》，36～38 页，北京，中华书局，1961。章氏并从祭祀制度考察，指出"隋唐以前，学校并祀周、孔；以周公为先圣，孔子为先师，盖言制作之为圣，而立教之为师"。这一突破"学案"窠臼观察思想和学术演变的创意，却少见人效仿。近年黄进兴先生通过解读孔庙及相应的官方祭祀体制的形成及其长程演化，深入剖析皇帝与儒生或治统与道统的互动，颇多新见。参见黄进兴：《优入圣域：权力、信仰与正当性》，台北，允晨文化公司，1994。

② 章学诚：《文史通义·诗教上》，18～19 页。

③ 章学诚：《文史通义·原道中》，40 页。

明，无烦著作，直须躬行耳"，便很能说明这个意思。① 若从这方面理解，只要采信"述而不作"一语，则孔子之时"道"也不能说不明；于是孔子非教主，乃传教士，其在多大程度上可以算作康有为想做的"路德"都尚可推敲（故康氏不能不从根本上否认"述而不作"）。到庄子所谓"道术将为天下裂"而诸子"各思以其道易天下"时，便是典范转移的明证。这方面名家名论已多，然依蒙先生所说侧重观察思想风行之原因及其所起的作用，似还可续有新知。

思想如此，学术亦然。如"考据"是否可以算一种"学"，自"考据学"名称兴起的乾嘉之时，便有争议。焦循曾力辩说考据根本不能名学，然他注意到"近来为学之士，忽设一考据之名目"；自惠栋、戴震以下，"其自名一学，著书授受者，不下数十家，均异乎补苴掇拾者之所为，是直当以经学名之"。② 其余袁枚、孙星衍等，也各从学理上界定何为"考据"。但若转从社会视角看，既然有这许多学者对"考据之名目"聚讼不休，尤其著书授受者已不下数十家，这些人也多自名其所治为"考据学"，则以时人眼光言，此学确呈独立成

---

① 薛瑄语引在胡适日记1923年4月3日，见曹伯言整理：《胡适日记全编》（4），7页，合肥，安徽教育出版社，2001。当然，从清季革命党人开始，就有人将"斯道已大明，无烦著作"解释为朝廷以尊朱学来限制或"控制"士人思想的举措，虽不无所见，至少未必皆如此。

② 焦循：《雕菰集·与刘端临书、与孙渊如书》卷十三，215、212～214页，上海，商务印书馆丛书集成初编版，无出版日期。

"学"之势。①

清季一些国人初因己国学问不能退虏送穷而贱视之，以为不足道；后见外国人也有欣赏中国学术者，遂转而以为本国学说可贵。章太炎当时针对这一现象指出："大凡讲学问施教育的，不可像卖古玩一样，一时许多客人来看，就贵到非常的贵；一时没有客人来看，就贱到半文不值。"②这当然是所谓"学者"应有的基本立场，即学问的价值不因其社会受众的一时多寡而定。但学问、教育都处于具体的社会之中，某种学问在特定时空之内的社会反响，其是否及怎样为社会（或学界本身）所重或所轻，同样表现出与此学问直接相关的消息。③

在研讨近代"国学"之时，如果把"中国学术"和"西方学术"看作两个"社群"，则从社会角度考察前者怎样因应后者的冲击，怎样调整和确立自身的学科认同，以及"国学"作为一个类型或门类的学问怎样为社会所认知，学人自身怎样看待其研究对象等面相，都可以告诉我们更多有关"国学"的信息，这些信息又反过来增进我们对特定时代所谓"国学"的理解。在看到民初一些本不承认"国学"是"学"的趋新学人却把相当

① 说详罗志田：《清季民初经学的边缘化与史学的走向中心》，见《权势转移：近代中国的思想、社会与学术》，307～308 页。

② 章太炎：《教育的根本要从自国自心发出来》，见陈平原选编：《章太炎的白话文》，111 页，贵阳，贵州教育出版社，2001。按，本书是陈先生据泰东书局本《章太炎的白话文》斟酌损益而编成的。

③ 顾颉刚便曾有意做"文人相非考"，他认为，把读书人"历来各派冲突的话记出，也是社会史的一部分"。顾洪编：《顾颉刚学术文化随笔》，368 页，北京，中国青年出版社，1998。

数量和类型的人排除在"国学"范围之外时，我们对他们与"国学"相关的复杂心态自会有更加深入的认识。[1]

学术史不能离开具体的学术文本，惟有时稍转换视角跳出文本之外，则片言也可获殊解。蒙文通自述其"从前本搞经学"，1923 年自西蜀南走吴越，"期观同光以来经学之流变"；到了江南始知那里的"故老潜遁"，在经学"讲贯奚由"的情形下，乃改"从宜黄欧阳大师问成唯识义以归"。[2] 也就是说，原为经学大本营的江南论域已变，经学之正统已衰落，佛学等异军正突起。但这个变化尚未完全传到巴蜀，那里经学仍潜居主流，颇具"礼失求诸野"的意味；而当地饱学之士并不了解江浙的变化，其认知中的经学重镇仍在吴越之地，并对其寄予厚望。这样的重大学术转向，自然也可沿学术本身的内在理路去探寻；然蒙先生求学的例子说明，文本之外同样可见学术之走向。

前面讨论"思想"和"文化"涵盖的范围时已牵涉到一个更基本的问题，即专门史的划分是否当依据其研究对象而定。上文所说学界关于如何界定社会史的争论，也多少与此相关。这样的问题其实很难说得清楚，更难获得共识。史学各子学科已存在相当一段时期，自有其功用甚或一定程度的"合理性"；但也当注意，这些"边界"多是人为造成并被人为强化

---

① 参见罗志田：《国家与学术：清季民初关于"国学"的思想论争》第 8 章，北京，生活·读书·新知三联书店，2003。

② 蒙文通：《经史抉原·经学抉原序》见《蒙文通文集》第 3 卷，47 页，成都，巴蜀书社，1995。

的。根本是史学本身和治史取径都应趋向多元，虽不必以立异为高，不越雷池不以为功；似也不必画地为牢，株守各专门史的藩篱。①

边界明晰的学族认同原本不是治史的先决条件，我倒倾向于相对宽泛的从各种方向或角度看问题，而不必管它是否属于某种专门史——思想问题可以从社会视角看（即所谓 social-oriented approach），外交问题可以从文化视角看（cultural-oriented approach），可以说没有什么问题必须固定从一个方向看。《淮南子·氾论训》说："东面而望，不见西墙；南面而视，不睹北方；唯无所向者，则无所不通。"此语最能揭示思路和视角"定于一"的弊端，也最能喻解开放视野可能带来的收获。

"无所不通"的高远境界或不适应今日急功近利的世风②，且既存知识的范围也太广泛，非"生而知之"者大概只能有所专而后可言精。若不计"治学精神"而仅就"治史方法"言，治史者固不妨有其专攻，倘能不忘还有其他看问题的视角可以选择，境界亦自不同。尤其要避免刘勰所谓"会己则嗟讽，异我则沮弃"（《文心雕龙·知音》）之见，切勿因学科的划分限制

---

① 格拉夫敦（Anthony Grafton）前几年关于"脚注"的专书（*The Footnote：A Curious History*，Cambridge, Mass.：Harvard University Press, 1997）视野颇开阔，按我们所谓专门史的划分便很难"归类"，却是一本得到广泛认可的佳作。

② 如今学问的程度当下就要证明给人看，以学术为"职业"者都必须面对特定时间之内的升等问题，要向年轻人提倡厚积薄发的高远取向，真是难以启齿，恐怕也只有如陈寅恪所说的"随顺世缘"而已。

了对史料的采用：思想史自当以经典文献为基本素材，离此便难说是思想史①；然而历代思想精英的表述不必皆是经典性的"思想表述"，社会视角也未必要求什么特定的"社会"史料——上面引述的内容率皆出自精英之口，同样告诉我们不少有关"社会"的消息。②

简言之，精英表述未必皆经典，也未必非"社会"。不论是侧重原典深入体味还是开放视野广寻他证，关键要看是否在有据的基础上立言、有无自己的研究心得。说到底，今日能见的史料都不过是往昔思想脉络的片段遗存，在此意义上厚重的文本和只言片语基本同质。据说老子曾对孔子说："子

---

① 学术史也基本如此。学人之往还、学术的著述形式和出版方式、学术怎样传承、学派的得势与式微、与学术相关的经济因素，以及更广阔的学术与社会的互动等面相都非常重要，也是过去相对忽视而今后可努力探索者(学术与政治的关系同样重要，不过向来较受重视)，但表述出的"学术"本身仍是不可须臾疏离的主体。

② 正如夏悌埃(Roger Chartier)所说，"对社会领域的表述本身就是社会现实的组成部分"，而不是什么外在于"社会"的因素("The representations of the social world themselves are the constituents of social reality,"出自其1982年的论文"Intellectual History or Sociocultural History? The French Trajectories,"转引自 Lynn Hunt, "Introduction," *The New Cultural History*, p. 7)。几年后夏悌埃在界定其所用"文化"一词的定义时进一步申述了这一见解，参见 Roger Chartier, "Introduction", in *The Cultural Uses of Print in Early Modern France*, trans. by Lydia G. Cochrane, Princeton, N. J.: Princeton University Press, 1987, p. 11.

所言者，其人与骨皆已朽矣，独其言在耳。"[①]治史者在深究前人遗"言"之时，倘能尽量再现立言者之"人与骨"及其周围环境，则其理解必更进一层。[②]

原刊《开放时代》2003 年第 5 期

---

① 司马迁：《史记·老子韩非列传》，2149 页，北京，中华书局，1959。按，这里的"言"不必非为文字不可，任何人造物体皆能反映也实际反映了制造者的思想，亦皆其言也。《庄子》中有一段类似的描述，意更幽远，当另文剖析。

② 蒙文通论唐代古文运动之兴说，"事不孤起，必有其邻"，同一时代之事，必有其"一贯而不可分离者"；故"有天宝、大历以来之新经学、新史学、新哲学，而后有此新文学（古文）"。参其《经史抉原·评〈学史散篇〉》，403 页。钱锺书也认为，"言不孤立，托境方生；道不虚明，有为而发。先圣后圣，作者述者，言外有人，人外有世"(《谈艺录》，266 页)。大致皆发挥孟子论世以知人的主张，提倡开放视野，以超越于就思想看思想的惯性思路。

学术史：学人的隐去与回归

在近年的中国，"学术史"颇有些异军突起的感觉。不过，这恐怕是一个不那么"与国际接轨"的现象。我们最希望"接轨"的"国际"，正类我们曾特别想要"进入"的"世界"，其实是以所谓"西方"为主导的。在那个"国际"或"世界"里，不论是在史学偏重政治的时代，还是"文化转向"后的今天，学术史从来都不那么受重视。四百年前，培根就感觉到西方缺乏能够"辨章学术、考镜源流"的学术史(story of learning)。到20世纪初鲁滨孙(J. H. Robinson)写《新史学》时，他发现培根所期盼的学术思想史仍未出现。在此后的近百年中，学术史在西方始终处于相对边缘的位置。

亲近思想的学术史

在培根倡言几十年后，中国的黄宗羲写出了《明儒学案》。梁启超以为，"中国之有'学术史'，自此始也"。这个见解常被引用，其实是个创新的说法。从《庄子》的《天下》篇到《荀子》的《非十二子》，中国人很早就关注着不同学术、思想的派别及其渊源流变，并逐渐通过书籍的发展来体现学术派别的衍变（如《汉书·艺文志》和《隋书·经籍志》）。再后来，章学诚以"校雠学"来概括表述这样一种"辨章学术、考镜源流"的取向。熟悉这一学术理路者，想必不能同意梁启超关于"学术史"始于《明儒学案》的创见。

实际上，"学案"所重的是宗传，即学术的家派和谱系，并不是"史"。编撰者在梳理家派谱系时，或许也会求同存异，却不那么重视培根所关注的不同学派之间的动态"对峙"（oppositions），更不重视鲁滨孙所关心的学说与社会的互动。

而梁启超自己论"学术思想"时，也向来看重其社会影响。昔年他在《新民丛报》连载《论中国学术思想变迁之大势》，就有读者来信，说屈原《天问》一篇，因庙壁图画而作；《九歌》诸曲，以俚僮谣舞而成"；近于神经病发后的作品，"可称宗教，而不可称学派"。若"以思想言，则为不规则之思想"，不足以列入"南方学派"之中。而梁启超则以为，讨论"学术思想变迁之大势"，必须述及所有"在其时代占势力"而"可以代表一时代一地方之思想者"，不必计其"思想之为良为否、为完全为不完全、为有条理为无条理"。

《中国学术思想变迁之大势》文长近十万字，虽未完成，却是一篇划时代的文献。胡适后来就说，此文"给我开辟了一个新世界，使我知道'四书'、'五经'之外中国还有学术思想"。从该文可知，在梁启超眼里，学术与思想是密切关联的。他在文中也有几次将"学术"与"思想"分开来讨论，如"求吾学术之进步、思想之统一"；"由思想发为学术"一类，但大多数时候，文中的"学术思想"就是一个不分的整体。胡适回忆中的用语，大体也在表述类似的意义，最能体现"学术思想"一语在当年既模糊又涵盖宽广的特征。

同时，胡适把"四书""五经"作为"学术思想"的对比参照物，极有提示意义。在胡适说话的时代，"四书""五经"本身也经历着过渡——从曾经规范人伦的道义载体变为过去"学术思想"的载体，甚至当时"学术思想"的对象。这已是一个充满颠覆意味的转变了。的确，近代中国一个根本性的重大变化，即传统经典从人们的思想和生活中淡出，社会处于一种无所指引的状态。作为一个整体的"学术思想"的出现，虽不能承袭以前经典所具有的全方位社会功能，部分也是在填补这一空白。

在清末民初相当长的一段时间里，"思想"与"学术"始终维持了一种"剪不断，理还乱"的密切关系，几乎可以混为一谈。"五四"以后，梁启超写出了著名的《中国近三百年学术史》，虽然题目中已不见"思想"，仍继承了清末那种熔思想学术于一炉的取向。钱穆的同名著作亦然。两书现在都是清代"思想史"的必读书，若依今天的后见之明看，或许还更多是思想史著作。有意思的是，陆宝千先生后来写了一本《清代思想史》，共八章，以"思想"名者仅二，以"学"名者凡六。故其全书虽以"思想史"名，却继承了此前的"学术史"取向。这是否故意与梁、钱二氏开个小玩笑，只能由读者自己去体会了。

"学术史"的异化

上述现象说明，在很长的时间里，由于"学术史"缺乏自己独立的认同，产生了一些始料不及却又意味深长的结果。20 世纪 90 年代初创刊的《学人》杂志，一开始就以讨论"学术史"作为一个重要的议题，但翻开《学人》就会发现，那里讨论的常常并非总体的学术或某一具体学科、某类学术研究发展演化的历史，亦即不必是"学术的历史"，而是试图区别于"以政治为中心的历史"却又与政治若即若离的"学术史"（任何想要疏离于政治的学术尝试，治学者心里都始终未离政治）。

到 1998 年，复旦大学开过一次规模不大的"重写学术史"的讨论会。会上实际讨论的，不过是以学术的方式重写各种专门史（隐喻着过去的类似史著不够"学术"）。或可以说，会议创办者的立意其实就是要"重写历史"，却取了这样一个题目。而多数与会者对此并无异议，说明这类"学术史"概念本为不少人分享。至少，对不少学人来说，"学术史"仍是个比较模糊的称谓。或许这就是特定时空语境里有中国特色的"学术史"，仿佛查无实据，却也事出有因。

凡是模糊的，往往也是广泛的（diverse），可以向各方面延伸。近年的一个新现象，即有些学校的师生，或不知世上本有"学术史"，常把这一词语放在论文的序论之中，非常理直气壮。某次答辩时我对此略表疑惑，一位念书不错的同学告诉我，论文中必须讨论既存研究，因为要呈现历史发展的动态，所以特地不用什么静态的"研究综述"，而必须使用"学术史"。在目前不少人连静态的既存研究都不甚关心的情形下，还知道需要呈现其历史发展动态，当然是好学生。但我稍感纳闷的是，难道中文词汇中类似的意思只能在这两者之间做出抉择么？如果一定要"大词小用"，何不使用"校雠学"或"目录学"？

目录本昔人所谓"门径书"，向以"辨章学术、考镜源流"为宗旨。然自宋代以后，所谓"藏书人的目录学"逐渐取代了"读书人的目录学"，故章学诚只能弃"目录"而言"校雠"。到晚清时，朱一新更明言不能"以近时目录之学为门径"，即因其中大致已见书而不见学了。稍带诡论意味的是，今日这类序论中的"学术史"，还真受到后来低层次目录学的影响——里面往往充斥着何处何人写了何作品的罗列，却少见具体问题的研究如何发展之论述，明显可见偏重作品（works）而隐去问题（issues）的"藏书人"倾向。

进一步的问题是，如果大家都这样表述，那些实际的"学术史"研究者怎样处理他们的研究？假如也有人研究某一段"学术史"，其论文中岂不是会出现"学术史的学术史"这样极具创新性的表述？且作者还不得不费力辨析其全文所说的"学术史"与序论所说的"学术史"之异同。进而言之，现在我们特别提倡"与国际接轨"，倘若这篇论文优秀到需要翻译成外国语文，譬如英文，应当怎样翻译？是直译还是意译？如果直译，别人能看懂吗？若需意译，则翻译者是否还需进修一下有当今特色的中文？

　　曾有一个很有影响的说法，叫做"过去就是外国"；那些使用"学术史"这一词语至少几十年的学者，见此"学术史"的创新用法，或不免产生"现在成了外国"的感觉。当然，作为一种专史，正因"学术史"本身的外延和内涵都还不甚确定，它才会被赋予一些"功夫在诗外"的含义。不过，这个责任不在那些相对随意的使用者，而在我们的学术史研究者。治学术史的，至少应该让其他人知道"学术史"是什么。

　　顾名思义，"学术史"就是学术的历史，也只应是学术的历史。而其主体，不仅要有学术，更应有学人。学术史离不开具体的学术文本（包括精英和常人的作品），更当采取"见之于行事"的取向，回到"学术"的产生过程中，落实到具体学术作品的创造者和学术争辩之上，着眼于特定时代"为什么某种学术得势？原因在哪里？起了什么作用"（蒙文通语），在立说者和接受者的互动之中展现学术的发展进程。

　　当"学术史"不过作为一种广义的泛称以区别于"不够学术的历史"或"以政治为中心的历史"之时，真正学术史领域的研究也就受到了很大的影响。昔年梁启超与人辩论学术思想变迁应注重"代表一时代一地方之思想者"时，就曾特别强调他"非欲为中国哲学史也"。那真是一个预见式的辨析。很多年后，中国的学术思想史论著越来越受到哲学史的影响。就像我们很多思想史著中只有静态的"思想"本身而不见思想者动态的"思"和"想"一样，学术史似亦未能逃出"人的隐去"这一通病。

现代史学中"人的隐去"

关于我们史学中"人的隐去"这一倾向，我会专文讨论，这里仅略述其梗概。中国传统史学本特别注重"人"，古人"左史记言、右史记事"的安排，恐怕也有防止离人而言事的寓意在。后来所谓"纪传体"史书，就是以人为本位来构建历史的典型体现。这一流传了两千多年的传统，在近代遭到强烈质疑。主要的开风气者，仍是梁启超。他那句"二十四史非史也，二十四姓之家谱而已"，流传甚广，百年来多被视为对旧史学的正确概括。

不过，梁启超虽立意于批驳，却甚得中国史学以"人"为中心的基本精神。在他看来，旧史家"不过记述人间一二有权力者兴亡隆替之事，虽名为史，实不过一人一家之谱牒"；而新史家"必探察人间全体之运动进步，即国民全部之经历及其相互之关系"。梁氏更曾直接攻击"纪传体"说："中国之史，则本纪、列传，一篇一篇，如海岸之石，乱堆错落。质而言之，则合无数之墓志铭而成者。"

无数墓志铭"乱堆错落"一语，是配合梁启超另一主张，即新史学要寻求历史的公理、公例。这类几何学中的常用术语，很能体现他对"科学"的向往，然多少仍可见传统的影响。盖不论是因文见道还是通过训诂见道，"见道"从来都是治学的最终目的。唯其特别强调要写以国民群体为单位的通史，则是时代的新知。所谓一二个人与国民全体的对立，既是他

"中国无史"论的依据，也是他将具体的个人排除出史著的学理基础。梁氏因此强调："善为史者，以人物为历史之材料，不闻以历史为人物之画像。"

上述观念在中国有着长期的影响，少见有人认真反驳。即使章太炎数次表示反对，也并未从根本上立论驳斥。其实梁启超本人后来观念有较大的改变，他晚年第二次讲"中国历史研究法"，侧重其所谓"五种专史"，而主要的篇幅都在讲怎样做"人的专史"。最具象征性的显著转变是，梁氏明确提出，"做《中国通史》"，可以考虑"用纪传体做一百篇传来包括全部历史"的计划；亦即"用合传的体裁"来改造"二十四史"，或"以专传体改造《通志》"。他确信，分门别类地选择历史上一百个人物做成传记，"尽能包括中国全部文化的历史"。

要知道当年梁氏心目中的"文化"是包括政治在内的，这就等于用一百篇传记来构建中国通史。换言之，梁启超已基本回归到了他曾经强烈质疑和反对的"家谱"方式，不过在意识层面更加系统化，而不再是他所谓"乱堆错落"了。从斥责二十四史为"家谱"，到强调"完全以人物做中心"来撰写通史，这一观念转变是根本性的。可惜那时梁启超已有些淡出时代思想言说的中心，他的这一转变未曾引起多少人的注意，对当时和后来的历史叙述影响不大，而其早年的"家谱"说则流传广远。

这与后来西方和中国的学术大背景有直接的关联，人——特别是具体单个的人——的隐去，是第二次世界大战后西方史学中一股很强的潮流。除早年或有针对所谓英雄史观的意向外，更多与史学的社会科学化相关，也不排除受到整个社会生活中人的异化和物化之影响。在很长的时间里，多数史家都曾努力叙述国家、民族、阶级等集体或群体的历史。在将人群体化后，更抽象为类别、角色，以凸显其结构、功能等范畴，又进一步使具体的个人淡出。就连处理人的心理这一本来最具个体性的方式，也呈现出日益集体化的趋向，逐渐从个人的心理分析转向集体心态(collective mentalities)的追索。

"人的隐去"虽在 20 世纪后半叶更为明显，但在西方史学中却有长久的渊源。恩格斯注意到，在基督教神学观念影响下，西方史学曾长期不脱"天国史"的阴影，史事既成神的启示，历史本身自然失去意义。哲学家黑格尔已算很重视历史，但在其眼中，"历史不过是检验他的逻辑结构的工具"；甚至自然界也"只是观念的'外化'，它在时间上不能发展，只是在空间中展示自己的多样性"。与此相类，18 世纪的欧洲唯物主义也因"不能把世界理解为一个过程，理解为一种处在不断的历史发展中的物质"，从而形成一种"非历史的观点"。所以恩格斯在 1844 年就强调要注重"人的启示"，提出"把历史的内容还给历史"。

恩格斯所说的"天国史"阴影，章太炎也曾注意到。针对中国史著皆"家谱"的指责，太炎强调：中国文化重人世而轻宗教，故"历史自然依帝王朝代排次，不用教主生年排次；就是看成了家谱，总要胜那个鬼谱"。以帝王"家谱"对应所谓教主的"鬼谱"，确实能凸显"前近代"中西史学的一个歧异。在神学影响衰退后，西方史学曾出现一个从普遍走向个别的相对主义倾向，但似乎较少体现在个人之上。

同时，尽管恩格斯注重"人的启示"，受马克思主义影响的学者，其眼里的"人"主要也是群体的。在后来史学社会科学化的进程中，史家处理的更多仍是群体的"人"。而在近代中国，由于"科学"基本是外来的，叙述人群进化的非"家谱"史学也是外来的，想要弃主观而求客观的努力就表现得更为有力。首先是人被群体化，然后是群体的抽象化，结果是真人隐去，似乎必让个人消失才显得"科学"。

侧重学人的学术史

上述的发展倾向，是有些不幸的。尤其因为中国本有梁启超所谓"以人物做中心"的史学传统，我们史学中"人的隐去"就显得更为不幸。不过，20 世纪中国史学中类似的倾向，不能也不必特别归咎于西方的影响。如前所述，梁启超就有着直接的贡献。正因此，梁氏晚年向传记的回归，应引起我们更多的关注。不是说一定要像他所设想的那样用各种人物传记来构成通史，至少可以让更多个体的人出现在史学论著之中。

前引恩格斯所说"把历史的内容还给历史"，意味着"历史"本当是关注"人"并侧重于"人"的。我们确实需要将隐去的"人"召回到历史著述中来。前些年西方流行的"微观史"，就已向个体的人回归，而且还特别侧重无名之辈。通过对其生命历程和思想观念进行细致分析，以展现普通人的思想世界——其核心是以可分享的个体生活"经历"来颠覆被既存论说抽象出来的整体历史"经验"。

在中国，所谓纪传体的史书，特别是所谓"前四史"，以前也常是作文的范本。后来史学著述"可读性"的降低，多少也与"人的隐去"相关。盖因向往"科学"，史书中原本栩栩如生的个体之人纷纷淡出，留下无数图表数据"乱堆错落"，叫人如何能爱它！其实，有趣的故事，不仅更吸引读者，同样可以揭示重大的主题。盖任何大事小事，背后都隐伏着更为广阔的文化面相。而越是个体的生活"经历"，便越可与人分享。无名之辈如此，精英亦然。

钱穆曾说，"历史讲人事，人事该以人为主，事为副"。尤其"思想要有事实表现，事背后要有人主持。如果没有了人，制度、思想、理论都是空的"。这一见解，很值得研究者思考。与思想史相类，我们或许不一定非要划出一个"学术界"来进行讨论，学术史完全可以也应该是学者治学的历史。

历史的共性，本蕴藏于且可以展现在个人的经历和体验之中。所谓学术史，最好让读者看到学者怎样治学，并在立说者和接受者的互动之中展现学术思想观念的发展进程。若采取"见之于行事"的取向，回到"学术"的产生过程中，落实到具体学术观念、取向的创立者以及当时的学术争辩之上，即不仅摘取其言论，而是将每一立说者还原为具体场景中活生生的人物，或能避免人的过度抽象化，甚或"物化"。这样，不仅研究者可能会有更为深入的体会和认识，学术史本身也会因增强活力而吸引更多的读者。

行路与作文：兼及史学表述

2014 年是缪钺先生诞辰 110 周年，我曾写了一篇先生论表述的小文，借表怀念之意。温习先生全集时有一个很深的印象，即缪先生诗文兼修，作文强调"要言不烦"，以"简明清畅"为原则；作诗却主张"贵婉折而忌平直，贵含蓄而忌浅露"。但含蓄却并非吞吞吐吐，反而是"用笔时要能飞跃"，不能"一步跟一步地走"（说详拙文《缪彦威先生论表述》）。

胡适也认为，"古人说的'含蓄'，并不是不求人解的不露，乃是能透过一层，反觉得直说直叙不能达出诗人的本意，故不能不脱略枝节，超过细目，抓住了一个要害之点，另求一个'深入而浅出'的方法"（《〈蕙的风〉序》）。所谓"脱略枝节，超过细目"，或许就有点用笔时飞跃的意思。这样一种飞跃式的含蓄，是需要慢慢体味的。

一

缪先生年轻时曾提出，"校订训诂，乃学术之蘧庐，可一宿而不可久留"。譬如：

自沪赴都，秣陵、历下，为所必经。然若终身徘徊于秦淮河边、大明湖畔，访六朝之遗迹，挹山水之灵光，即使选胜搜奇，纤细不漏，亦只可为抵宁抵济而已，岂可谓已抵都乎？

此虽非论文章，实亦代表一种表述的态度。以行路论作文，好像还是一些人爱用的比喻。敝友将无同（江湖人称"同老"）在批评一位年轻朋友文章枝蔓时就曾举例说：

> （一个人）从地铁古城站上车到建国门来上班，中间经过了很多站，如果每站都下车转转，那什么时候才能到达建国门站？枝蔓的文章往往就是这样每站下车，自己不能控制自己。我们要牢记：目的地才是最重要的。为了尽快到达目的地，应该走最近的路。写文章时，一切与主题关系较远的讨论都要删去，保证线索的清晰应该是第一位的。如果过于爱惜自己的每一点想法，就势必冲淡主题，使得线索不清楚。这是很不划算的，因为一篇文章中，我们最想告诉读者的毕竟是主题、是线索。

按胡适的评判标准，诗分三等："浅入而浅出者为下，深入而深出者胜之，深入而浅出者为上。"（《〈蕙的风〉序》）若诗文标准可通，同老向以文章简约而义据通深著称，属于最上一等，那是一般人想学也很难学到的。其比喻和缪先生论训诂相近，也与朱子说读书的意思相通。

朱子曾说，"凡读书且须从一条正路直去，四面虽有可观，不妨一看，然非是紧要方子"；若"看书不由直路，只管枝蔓，便于本意不亲切"。不过，他老人家又说，"学者观书，不可只看紧要处，闲慢处要都周匝"。看文字"须是周匝，看得四通八达、无些窒碍，方有进益"（均《朱子语类·读书法下》）。这便有些像飞跃式的含蓄，周全而不易拿捏。

同样诗文兼修的陈衍，也曾以行路喻作诗。在他看来，作诗与出行相类：

> 今日要访何人，今夜要宿何处，此是题中一定主意，必须归结到此者。至于途中又遇何人，立谈少顷；又逢何景，枉道一观；迤逦行来，终访到要访之人，终宿到可宿之处而已。苦必一步不停，一人不与说话，一步路不敢多走，是置邮传命之人、担夫争道之行径矣。（《石遗室诗话》）

陈衍治学范围虽宽广，毕竟偏于"文人"，所以说话不免刻薄一些。柳诒徵也曾把读史与行路相比较，以为看教科书就类似乘火车：

> 教课书都是鱼网式的，虽则能有纲有领，但是中间尽是空穴。就是因为它纪叙史事虽然也能有头有尾，却忽略了中间经过情形的缘故。所以读历史教本，好像乘火车一样，从起点到终点，时间固很快，但是沿途的一

切情形，都只是一瞥而过，没有得确切的真相。所以我们研究历史，最好还是看《纪事本末》、《通鉴》、《易知录》等，较为有用。能够得看他的一切经过情形，方不至有所误会。(《历史之知识》)

此关于纲领和空穴，或本朱子所说，"读书先须看大纲，又看几多间架"。就像看屋子，"先看他大纲，次看几多间，间内又有小间，然后方得贯通"(《朱子语类·中庸一》)。无论如何，陈、柳二位都不甚赞同快速直达的取向。以朱子的术语言，便是不欣赏只有大纲而无间架。柳先生显然主张坐火车也不妨下来看看沿途风景，了解"一切经过情形"。这和游园有些相近，陈衍便曾以园林布置喻作诗，以为：

> 诗要处处有意，处处有结构，固矣。然有刻意之意，有随意之意；有结构之结构，有不结构之结构。譬如造一大园亭然，亭台楼阁，全要人工结构矣；而疏密相间中，其空处不尽有结构也。然此处何以要疏，何以要空，即是不结构之结构。作诗亦然，一篇中某处某处要刻意经营，其余有只要随手抒写者，有不妨随意所向者。(《石遗室诗话》)

这段话原在上引说出行一段前面，园林布置是基于观赏的需要，故游园亦与出行相通。以游园的心态行路，自不妨遇人立谈少顷，逢景枉道一观。

缪钺先生也曾提出，画有浓淡疏密，小说也有奇警处和平凡处。好的作家"写小说也如同园亭艺术家之修造园亭一样，总是利用各种可能利用的地方，使它丘壑变化，曲折生姿"。若合游园与出行观之，缪先生虽主张出行以抵达目的地为首要考虑，似也不反对途中"枉道一观"，否则岂不辜负了园中曲折生姿的丘壑变化。

陈衍的言外之意，游园者不能向挑夫、邮递员看齐，还是走走停停更好。不过有一点是不能忽略的，即游园者或接近昔人所说的闲暇阶级，游园也更多是闲暇行为；而挑夫邮递员的所作所为，却是谋生，容不得走走停停。当学术表述也成为谋生的一部分时，学者究竟向谁看齐，还真要费些斟酌。

二

孔夫子早就说过，"言之不文，行而不远"。对于文字作品来说，表述的重要是不言而喻的。李翱便注意到，西汉皇帝除高祖等两三人外，"不皆明于东汉明、章两帝。而前汉事迹，灼然传在人口"，都因为司马迁、班固"叙述高简"，故"学者悦而习焉"。而《后汉书》《三国志》等，学者便不常温习。故"温习者事迹彰，而罕读者事迹晦。读之疏数，在词之高下"（《答皇甫湜书》）。

作文总是要让人读的，或如茅盾所说，文艺作品本"以感动人为使命"，然而感人的力量并不在文字表面上的"剑拔弩张"。譬如酒，有上口极猛的，也有上口温醇的。上口极猛者，当时若甚有"力"，可是后来亦不过如此。上口温醇者则不然，喝时不觉得它的"力"，过后发作起来，真正醉得死人！真正有力的文艺作品，应该是上口温醇的酒。题材只是平易的故事，然而蕴含着充实的内容，是从不知不觉中去感动了人，去教训了人；文字只是流利显明，没有"惊人之笔"，也没有转弯抹角的结构，然而给了读者很深而且持久的印象。(《力的表现》)

李翱提出的使人温习，近似于茅盾所说的"过后发作"，若以此为目标，"上口猛"者在效果上似不如上口温醇者。但若以"争取"读者为目标，则胡适便曾注意到，"廖平与康有为同治今文学，康的思路明晰、文笔晓畅，故能动人；廖的文章多不能达意，他的著作就很少人能读"(《科学的古史家崔述》)。

任何写作当然不能不为读者考虑，今日有人就在思考：学术作品是否需要流行？假如答案是肯定的，又在什么范围之内流行？我想，学术作品的读者面当然越广越好，惟雅俗共赏是可遇而不可求的。至少在目前的社会，共赏的可能性已微乎其微，多数人恐怕不能不针对其预设的读者层次而写作。

进而言之，为了读者的接受，学术作品是否需要简化本可多样化的表现方式和能力？即使是，表现的丰富性可以简化到何种程度？论学首先要能见其大，而学术的高明之处，似乎正体现在那微妙的异同之间。尤其史学最需要表现人物、事件和群体的"个性"，省略了细微处的精致之后，线索的清晰能展现什么？实际展现的又是什么？更进一步的问题是，细微处的精致与线索的清晰真是冲突的吗？如果可能不冲突，怎样协调而获得一定程度的双赢？

亨廷顿以为，"地图越详细，就越能充分地反映现实"。但"过分详细的地图对于许多目的来说并非有用"。若沿高速公路从一个城市去另一城市，就"不需要包括许多与机动运输工具无关的信息的地图"。一旦"主要的公路被淹没在大量复杂的次要道路中"，反可能使人糊涂。而只有一条高速公路的地图固然简明，在高速公路被交通事故堵塞时，也会"限制我们发现可供选择的道路的能力"。所以，真正好的地图，应是"既描绘出了现实，又把现实简化到能够很好地服务于我们的目的"（《文明的冲突与世界秩序的重建》）。

简言之，能够适应需要的地图就是好地图；而判断的标准，视地图使用者之目的而定。表述亦然。不论是否学术性的写作，从来有两种倾向，一趋简明，一尚婉转。其实顾炎武早就说了，"辞主乎达，不论其繁与简也。繁简之论兴，而文亡矣"（《日知录·文章繁简》）。文是否亡且不说，繁简之间的紧张甚或对峙，其实一直在延续。鲁迅所说文章"写完后至少看两遍，竭力将可有可无的字、句、段删去"（《答北斗杂志社问》），便曾是广被引用的名句。

而过于简洁，有时可能失真。李济晚年说，近三百年来，欧洲学者往往"从整体论的角度描述中国文明"，不是对中国文明表达"至高的尊敬"，就是表现出"极端的轻蔑"。两者都是"试图把一幅庞大复杂的风景画简化为简单图像而造成的"。就像"中国古代的山水画家或现代漫画家：灵感一来，几笔就把要画的主题画得十分高雅或极具讽刺意味"。其共性，则都缺乏胡适所说的"有证据的知识"（《再论中国的若干人类学问题》）。

在某种程度上，因为很难把研究的探索进程全面表出，学术表述多少都有着把庞大复杂的画面简化为简单图像的倾向。如果能在"有证据的知识"的基础上，"几笔就把要画的主题"表现出来，是可遇而不可求的优点。例如同老，由于在研究中所思考的问题常逾越时流，所以其论述虽简洁，读来并无"灌输"的感觉，反生史料充盈之意趣。但表述者的把握是个重要的关键，如果把握不住，就真可能差之毫厘，谬以千里。

梁启超说过，"会切烧鸭子的人，块块都是肉；不然，便块块都是骨头"（《读书法讲义》）。话说得通俗，却极有道理。心术不好的人或从中看到"作假"，其实这正是所谓表现的手法。中国菜讲究色香味，而同样被看重的还有整体的菜及具体食材的形态，皆涉及表现。同一烧鸭子，可以呈现为块块都是肉，也可能块块都是骨头，两者相去甚远（包括口感），足见表现方法的重要。

表述不仅重要，也有方法可循。"修辞立其诚"就是一切表述的基本法，"言有物"则是学术表述的津梁。以史学为例，好的文字，第一要把事情说清楚，第二当以有限的文字表达尽可能多的意思，第三最好能余音绕梁，使读者每读一遍，皆有所获。史家若文字晓畅，辞足达其所欲表之意，又善用史料，能言人所不能言，则文字虽极清通，实仍"辞约而旨丰"。

另一方面，我们现在知道，即使在史料极其丰富的近代，遗存下来的史料，尤其是我们所实际接触到的史料，也都是残缺不全的，遑论古代。史家欲再现史事，必须通过对材料的排比、连缀等"组织"功夫，以连接散落断裂的碎片。但对任何一个具体的史学题目而言，材料的数量总是远远大于表述出的学术"成果"，史家又都面临一个对材料的选择、取舍和安排等"组织"问题。换言之，就整体言，我们永远都在不足中连缀；就具体的题目言，我们可能更多是在丰富之中取舍。

一般情形下，面对浩瀚的史料，如果研究者提出的"问题"不同，思考问题和看材料的取向就不同，支持其解决"问题"之论证的依据也不必同，则史料的选择和排比都可能出现很大的差异。故"提问"往往具有引导性，通常也就决定了对史料的选择和排比，以及后面的论述和论证。这就不仅要看作者的表述能力，更要视表述对象而定。

如毛宗岗所说，《三国演义》的笔法，看似"绕乎其前，出乎其后，多方以盘旋乎其左右"，实则"古事所传，天然有此等波澜，天然有此等层折"（《读三国志法》）。这是一个重要的提醒，对历史叙述而言，天然没有，不宜使之有；天然已有，不能使之无。历史上的人与事本有其发生发展的逻辑，撰述者有所结构，也最好顺应其原初的逻辑，彰显事物本身的逻辑力量，便可收不战而屈人之兵的效果。

刘咸炘便强调，"史迹变动交互，必有变动交互之史体，乃能文如其事"（《史学述林》）。至少对史学而言，"文如其事"或许就是最高的标准，又何有于简繁。

原刊《文汇报·文汇学人》2015 年 1 月 16 日

七、史学的书

姑妄言之

——历史专业本科生可读的一些书

说到开书目，可能很多人都会想到鲁迅当年"开不出"的回答，那当然是针对当时媒体和舆论界一些倾向有意"说不"。其实他私下也曾给朋友许寿裳的小孩开过书目，计12种，且均是旧书。这又与他所说的青年最好少读或不读中国书的名论相悖，但那同样是有针对性的：不仅因为"中国古书，叶叶害人"，且当时"新出诸书亦多妄人所为，毫无是处"。鲁迅深知群体"认同"的巨大影响，当年肯开、敢开书目者，恐怕也不乏"妄人"，所以他不愿在特定场合有同类行为而沦落到与此辈为伍。

其实鲁迅并不真正反对开书目，即使不够趋新且曾遭其质疑的"国学"，他也认为可以开一些，并曾"留心过学者所开的参考书目"，但"结果都不满意"。他婉转影射胡适曾经开具的庞大"国学书目"说，"有些书目开得太多，要十来年才能看完，我还疑心他自己就没有看"。所以，书目还是"只开几部的较好。可是这须看这位开书目的先生了，如果他是一位糊涂虫，那么，开出来的几部一定也是极顶糊涂书，不看还好，一看就糊涂"。

不过，如果开书目者不是自居指导地位，而是以曾经读书的"过来人"地位出其经验教训，为今日面临"读书"选择的年轻人提点参考建议，即使其中仍不免有"妄人"和"糊涂虫"，也不十分可怕。若能出现更"多元"的书目，似乎也是理想的状态。且今日世风已变，读书人一呼百应的局面早已不再，其所开书目必无当年那么多人追随，则其正面负面的影响本也有限。岂不闻"难得糊涂"一说，"糊涂"境界固非易得，姑妄言之。以下提到的书，不求全面，且必有偏见（因久已无看"闲书"的时间，尤其近年出版的文学书籍极少触及），不过供参考而已，各人恐怕还是选择与自己兴趣相近者读之最好。

以今日中学教育的实际状况和大学生的实际水准，本科教育大概会越来越朝着素质教育的方向发展。素质当然与知识有相当程度的关联，但未必以知识（特别是所谓专业知识）为核心。故历史专业本科生的读书范围，不一定非集中在史学方面不可。我同意一个流传很久的看法：开卷有益。本科期间，不妨尽量强化一些基本技能（特别是与文科学生今后的择业直接相关的中、外文口头和书面表述能力），读书以泛览为主，很难说什么是必读书，最好尽可能多读。

我想，《三字经》《千家诗》《幼学琼林》《增广贤文》这些过去的蒙学读物，包含了许多中国文化中与人生日用最直接相关的理念，虽不一定都特别"高尚"，却是应该了解的。进一步言，如果可能的话，孔孟老庄四位的作品都以不求甚解之法熟读为宜，以后受用无穷。

中外小说所谓名著都可读，最能了解与我们时空不同的文化，特别是那些人的生活习俗和思想心态。我特别推荐读一些中国的武侠小说，从还珠楼主到金庸的均可读，应能了解到一些中国文化中"荐绅先生"不言的层面，对真正的道教（非学院派教师爷所说的道教）和民间宗教的认识或有助益；尤其各时代"练武之人"的一些基本心态和观念，至少有助于了解战国至秦汉时代的社会（尽管金庸所写的时代皆晚，但"游侠"是司马迁和班固为之立传的社群，到《后汉书》则无，说明两汉之间社会有很大的变化，有些精神和观念当在民间流传，而各类武侠小说中多少都能看到一些）。

关于外国小说，报纸上说今日青年中已有人觉得巴尔扎克的小说晦涩难读，使我感觉有些可怕。这大概不全是阅读能力的问题，或提示着求知方向的转移（如怎样获取"第一桶金"的传记，尤其出于美国者，便是许多少年的新宠）。但年轻人也不必自卑，当年胡适读托尔斯泰的《安娜·卡列尼娜》，就以为"甚不易读"，甚至感觉"非有耐心，不能终卷"。这部分或因他把小说当成俄国社会史来看，与我这里所说相类，都是"功夫在诗外"的取向，文学家恐怕是要大摇其头的。

我这一代人少年时读得较多的恰是我们近邻俄国的小说，其中托尔斯泰的《战争与和平》似与史学较近；观其如何安排宏大的场面，而不时穿插日常小事，巨细浑然一体，至为融洽，今后写论文及专书时正可学而习之。陀思妥耶夫斯基的小说长于内心世界的描写分析，欲治思想史者读了当有助益。此外，侦探推理小说可视为作者和读者的智力竞赛，欲治考证者可多读，也可帮助一般人养成巨细不遗的逻辑思维习惯（到了看一半即知结局的程度即已在竞赛中胜出，可以辍读）。近年翻译较多的博尔赫斯著作以智慧见长，颇能"出新意于法度之中"，喜欢参加辩论和接受媒体采访者尤可多读，因其中不少类似"脑筋急转弯"的思路（层次当然较高），应付媒体至为合宜。

所谓专业书籍，很难确定何者当读，何者不当读（有些书如《易经》和专谈性理的理学、心学书籍等也许不适宜多数本科生阅读）。《史记》《汉书》《后汉书》《三国志》《资治通鉴》可通读或选读，却不一定作"专业书"读。通行的教科书其实最不必读（许多老师一定不同意），但为考试似乎不得不读。研究历史当然最好是读原始材料，不过，未入门者或许以读一些离我们时代较近的名家著作比较好一些。管见所及，近代通人中，文字较流畅的至少有章太炎、梁启超、刘师培、鲁迅、胡适，他们的书以至少翻阅一下为好。

其中最宜读的可能也最易读的或要算《章太炎的白话文》。太炎本以魏晋文章名世，他自己也颇以此自负。但在传统断裂日益严重的 20 世纪，颇具煽动性的章氏文字不久即以难读著称，知音日稀。惟在辛亥革命前夕，太炎也一度曾与弟子钱玄同等在东京办白话杂志，专门为旧学不深的留学生说法。其实表述方式的更易并不意味着著述内容的差别，学问深邃者在针对"外行"或初学者有意浅出时，未必就会降低其学术识见以逢迎接受者，反往往以高屋建瓴的方式和盘托出其最有心得的结论，只是略去了专门家感兴趣的具体考辨和论证而已。

若欲读更专门的，中国古代史家当读的有王国维、陈寅恪、蒙文通、傅斯年、徐中舒、顾颉刚、吕思勉、钱穆、陈垣、郭沫若等，可择性相近者读之。与我们表述方式相类的当世学者中，三联书店正在推出的六本余英时先生论著，甚可一读。近现代史的著作稍难确定何者当读，因为对近现代史有意识地进行"研究"是 20 世纪的事，尚不及百年；积累太浅，迄今未能出什么大家（专治近现代史者或未必同意）。这样，中国近现代史是处在一个什么人的论著都可以不读，若进行研究则所有相关论著都不能不读的境地，自然也难有书目可开列。不过近年出版的王汎森所著《中国近代思想与学术的系谱》，识见和文笔俱佳，值得一读（台北版更好）。

原刊《南方周末》2004 年 7 月 1 日

评《中国近代思想与学术的系谱》

　　本书是王汎森教授关于 19—20 世纪中国论文的汇集①，全书共收论文十八篇，另有二篇附录。作者声明他并未试图"写一部通论近代思想、学术的书"，且因各文写作机缘不同，也"没有预想一个系统"，只是对这段历史中较为人所忽略的层面做些研究，之所以命名为"中国近代思想与学术的系谱"，是因为"这些文章中似乎仍有一条线索"，恰体现在全书所分的三大部分：从"旧典范的危机"到"传统与现代的辩证"，再到"新知识分子与学术社群的建立"。

　　如其"自序"所说，不管近代中国的社会政治有多少实质的转变，"至少在思想或理念的层次上"可见明显的"断裂和跳跃"。而中国思想界这一不安定期，便始于清道光年间。也就是说，近代中国思想和学术变化的"起点"要早于一般视为近代史起点的鸦片战争。王先生从不同的侧面梳理向居清代学

---

① 王汎森：《中国近代思想与学术的系谱》，台北，联经出版事业股份有限公司，2003。

术正统的汉学(古文经学)在晚清的衰落和理学、宋学、今文经学等兴起这一中国学统的内在变化,同时他也相当关注时代社会外在语境的影响,以动态而非静止的眼光考察世局对读书人的困扰以及后者的因应,使时代社会、政治与思想、学术的关联互动得以凸显。在鸦片战争之前,已出现"一大批希望改弦易辙的士大夫",王先生考察了其中的方东树、邵懿辰、汪士铎、太谷学派等上层和下层知识分子,这些人的种种变化体现出"旧典范的危机",也代表着新时代的动向。

这一部分可以说是本书的一大贡献,盖道光年间处于学界一般认知的"古代史"与"近代史"之间,上无"英主",下乏名臣,在政治史上已不甚得到重视;学术与思想更因承接乾嘉鼎盛时期之后,仿佛无多可述;恰似两幕高潮间的垫戏,盛宴初散席时的萧索,向来是清史研究中的薄弱环节。尤其是专治近代史者,不少人在探讨中外交往时常常会上溯到18世纪的马戛尔尼使华,但对这一近在咫尺的转折朝代却近乎目不斜视。其实道光一朝史事的被忽视,会直接导致对此后变化的难以索解。当时不仅有太谷学派这样的下层知识分子在努力因应时代困局,晚明曾有过的"经世文编"恰在道光时期重现,那些士大夫的务实倾向恐非无因而至,正体现出朝廷对漕运河工一类世务的关注。转折已然出现,不过昔之治史者多视而不见。上述旧典范的危机则"设定了一个背景",成为"以后诸篇文字发展的张本"。

在此背景之下,复有外力的冲击,便产生出"传统与现代的辩证"。近代中国从传统到现代的路径未必不可见清末民初人最乐道的线性因果关系，但远更曲折而蜿蜒，"传统"自身"是在一次又一次的诠释与使用中获得它的活力，也在一次又一次的诠释中改变它的风貌"。也只有将特定时代对"传统"主动的诠释和使用考虑进去，才能了解传统与那个时代的关系。而外力的进入也意味着新"思想资源"的出现，"概念工具"的变动可以改变一个时代的思想面貌。王先生主要讨论了晚清中国思想中的日本因素，正如他所说，"语言与概念非但表达了社会的现实，它也'建构'了社会事实"本身。结果，西方的学说可能以中国的面貌出现，而中国当时的困境更能够逼使这类思想易于为人接受。像刘师培这样一个本可成为经师的士人不得不在艰苦时代中挣扎，集"反西化的西方主义"和"反传统的传统主义"于其一身之上。

深入剖析近代中国传统与反传统的关系是王先生多年研究的一个重点，近代外力的威逼促成了本来极为复杂且充满紧张性的中国传统文化的重组与变化，文化的承担者也有种种复杂的反应，一些看似具有共相的表面现象之下其实隐伏着"多歧性"特征。同时，不少对立或冲突的思想和行为又无意中产生不谋而合的后果。近代中国思想史这一最复杂又最具挑战性的曲折演变经王先生的研究而逐渐为中西学界普遍接受，已成为近年中国近代史研究的一个主要走向。

文化的重组自然将历史记忆带入论域。以我孤陋的闻见，王先生似乎是汉语学术界最早讨论"历史记忆"这一问题的。清季士人通过对历史记忆的召唤重塑传统，结果是"国"与朝廷的两分和"君学"与"国学"的对立。"国粹"的构建既"是一个历史记忆复返的过程，也是选择性遗忘的过程"。而传统与现代复杂的纠缠也表现在私人领域上，本书虽然只收了一篇讨论"私人领域政治化"的论文，作者自谦为"有关这个现象的举例性探讨"；但从王教授对晚明清初的相关研究看，17世纪以降的中国"私人领域"恐怕是他近年相当着力的一项研究，也许我们很快能看到这方面的后续著述。

对儒家传统进行再诠释本是一些晚清士人因应内外乱局的努力，有时这类再诠释的工作因现实的逼迫而进行得太过急躁大胆，使学问一步步"工具化"，脱离了它原来的脉络并逐渐失去其自主性。反过来，近代中国"思想资源"和"概念工具"发生的剧变又作用于当时的思想界，推动、改变或型塑了从思想到学术的一系列重大变化。在体制上，废科举使千年以来仕、学合一的传统中断，既突破了儒家正统思想的限制，也导致一部分八股文化下的旧士人转变为现代"知识分子"这一划时代的大变化。仕与学分途之后，做官不再是读书人唯一的出路，一些重要的新知识分子试图"为学问而学问"，为"建立一个学术社会"作出了持续的努力，这就是本书第三部分探讨的内容。

然而，在具体的学术研究方面，并不一定是"新知识分子"才具有新眼光，一些身心偏旧的读书人同样在讲究多元、强调变化的现代观念影响下与新人物一起开创了不少新诠释典范。王先生以傅斯年为中心，从多个侧面重建了"古史多元观"这一新学术诠释典范形成与传播的历程。但要求学术独立的努力又与希望以"主义"来指导一切的有力趋向伴生而互相冲突，同时，另一个曾经表现在"汉宋之争"中而始终不曾消失的紧张继续存在于新的"学术社会"之中——追求学术独立可能带来学术研究与现实致用之间的紧张，这似乎即是邵懿辰等重新诠释儒家传统所希望解决的问题。

本书与王先生其他著述一样，文字晓畅通达，辞足达其所欲言；既能关照今日西方学界思考的重大问题，又体现出作者对晚清学术传统内在理路的深刻把握，且所著皆"见之于行事"，并不以"空言"似的泛论出之，是一本难得的好书，必会成为中国近代思想与学术研究的典范之作。

原刊《中国文哲研究所集刊》第 25 期

通过日本认识西方的梁启超

辛亥革命前十年间对中国读书人影响最大者，不能不说是梁启超。英语世界关于近代中国人物的研究中，传记性论著最多的，也是梁启超（迄今至少有四本）。但是日本的狭间直树教授认为，与梁启超在近代中国所发挥的巨大作用相比，后人对他的研究仍是不够的，主要因为"他既反对国民革命又反对共产主义，不论是与国民党还是与共产党都处于敌对的状态"。狭间教授所论的是世界性的梁启超研究，一个历史人物与国共两党的关系可以造成这样广泛的影响，令人对"史学"本身的反思之处真是很多。

《梁启超·明治日本·西方》（社会科学文献出版社，2001年）是狭间教授在京都大学主持有关梁启超的"共同研究"的结果，书名反映了原初的关怀，即研究"以日本为媒介认识近代西方"的梁启超。近代中国人因国力不竞而思变求变，向西方寻求真理。屡受西方欺凌的中国人竟会主动向敌人学习，尤其是甲午中日战争失败以后，大量的中国学生涌入敌国日本而转手学习西方，这个有些不合人之常情的"师敌"现象非常值得探究。江苏松江知府濮子潼在 1898 年即注意到，那时有人就以"日人我之仇雠，不当使之借箸"为理由反对效法日本。

濮氏自己则主张与其"远效西人，不若近法日本"。这在当时也是流行的观念，康有为在其《日本书目志》中曾形象地说："泰西诸学之书，其精者日人已略译之矣。吾因其成功而用之，是吾以泰西为牛，日本为农夫，而吾坐而食之。"康氏自己在论及具体门类时，一则曰泰西如何、"日本法之"；再则曰泰西如何、"日人效之"；但仿效的过程自然包括意识层面的更易和无意中的失真，仿效者本身在此进程中也会形成其带有新特色的文化学说。对"坐而食之"的中国学习者而言，被仿效者或者也可说就是"日本学"（时人多称"倭学"）。

毫无疑问，甲午庚子期间的中国人最初的确是想"以日本为媒介认识近代西方"，但"倭学"本身的地位也逐渐提高；且这一提高正像西学"证明"其优越一样，也大大借助了外力。如果说甲午之役向中国人证明了变法维新的必要，1904—1905 年日俄之战以日本战胜而结束，进一步确立了向外国学习改革内政的必要，日本也以其学习成功的典范提高了"倭学"的地位。

《东方杂志》的一篇文章在战争期间就从中看出了特别的意义：日能困俄，则"种族强弱之说，因之以破"。当年起源欧洲的白人优于杂色人的说法相当盛行，日本和中国都曾出现与白人"合种"的设想。盖中西差距若"由于种族，则天之所命"，难以更改；若是"出于政教、由于历史，则人尚能竭力以修改之"。日俄之战证明了后者，既然"黄白之例不可尽信"，则事在人为，"人能造之，吾必亦能"。可以想见，"日俄战后吾国人之理想必有与今大异者矣"！对许多相信西方战场取胜是其文化优越的时人而言，日本人做了同样的事当然也就"证明"了同样的理念，"倭学"的地位自不同往昔。

日俄战争前一年，王闿运曾说时人所习"名为西学，实倭学也"，多少有些不以为然的意味。然同年旧金山出版的《大同日报》已在其"缘起"中引"泰东西名哲之言"以为据。从"泰东"与"泰西"的并列，可知当时西方在中国的文化权势已逐步扩展到"泰东"（即日本）身上；在一些中国士人的认知中，日本学虽因转贩西学而获其地位，但此时已不仅仅是依附西学，而是渐具独立的身份认同了。

到1906年，山西举人刘大鹏遇到两个新近游学日本的本省士人（一进士一生员），"盛称倭学之高；言倭之理学，华人不能其万一"。这些人当然有可能如刘氏所言："舍吾学而学倭学，宜乎倭学之高也！"但倭学这一名词的正面出现，实亦提示着日本学在中国士人心目中的独立。反过来，倭学的"独立"及其远比中国学高明的认知，又提示着中国在近代文化竞争中更为惨重的失败，因为在中西对峙的格局中，已出现一个中介的倭学，则中学与西学的距离就更增大了。

在倭学走向正面的同时，一些真正从日本传入的事物却变成了中国传统的负面象征。由日本人创造的人力车由曾居日本的西方传教士带入中国，其最初的乘坐者，也多是租界里的西洋人。但后来人力车常被更晚来华的西人视为中国的特征，和另一舶来品鸦片一起成为西方之"中国形象"的一个负面组成部分，在转了数圈之后又由阅读西方书籍的中国知识分子带回来作攻击传统之用（五四新文化运动时期西向知识分子攻击传统最多的就是八股、小脚、鸦片和人力车）。近代中西胶着之复杂早已是"层累堆积"且循环往复了许多次，本身也处于变化之中的日本在其中的作用至关重要，它的形象甚至本体在这一过程中恐怕也有不少"异化"吧。

葛兆光先生一篇文章的题目"西潮却自东瀛来"大致描绘了甲午庚子期间的情形，尽管有传教士和江南制造局等译书的努力，晚清士人更多仍是通过日本吸收西学。读了《梁启超·明治日本·西方》所收的14篇论文，的确可以对梁启超和明治日本的密切关系有远更深入更切实的了解。从更宽广的意义言，这里试图揭示的是作为世界近代文明的一个组成部分之"东亚近代文明圈"怎样层累地形成在对西方近代文化的"日本式输入"之上；梁启超经日本而输入的西方文明向以"浅薄"著称，这也是更早"日本式输入"的特点，两者其实都适应着时代的需要——当年日本和中国所要求的并不是学问上严谨的论文，而是对政治甚至文化变革能发挥刺激作用的文字。

对中国学者来说，本书最具启发性也最需要认真体味的是其研究取向和方法；而本书在具体史事上的实际贡献也足以表明，"过去对梁启超的研究仍很不够"这一看法是有依据的。就目前而言，日本学者脚踏实地的精神对处于急功近利学风影响下的我们有直接的警醒作用：这一"共同研究"历时四年，参与的研究人员十几位，多数是已树立学术地位的学人，包括法国的巴斯蒂和美国的傅果两位外籍学者。试想，如果我们提出一个计划，要集中这样多的人力、耗费这样长的时间而产生这样分量（约 40 万字）的论文集式"成果"，我们是否能够通过任何研究基金的评审呢？进而假定我们竟获得了资助，主持人和参与者是否能有这样长时间的耐心呢？

原刊《南方周末》2002 年 11 月 28 日

中国现代史上的自由主义

　　如果要讨论中国现代史上有影响的各种"主义"，自由主义无疑是其中非常重要的一个。但不知是否受胡适当年"多研究问题少谈论主义"号召的影响，即使在思想史领域之内，对各种"主义"的研究迄今都不那么令人满意，而"自由主义"恐怕又是其中研究得最为不足者。我们的思想言说中有关自由主义的表述其实历来不算少，近年甚至可说相当多，但以口吐真言式的议论为主，真正从学理上进行研究的似不多见（也可能是我孤陋寡闻），能使人满意的就更少。这方面原因甚多，但学界思想界虽重视对现代中国自由主义思潮的探讨，却未能累积下较多有分量的研究成果，其中一个主要问题大概还在于相关资料的不易寻觅。

　　这个问题现在已有较好的解决，九大类十数册的《现代中国自由主义资料选编》（以下简称《资料选编》）近已在台北面世[①]，

---

① 　张忠栋、李永炽、林正弘主编，刘季伦、薛化元、潘光哲编辑：《现代中国自由主义资料选编——纪念"五四"八十周年》，台北，唐山出版社，2002。

不能不说是一件积德的大好事。本书是台北六位老中青学者为纪念"五四"八十周年从 1999 年开始编辑，历时三年多，于 2002 年 5 月正式出版，而主编之一的张忠栋先生竟已归道山，真正可以说是鞠躬尽瘁。张先生长期执教台大，以胡适和中美关系史研究享誉史林，且素来关注自由主义在中国的发展，"编序"中并提到有"撰述一部理想的《现代中国自由主义史》"的愿望，其志虽未竟，而基础已奠定；正如编者在序言中所说，"执此一编，学者可以方便地进行研究现代中国自由主义的工作"。他日《现代中国自由主义史》的出现，正有待于后起者。

全书的资料分为九大类：一、"什么是自由主义"；二、"五四与学生运动"；三、"教育独立与学术自由"；四、"文化的道路"；五、"科学精神与科学方法"；六、"社会改革的思潮"；七、"民主、宪政、法治"；八、"基本自由与人权保障"；九、"自由经济的主张"。每个主题下又各分子题，依类相从。因各主题涵括的篇幅各异，成书册数也不相同。"分而观之，每一分册自成一题；综合而观，则将能呈现出现代中国自由主义思潮的各个面向"（编序，以下引用不再注出）。该书选材以各种期刊为主，并从现代中国自由主义者的个人文集中广泛搜集资料以为补充；均采取全文收录的方式，希望"以完整的形式与面貌"呈现"各个主题在历史进程中变迁的轨迹"。

这套书以纪念"五四"八十周年为动机，故选择以 1919 年的五四运动的稍前时段作为资料选编的起点，而不选取更为早期的梁启超、严复等人与自由主义理念相涉的资料，一方面是考虑到"他们的自由主义立场并不坚定，日后颇有摇摆"，难以视为现代中国自由主义的代表性观点；同时也因为这些人"当时的意见，不如'五四'以降的自由主义理念，确能引领风骚，形成澎湃的时代思潮，并不断扩张开展，显示出多样的色彩"。

的确，自由主义虽然只是"五四"以后有影响力的思潮之一，但因为现代中国自由主义思潮"时而与右派对立冲突，时而又是左派批判的箭靶"，其成长蜿蜒曲折、坎坷崎岖，自"五四"以来，"观照的议题越发多样，思考的内涵益发深入，论说的角度愈现多元"，终形成"色彩多样"的特征。尤其"国、共两党尖锐斗争几十年，意识形态南辕北辙，自由主义者夹在中间发表意见，撰为文章，其客观性究竟如何？究竟代表多少自由主义的真义"，也都还值得探索。

这里的一个预设当然是有一个原初的或"真正的"自由主义，今日受"后殖民"影响的学者很容易从这个预设里看到西方"文化霸权"的影响。实际上西方自由主义在时间上始终是一个"发展中"的"主义"，在整个"西方"空间之中也不时存在地域的特色，故确实很难抽象出一个"纯正的"自由主义。不过，现代中国自由主义倒真有一些与大致为众皆认可的"欧美自由主义"歧异之处，至少其"多元"程度或"色彩多样"的特征使其别具一种风格。编者注意到，自由主义者主张"个人自由重于国家自由"。这在现代西方已有些变化，许多自由主义者也赞同由国家主导的"福利社会"；而在中国则更甚，这套书选得最多的胡适就曾长期向往社会主义，视其为世界发展的方向。

胡适无疑可以算是现代中国自由主义的代表，并终生为在中国实现自由主义政治而努力。但他曾在二十多年中倾慕和赞许实行无产阶级专政的"新俄"，甚至不顾许多朋友的反对，断言苏俄与美国"这两种理想原来是一条路，苏俄走的正是美国的路"。其思路也颇有特色，即他相信苏俄"真是用力办新教育，努力想造成一个社会主义新时代。依此趋势认真做去，将来可由狄克推多过渡到社会主义民治制度"。[①]

胡适从学理上对自由主义与社会主义之间共性的强调远远超过其老师杜威等现代欧美自由主义者。他在 1926 年曾与中共党人蔡和森等辩论自由主义，以为"共产党谓自由主义为资本主义之政治哲学，这是错的。历史上自由主义的倾向是渐渐扩充的。先有贵族阶级的争自由，次有资产阶级的争自由，今则为无产阶级的争自由"。[②] 这是他发挥其以"进化论"哲学为基础的"历史眼光"得出的结论，既然"无产阶级争自由"成为自由主义的最新发展阶段，则自由主义的开放性和包容性已相当宽广，不仅可以容纳当时英国工党的政治主张，甚至可以向苏俄政治和社会政策的一些面相开放。

那时胡适"颇有作政党组织的意思"，他拟"以改革内政为

---

① 参见罗志田：《胡适与社会主义的合离》，见《民族主义与近代中国思想》，242～255 页，台北，东大图书公司，1998。

② 本段与下段，参见胡适日记，1926 年 8 月 3 日，见耿云志主编：《胡适研究丛刊》第 2 辑，344～345 页，北京，中国青年出版社，1996。

主旨。可组一政党，名为'自由党'"。而党纲则包括："1. 有计划的政治；2. 文官考试法的实行；3. 用有限制的外国投资来充分发展中国的交通与实业；4. 社会主义的社会政策。"许多人说过胡适认同美国政治方式，但这一设想清楚地表明，胡适并不以为美国的政治和社会政策适用于中国，其"党纲"中"有计划的政治"和"社会主义的社会政策"两条就非美国当时所实行，而"用有限制的外国投资来充分发展中国的交通与实业"一点也明显是在因应提倡反帝一方的思考。他虽然明确"不以阶级斗争为手段"，却主张"充分的承认社会主义的主张"，认为"资本主义之流弊，可以人力的制裁管理之"。说其提倡的是一种更加社会主义化的美国式政治，或亦不为过。

　　另一方面，现代中国自由主义与民族主义的关联也颇为紧密。仍以胡适为例，表面上最不欣赏"狭隘的民族主义"的胡适在留学期间曾广读 19 世纪中叶以来的英国自由主义经典，从斯宾塞、穆勒（J. S. Mill，胡译弥尔）、格林（T. H. Green，胡译葛令）、边沁等人的著作中——读出了"自由以勿侵他人之自由为界"的意思，主张国际关系中应实行"对人与对己一致"的准则，即"己所不欲，勿施于人。所不欲施诸同国同种之人者，亦勿施诸异国异种之人"。这就是胡适所谓"以人道之名为不平之鸣"，自由主义成为他从理论上构建其世界大同学说的基础，并用以反抗种族和国家压迫。①

---

① 胡适日记，1914 年 10 月 19 日。说详罗志田：《再造文明之梦——胡适传》，125～131 页，成都，四川人民出版社，1995。

《资料选编》的编者注意到，"在教育、学术领域里，自由主义者坚持教育独立与学术自由，抨击'定于一尊'的如'读经运动'之流的行动"。这方面恰是包括共产主义者在内的五四人一度相当共同之处。20世纪20年代初期中共党人陈独秀和邓中夏都正式提出中共的唯物史观派和胡适的实验主义派应结成联合战线以扫荡封建宗法思想，两人都特别赞赏胡适把张君劢、梁漱溟等"东方文化"派的昏乱思想"教训的开口不得"。邓中夏那时对中国思想界的划分与胡适完全相同，只是所用词汇标签不甚一样。[①] 在反传统或"反封建"方面与中共党人态度接近甚或一致，是"五四"后中国自由主义的又一特点。

但双方在"反帝"尤其是否反对"美帝国主义"方面却有针锋相对的冲突，实际上中国自由主义的"黄金时段"多少都与美国影响相关：陈独秀在1918年年底曾称威尔逊为"世界上第一个好人"，他在次年受杜威影响也喊出"拿英美作榜样"的口号。美国影响的一度高涨既因杜威的访华，更因中国人对提倡民族自决的威尔逊的期待。当巴黎和会传出威尔逊最终"背叛"其主张时，由于美国的帮助不可恃，自由主义分子在中国的政治前途也就此断送。1923年年底北大进行民意测

---

① 陈独秀：《思想革命上的联合战线》，原载《前锋》，1期（1923年7月1日），见任建树等编：《陈独秀著作选》第2卷，517～518页，上海，上海人民出版社，1993。邓中夏：《中国现在的思想界》，载《中国青年》，6期（1923年11月24日），人民出版社1956年影印本，2～6页；《思想界的联合战线问题》，载《中国青年》，15期（1924年1月26日），人民出版社1956年影印本，6～10页。

量，投票选举世界第一伟人，497 票中列宁独得 227 票居第一，威尔逊则得 51 票居第二。威尔逊从"第一好人"变为"第二伟人"，象征着不少中国人学习的外国榜样由美到俄的典范转移。除了抗战期间因美国援助的再次凸显而使中国自由主义声音稍见提高外，整体上自由主义者的影响更多局限于学界之中。①

20 世纪 50 年代台北的《自由中国》既可看作中国自由主义在学理上的成熟，这一政治上的最后一搏也多少有些像是自由主义在实际政治中的尾声。"现代中国自由主义"渐成两岸史家研究的对象，而大陆有些自诩为自由主义的言论也真有点让人怀疑"代表多少自由主义的真义"（至少体现出有些人自由主义的基本典籍尚读得不够）。

不过，"真正的"自由主义派即使在欧美也从来都是少数，历史上实际起作用的更多是那些自称自由派实际却以趋时为特征的一批人，他们的宗旨是"加入"（约近于陈寅恪所说的"预流"），任何流派风行时他们都在其中。然而这样的加入和呼应对实际政治而言又是不可缺少的，清季朝廷颁布"立宪"上谕时张謇发现，"立宪之谕，人以为假"；而他却"以为天下之人当咸认为真。认真而后有希望，有希望而后有精神，有精神而后有思虑，有思虑而后有学问，有学问而后知要求，

---

① 关于中国人学习榜样的转变，参见罗志田：《西方的分裂：国际风云与五四前后中国思想的演变》，载《中国社会科学》，1999(3)。

知要求则真真矣"。①

自由主义在中国实际政治中的不如意，或许即因从"希望"到"学问"再到"要求"的人还不够多。但若回到历史研究的领域，则如《资料选编》的编者所说，"对现代中国自由主义的资料进行全面性的搜集、整理与选编，是过去学界从来不曾着手过的"。如今此书的出版使这一题目的研究者在搜寻基本资料时节省大量的时间与精力（全书最后附有详尽的"作者索引"，并排出"作者异名表"以供参考②，这都是非常有利于读者的善举），也许在不久之后真能产生出"一部理想的《现代中国自由主义史》"，亦未可知。我是非常期待这一愿望能够实现的。

原刊《二十一世纪》2002 年 12 月号

① 张謇致袁树勋，见《袁氏家藏近代名人手书》，35 页，台北，"中央研究院"近代史研究所，2001。
② 然或因资料数量太大，此书之编选虽历经三年，仍偶显仓促，如最后一册《自由经济的主张》首选前溪的《统制经济问题》，"前溪"乃吴鼎昌的笔名，惜未列入"作者异名表"中。

从国际发现中国历史

  大约十年前，哈佛大学教授柯伟林（William C. Kirby）提出，"民国时代的中国历史是由其对外关系的性质所界定和塑造的，且最终必须由此来解释"。他认为，柯文（Paul Cohen）所说的"在中国发现历史"那种侧重于内部研究的方法不一定适合于民国时代，因为"这一时代的所有大事都具有国际的层面"。一言以蔽之，在民国时代，对外关系可谓无孔不入，彻底穿透于中国社会的方方面面。[①] 无论怎样宽泛地界定"对外关系"，它都不能不侧重政治面相。在"新文化史"风行的时代，这样的见解不一定有很大影响。但后来北京大学、哈佛大学、加州大学伯克利分校以及柏林自由大学已就此主题召开过三次国际研讨会，今年（2006 年）还会有第四次。徐国琦教授关于中国与第一次世界大战的新著，多少便受到此说的

[①] William C. Kirby, "The Internationalization of China: Foreign Relations at Home and Abroad in the Republican Era," *China Quarterly*, 150: 2 (June 1997), p. 433. 本文有中译本，即柯伟林:《中国的国际化:民国时代的对外关系》，载《二十一世纪》，1997 年 12 月号。

影响。①

　　该书使用了各国多种档案，既论证中国对第一次世界大战的贡献，也探讨这次大战对中国历史的影响。本书副标题揭示出的主题是：中国的 20 世纪是一个"国际化"（internationalization）的时段，亦即中国人寻求新的国家认同、有意识地主动参与国际体系，以成为国际社会平等成员的历史进程。由此看去，第一次世界大战在中国近现代史上有着不可替代的重要地位，这次大战不仅标志着旧世界体系的崩溃，同时也为中国人寻求新的国家认同及走向世界提供了新的平台。

　　对中国如此重要的世界大战，过去的研究是不能令人满意的。与本书取向稍类的，是张永进此前阐述中国在 1918—1920 年间自觉进入"国际社会"的外交努力②，但那更多侧重战后阶段。徐教授以为，这一时期中国的内政、外交密不可分，最适宜运用他的老师入江昭（Akira Iriye）倡导的"国际史"（international history）研究取向来处理，即超越传统外交史特别侧重政府间谈判往来文电的方法，以整个国际体系为背景，注重考察国家之间政治和文化等多层面的互动。

　　除序论和结论外，全书分三大部分共七章。第一部分共

---

① Xu Guoqi, *China and the Great War：China's Pursuit of a New National Identity and Internationalization*, Cambridge：Cambridge University Press，2005. 按本书是据作者的博士论文修改而成，而柯伟林就是论文指导委员会的成员。

② 参见 Zhang Yongjin, *China in the International System*, *1918-20：The Middle Kingdom at the Periphery*, New York：St. Martin Press，1991.

两章是背景的重建，主要考察从 1894 年中日甲午战争到第一次世界大战爆发这二十年间中国在社会、政治、文化、观念等多方面的巨变，特别是民族主义的兴起和作者所谓"外交政策群体"(foreign policy public)的形成。他认为，中国民族主义不是排他性的，而是国际化的民族主义(internationalist nationalism)。而所谓"外交政策群体"，是指一个特殊群体，包括像梁启超、顾维钧这样的知识、外交精英，以及一些工商人士和大量有阅读能力的知识分子。他们的理念支柱是帮助中国的国际化，故对国际事务及中国外交特别关注，成为第一次世界大战期间影响中国外交的重要力量。

第二部分共三章是本书的重点，讨论中国如何参战，篇幅占全书的五分之二强。欧战意味着旧世界秩序的崩溃，为中国国际化提供了外在条件，而中国的介入也表现出有意参与新国际体系的创建，可谓中国近代史上一个转折性里程碑。另外，欧洲列强的无暇他顾也为日本进一步侵略中国提供了机会，1915 年的"二十一条"即为明证。中国的"外交政策群体"认识到了欧战带来的机遇和威胁，他们主张对德宣战，通过参战立功而在战后和会上占一席之地，阻遏日本的侵略企图，实现中国平等加入国际社会的长远目标。但中国直接参战的尝试没有得到主要列强的支持，仅法国相对热心，而日本则竭力反对，最终未能实现。不过，梁士诒提出的"以工代兵"计划富有创见，得以实施，总共派出的 14 万华工也成为连接东西文明的桥梁。

第三部分共两章讨论大战对中国内政和外交的影响，包括长期为众所瞩目的巴黎和会与中国的关联。中国借宣战而废除了中国同德、奥两国所定的一切不平等条约，收复德、奥在中国的租界，并终止支付德、奥庚款，并最终跻身战后的巴黎和会，参与了国际新秩序的建设。中国代表在和会上表现不俗，给国际社会留下深刻印象。这些都是那时中国外交成功的例证，也反映出中国人寻求国际化的决心。虽然中国的具体要求未能在和会实现，似乎也不能全以成败论英雄。而中国对第一次世界大战的政策，也在相当程度上影响了中国的内政及社会。

整体而言，在一个急剧变动的世界，面对内部新旧混杂的局势，中国的战时外交及国际化努力是中国史上的重大事件，甚至因使欧战成为真正意义上的"世界大战"而具有世界意义。用作者的话说，大战把中国变成世界的一部分，同时也把欧战世界化了。

作者明言他试图"恢复"中国与那次世界大战关系的"真实记忆"，其实也就是要修改我们对这一时代的历史记忆，这个尝试至少部分是成功的；虽然他对史事的划分和界定都还显得太过清晰而太条理化，如对"外交政策群体"的界定把支持参战作为一个重要因素，实际排斥了社会构成相近而反对参战的同类群体；又如他为强调中国民族主义的国际化而淡化甚至否认其排他性，或都还可以进一步检讨。

徐教授把中国对第一次世界大战的反应看作走向国际化之漫长道路的开端，甚至认为"中国的二十世纪"是从第一次世界大战开始的。其实前引柯伟林所说"外国"无处不在的情形或早于民国的出现，徐教授自己就认为中日甲午战争是大量中国人开始思考中国国家认同及其国际地位的转折点。的确，至迟在甲午后，中国"所有大事"都可见外国影响的局面大致已形成。若以作者所谓"国际化"指代"二十世纪"，自从甲午后那罕见的举国"师敌"举动开始，一个相当不同的中国已经出现，"中国的二十世纪"恐怕已经提前开始了。

而中国对国际社会的参与意识是否有那么强烈，恐怕还可以斟酌。中国朝野对于是否"参战"曾有较大的争议，那固然受国内政争的影响，但也表现出一种相对隔膜的心态；今日表述为"世界大战"的这一战事，在当年基本是以"欧战"出之，显然更多视为"他人之事"。要到战争结束期间，一些人才开始用"世界大战"来取代"欧战"。即使如此，我们也不要忘了很多中国人在很长的时间里是把"世界"理解为"非中国"的，它在很多时候就是"西方"的代名词，至少也是以西方为核心的"非中国"区域。在某种程度上或可以说，参战特别是分享"战胜"拉近了中国与"世界"的距离。就心态而言，中国与"国际化"最接近的可能就是这一时段，尤其是战胜之后充满希望和憧憬的那几个月，连康有为都以为世界"大同"即将实现！①

但威尔逊的"背叛"仍具有极大的转折意义，它在很大程度上隐喻着"国际"对中国的拒绝。巴黎和会的结果明确告诉中国人："世界"的确是一个外在的区域；在中国以外的"世

---

① 说详罗志田：《六个月乐观的幻灭："五四"前夕士人心态与政治》，载《历史研究》，2006(4)。

界",特别是与西方关联密切的部分,公理战胜大体还有明显的体现;而中国仍是国际政治中一个特殊的"例外",亦即入江昭所说的"世界政治中远东的隔绝"。[①] 对中国人而言,此后的"国际"已面目大异,不同的人看见的和迎拒的"国际"可能很不一样。

后来"反帝"越来越成为中国权势竞争中"政治正当性"的一个必要条件,也是中国民族主义不可或缺的一个核心因素,这当然也可视为"国际化"的一种表现,但或不是徐教授所陈述的那种积极主动的参与。最重要的是,如果多少存在着正义和公理的那个"世界"不包括中国,中国或不能不寻求接近甚或建立一个新的共同体,且可能是一个否定当时"世界"的新世界。

当风光一时的杜威于1919年6月来到北京,因学生运动仍在进行而不免感到寂寞时,这位踌躇满志的哲学家面对一群"无需教诲"的学生(杜威语),真是别有一番滋味在心头。他或许深切地感受到了"威尔逊背叛"带来的颠覆性转折——无论就 revolution 的本义还是引申义来说,这就是一次革命。革命自然包括破坏,但其解放出的活力,也远超出制造者和参与者之始所想见。[②] 以"资本主义的"或"民主自由的"西方

[①] Akira Iriye, *After Imperialism*: *The Search for a New Order in the Far East*, *1921-1931*, Cambridge, Mass.: Harvard University Press, 1965, p. 88.

[②] 这是杜威稍后对苏俄革命的感想,参见 John Dewey, "Leningrad Gives the Clue," in idem, *The Later Works*, *1925-1953*, Vol. 3(1927-28), ed. by Jo Ann Boydston, Carbondale & Edwardsville: Southern Illinois University Press, 1984, p. 204.

为中心的"国际"对中国的拒绝，为那个杜威眼中半西方半东方的"新俄"在中国读书人心中的崛起，起到了未必写实却能写意的烘云托月之功；初或朦胧，后来回味，实在意味深长。

原刊《二十一世纪》2006 年 6 月号

尝试大同：讲述老百姓的故事

　　从 20 世纪 20 年代初到 50 年代初，山东泰安马庄的一些乡村读书人，接受美国神召会五旬节主义的宗教经验，组织农民建立了一个兼有农场、教会、工厂、医疗所和学校功能的基督徒社团，尝试了一种所有成员同吃同住同劳动，基本取消私有财产，生老病死由团体负责的新型大家庭生活。这个团体的正式名称就是"耶稣家庭"（以下简称"家庭"），规模最大时仅"老家"就达 500 余人，还曾在全国各地建立了百余个规模不等的"小家"（以下讨论均为"老家"）。

　　这一信徒团体的创始人和长期精神领袖名为敬奠瀛，出身于马庄的破落之家，然仍能到学校读书，其间也从当地名儒那里接受过所谓"封建正统文化的教育"，因其就读的泰安教会中学停办，他的学历也终止于此。敬氏似乎生来就较关注彼岸世界，他曾求仙问道，读中学时先反对基督教，继而皈依基督教，这一转变据说与一位美国女传教士有些关系。中学停办后，敬奠瀛被同一教派的泰安教会医院聘为传道人。

　　那时马庄一带已形成一个以敬氏亲友为主的基督徒群体，

共有十多人，多是"读旧书"的乡村知识分子，都有一点田产。1919 年春，敬氏因感到中国穷困极大的原因是"人而无道，彼此不信，有钱有能都归无用"，提出创建一个信徒团体。他们稍后以集股方式开办了一个"圣徒信用储蓄社"，是个兼具教会功能的小商店。这一群人的书卷气味相当明显，商店虽设在乡间，却不甚知道村民的实际需要，"开张时进了一篓茶叶，七年都没有卖掉"。由于商店经营不成功，他们在 1926 年又改办为半工半读的"蚕桑学道房"，次年正式更名为"耶稣家庭"；如其自述："弟兄姐妹十五六个人，就这样男耕女织地过起共有共享的集体生活来"。

据参与者的自述，"家庭"的具体生活方式似多从基督教中得到启发。在泰安，他们明显受到所谓"灵恩派"的神召会那"圣灵"复兴活动的感染，通过唱灵歌、跳灵舞、说方言等活动"见证"主的"恩典"，仪式间常感动到痛哭，个人身心也体验到被"圣灵充满"的愉快和能力。但是，"家庭"本身的组织基本是自发的，与外国传教团体无关，且因其与灵恩派的关联，被长期拔擢敬奠瀛的泰安美以美会领袖韩丕瑞（Perry Hanson）视为"异端"，导致双方断绝关系。

尝试这一新型生活方式当然并非一帆风顺，其间也有许多困苦和体制的调整（这得益于开创期放弃了订立章程的打算，而以《圣经》为准则，使制度开放而具有较大的波动余地），但在熬过惨淡经营的开创十年后，在抗战期间获得空前发展，达到前面所说的规模。抗战后国共争战，其间双方都曾占据过马庄一带，而"家庭"在这段时间也获得了全国基督教界的广泛注目。1949 年后"家庭"也曾尝试与新政治体制共存，最后于 1952 年在政府主持下"分家"，共组建了 138 户小家庭。

这就是陶飞亚所著《中国的基督教乌托邦——耶稣家庭 (1921—1952)》(香港中文大学出版社，2004 年)一书讲述的故事。全书共八章，其中第二至第六章基本叙述史事，而开局和结尾各一章则为相关的理论概述和分析。作者很愿意将其讲述的故事置入所谓中西乌托邦思想的跨文化比较理论框架之中，有评论者以为这抓住了运动的本质，体现了作者的见识。从本书看，"家庭"的参与者确实"愿神旨在地如天"，想在地上建立一个有"大同、共产"色彩的天国；但也许这本不过是一种乡村大同理想的平民尝试，他们或许并不知道什么中国外国的乌托邦。

作者自认中国传统的乌托邦思想虽源远流长，却并未形成体系，少有关于财产婚姻家庭等细节的规定，缺乏可操作性；而《圣经·使徒行传》则明确提供了"可以付诸实践进行操作的办法"，故泰安马庄的"家庭"得以把世俗文化中说到做不到的事推行了几十年。有意思的是，为本书作序的裴士丹 (Daniel H. Bays)教授却特别看重本书将"家庭"描绘为"彻头彻尾中国运动"；在裴教授眼中，本书展示出的"家庭"大部分活动几乎与外国传教运动无关，却事事与中国通俗文化密切相关。

在"外国传教运动"与"中国通俗文化"之间，其实还有非常宽阔的空间。究竟"家庭"在操作层面的思想资源来自何处，还值得深入思考。如敬奠瀛等一些略有家产者在开创期间都曾"破产"兴教，这与中国传统的"破产兴学"非常相类，然而敬氏自称"家庭"实行"破产"是依据《使徒行传》中耶稣的教导，这个见解也为作者所接受。当事人的自述确具有不可置疑的权威性，但若裴教授的解读不是曲解，则"家庭"的思想资源完全可能是混杂的，既有作者愿意强调的外来基督教色彩，也有裴教授愿意看到的"中国通俗文化"内容。

这个问题也牵涉到作者试图探讨的基督教在中国乡村所提供的"思想动力、组织能力和凝聚力"。假如像著名基督教神职人员赵紫宸在 20 世纪 30 年代所说，这类"风动于平民之间"的基督教团体，"实在只等于从前的迎神赛会"；则上述"思想动力、组织能力和凝聚力"似另有渊源。或许"家庭"的特殊性正在于此：不仅后之史家所见各异，这个被定义为基督教团体的小组织很早即被韩丕瑞等正统外国传教士视为"异端"而予以否定和排斥。

美国史家柯文（Paul Cohen）曾说，史家"提出什么问题"和"研究的前提假设是什么"往往决定着在数量无穷的史事中"选择什么事实，赋予这些事实以什么意义"（《在中国发现历史》，中译本 1 页）。据说有一种既存看法，即乌托邦在中国一直停留在思想形态，而没有转变为系统的社会实践。陶先生希望纠正这一观点，他也找到了需要的答案，果然在泰安看到一个现世的"中国乌托邦"。惟对敬奠瀛等人而言，"大同"或许比"乌托邦"更能"说事"（make sense）。

中国古代关于"大同"有二说，一是《尚书·洪范》所谓"龟从，筮从，卿士从，庶民从"那一段。今日一般所说则是《礼记·礼运》篇之"大道之行也，天下为公；选贤与能，讲信修睦。故人不独亲其亲，不独子其子。使老有所终，壮有所用，幼有所长，矜寡孤独废疾者，皆有所养。男有分，女有归。货恶其弃于地也，不必藏于己；力恶其不出于身也，不必为己。是故谋闭而不兴，盗窃乱贼而不作，故外户而不闭。是谓大同"。

受过所谓"封建正统文化的教育"的敬奠瀛显然熟悉中国传统的天下和谐理想，他有一首名为《耶稣家》的诗歌，被陶先生认为是"家庭的宣言书"。这诗一开始就说："耶稣家，爱充满；少者怀，老者安；鳏寡孤独也泰然，病养死葬各得所，宾至如归有余欢，残废格外有恩典。"随后更以"男耕女织各守分，能者多劳愚者闲"来诠释什么是"靠主生活不费难"。这样的"宣言书"与《礼记·礼运》篇相似之处实在太多，而"能者多劳愚者闲"则明显可见《庄子》的影响。

任何工具的使用都会影响被表述的内容，我们当然不能认为"家庭"仅仅是"利用"基督教的仪式和术语来表述乡民对世界的观察、体验和想象，何况这些信徒自身确实获得了"圣灵充满"的体验。不过有一点可以思考："大同"是一个普天之下理想世界的努力方向，而"乌托邦"通常处于当世之一隅，两者在这方面有着相当的时空歧异。对一个基督教的真正信徒而言，耶稣教导的生活方式恐怕也不应该是一个"乌托邦"。

若离开理论而返归近代中国的实在世界，从清季开始就有人提倡"毁家"，入民国则"家庭革命"的口号曾一度广泛传播，家庭特别是所谓"大家族"已成需要改革甚至废除的负面旧象征。然而敬奠瀛却有着"天下一家"的向往，主张"千里始足下，有志事竟成。一点天国酵，人类变家庭"。在他们规模不小的团体里，"家是爱的组织，决非法制的产物；是父子是兄弟是姐妹，是疲乏者休息处，是伤心者安慰所"。稍具诡论意味的是，耶稣家庭也未必全与社会上的"家庭革命"倾向背道而驰，他们在实践层面同样体现了对常规家庭生活的否定，并以此为基础，重新构建出一种新型的"大家庭"生活方式。

同时，民初读书人曾经有过多次想到乡村"种菜"谋生一类的自助尝试，基本都不成功；而"家庭"也是一个读书人倡导推动的组织，却持续了相当长的时间。这可能是史家比宗教学家更有兴趣探讨的问题。当然，大部分时候，"家庭"只在一个相对低的水平上维持着温饱的生活，主食只是以粗粮为主的半干半稀。来自上海的教会乡村干事汪锡鹏认为其稀的一顿"与猪食完全一样"，干的一顿也未超过贫苦农民水准；但"家庭"多数成员吃穿有保障，老、少成员和病人更能吃肉喝牛奶，且大家都享受基本的医疗和教育，并用上了电灯。这在当年的乡村已很不容易。重要的是，多数成员对此境遇保持着基本满意的心态。

我曾想从书中看到一般家外人对"家庭"的看法，但本书所叙多是基督教人士的考察、描述和观感，似乎这一"家庭"真是遗世独立，不与世俗发生关系。这大概是作者从宗教学入手的自定位所促成，也符合"乌托邦"那当世一隅的特点。其实，如果要像作者自己希望的那样"努力探讨这些问题对中国历史的意义"，则非基督教人士的观感和认知，或远远超过那些"主内"人士的反应。敬奠瀛自己倒一直在观察分析"家庭"之外的社会，他多次关注到社会的阶层分布，后来更发现："而今是兵商士农工，农为最下层：耕也不免饥，织也不免冷；人人可鱼肉，人人可欺凌。"从士农工商到兵商士农工（或工农），敬氏简明清晰地陈述出"家庭"所面临的外在社会变化。

作者在别的书中自称在"文化大革命"中曾上山下乡十年，多行鄙事，与乡亲们一起"战天斗地"，对基层社会的生活有感性的体认。但或因其在大学教书日久，又久受宗教系的训练，对历史上的"人间烟火"有时稍显隔膜。如中学尚未毕业的敬奠瀛于 1918 年担任教会医院传道人，月薪 14 元，作者不时暗示这一收入不高。然而读过湖南第一师范的毛泽东大约同时在北大担任图书管理员，似乎月入仅 8 元；若据陈存仁的《银元时代生活史》，那时上海绸缎铺薪金最高的掌柜也不过月入 8 元，学徒出师的店员每月仅 1 元（该书 6 页）。

在斯文尚未扫地的时代，读书人的收入其实不菲。许多人也常以为毛泽东当年薪水太低。相比于月入二三百大洋的教授，毛氏当然可能不满，但他有此职位，则生活应可无忧。敬奠瀛那时实际独身，月薪 14 元在泰安至少应是小康人家。一个实在的例子是，他到医院上班不过一年多，在创办"圣徒信用储蓄社"时个人便能入股近 300 元。这对北大教授胡适而言只是一个月的薪水，在那时的泰安恐怕是一笔不小的财富吧。

作者对历史人物的态度整体上相当温厚，如他曾说敬氏"古文根基深厚"，并将其一篇略带对仗的通俗歌诀提升为"骈文"。且看该文的风格："来、来、来，我们同心努力，急起直追，本耶稣舍己精神，实行利他主义，使人类无贫无富，俾市价不高不低，叫那些压死工农的资本王，永远再没有立足地。"（57页）过去戏曲中曾有"正是桃红柳绿天，老夫人一步出堂前"的唱词，后之文人常以此句类比那些不入流的诗作；敬氏之歌诀，大体即此类而已。该文作于林纾和胡适等进行文言白话之争的时代，若"骈文"不过如此，新旧两造又何须激辩乎！

其实敬氏的古文与其收入大致相埒，或皆为下层社会中的上品。但下层人民的历史往往是最难研究的：首先是资料不足，而作者成功地搜集了大量地方档案和中西文献，并辅之以田野实地调查，采集了很多当事人的口述史料；其次，下层材料通常比精英笔下的文献更难解读，作者在这方面也展现了很强的功力。在结合多种类史料的基础上，陶先生可以说成功地讲述了老百姓的故事，这在中国近代史学界实在还不多见。

大体上，本书的叙述比分析好、描写人物比概论社会好。这实在是今日史著中少见的优点。全书文笔清通流畅，叙述平静，娓娓道来，真予人以听故事的感觉。有时作者也温婉地稍稍"抖包袱"，让读者自己去体会。如敬奠瀛自述其历程，多彰显主的启示；而他人不同的叙述则往往称其生活有失检点，这方面的内容多来自一位名为徐家枢的人1952年对"家庭"历史的概述。一般的史家或会对两种文本进行辨析并给出自己的裁断，然陶先生基本先采用敬氏自述，然后辅以徐氏或他人的不同叙述，让读者自己去判断。我个人非常赞赏这种让读者参与的叙述方式。据说此书不久将出内地版，读者自不妨去看看。

原刊《社会科学研究》2006 年第 2 期

历史的不完全：
新诗的历史和几成历史的新诗

徐志摩曾说："我们这民族、这时期的精神解放或精神革命，没有一部分想像的诗式的表现，是不完全的。"这是他1926年4月为《晨报副刊》的《诗刊》所写的《弁言》，当时他对《诗刊》和新诗都充满希望。但《诗刊》实际只出了11期就止步，把版面"借"给了《剧刊》。不几月《剧刊》也不得不告别读者，徐氏沉痛地慨叹："这终期多少不免凄恻的尾声，不幸又轮着我来演唱。"他那时基本绝望，以为"我们的《诗刊》看来也绝少复活的希冀，在本副刊上，或是别的地方"。后者大概语涉进行中的北伐，即《诗刊》的两主力"闻一多与饶孟侃此时正困处在锋镝丛中，不知下落"（《剧刊终期》，1926年9月23日《晨报副刊》）。

不过，政治军事的动乱也有间歇，几年后的1931年年初，北伐及其后更大规模的国民党军事内斗差不多告一段落，而日本的侵华野心尚在酝酿，新月书店再推出一本《诗刊》。这次是单独发行的刊物，仍是徐志摩等人所策划，仍是徐志摩写"发刊词"。怀念着晨副《诗刊》那"真而纯粹，实在而不浮夸"的"一点子精神"；同一些人"隔了五六年，重复感到'以诗会友'的兴趣，想再来一次集合的研求"。这次徐志摩仍然乐观但不无审慎地代大家宣布，"我们共信诗是有前途的；同时我们知道这前途不是容易与平坦"的（《诗刊序语》，《诗刊》第1期）。

他说的"诗"当然是专指所谓新诗，"新"字的可以省略固提示出传统"旧"诗的悄然隐去和新正统的开始树立。但新诗本身的前途也的确不那么"容易与平坦"，尤其是《诗刊》本身。当年发生的"九一八"改变了中国的命运，新诗和《诗刊》均不能例外。对其更直接的打击是，"九一八"后两个月，徐志摩本人即蒙主宠召，因飞机失事而浴火凤凰；化作"天空里的一片云，偶尔投影在你我的波心"（套改徐志摩的《偶然》）。《诗刊》也在出版了徐氏的纪念特刊后无疾而终。

又三年后，一位"最喜欢新诗"的北大学生徐芳要写毕业论文了，她选择了"中国新诗史"这一题目，指导老师是时任文学院长兼中文系主任的胡适。这或许是中国最早的新诗史著之一，作者本人也是诗人，曾发表过不少新诗、译诗和剧本，并在北大编辑《歌谣》周刊直至其结束。然而因为不久日军入侵北京，徐芳也逃难到云南，改行进了中国农民银行，"把文学方面的事，都放在一边了"。这一放就是70年，直到今年，作者已经95岁了（作者1912年生，依旧例以虚岁计），台北秀威资讯公司终于把这本尘封已久的开拓性著作出版，实是嘉惠学界之举（徐芳：《中国新诗史》，台北秀威资讯公司，2006 年）。

这是一本诗人论诗史的著作，与一般史家之论诗史或专事评论的文学家之论诗史著不同，既不特别着重论世，也不在虚幻术语中盘旋，却更多"人同此心，心同此理"的甘苦之感。作者把 1935 年以前的新诗分为三期，以 1917—1924 年为第一期，代表人物从胡适、郭沫若到王独清等。1925—1931 年为第二期，代表人物从徐志摩、闻一多到邵洵美等，多半是所谓的"新月派"诗人。1932 年后为进行中的第三期，特点是"象征诗"的盛行；与前面讨论的二三十位诗人基本是留学生不同，这些在形式上可能最西化或"现代化"的诗作大多出自非留学生之手，除李金发曾留学法国外，其余戴望舒、卞之琳、臧克家、林庚、何其芳、冯废名、李广田俱是本土造就的（其中戴望舒在以诗立名之后于 1932 年留学法国）。

全书行文简洁，出语温和。整体上，作者对各时期和诗人的处理都较平正和宽厚。书中对许多胡适未必欣赏的诗人评价颇高，可知作为指导老师兼研究对象的胡适自己甚有分寸，并未将个人的观感灌输给学生。有时徐芳也直接和老师"商榷"。如胡适曾说康白情"在中国文学史上的最大贡献，在于他的纪游诗"；他的诗是"用新体诗来纪游的第一次大试验，这个试验可以算是大成功了"。而徐芳则明言康的纪游诗并不成功，且"一点没有诗意"。在她看来，"诗不一定要押韵，可是没有音节[的]句子，只是散文不是诗"。其列举的负面例子，正是康白情《庐山纪游》中的一段：

后来我又问了她些庐山的事。

后来她又问了我些北京大学合校的事。

后来她又许我送我的书。

后来我又许她介绍她和我的朋友研究宗教学的江绍原通信。

后来我要走了，

她才打发一个提灯笼的送我回去了。

徐芳批评说，"康氏这六行句子，把它连在一块，还不是篇散文，简直不能称为诗"。这真是温厚之至的评语，读者不妨试将其连在一块读读看，恐怕当作小学作文都要被老师斥退。这也可以算"散文"，则真像某法国小说里那位没文化的贵族恍然大悟的：原来我每天说的话就是散文！可知徐芳即使对不欣赏的作品，批评也相当克制。比她大许多岁的另一位女作家苏雪林就没有这么宽厚，在她眼里，康白情与俞平伯、汪静之、王独清等一样，都是虽努力而"没有什么可观的成绩"的"二流以下的诗人"（《我所认识的诗人徐志摩》）。

而这些人在徐芳书中应该说都有"可观的成绩"，即使对康白情，她也同意梁实秋的判断，认为他"不愧设色的妙手"；更认为其《送客黄浦》"写情写景，俱臻佳境，可推绝唱"。俞平伯的《冬夜》早为闻一多、朱自清所盛赞，徐芳也非常同意，以为其诗"音节美妙"，很多都是"上乘的好作品"。而王独清的诗在徐芳看来"不但情调沉痛，气势也相当的浩大"。王氏更提倡色和音的交错，注重"色的听觉"和"音的画"，她认为王氏做到了其所倡导的。

诗的评价很多时候的确是见仁见智，苏、徐二位各有所见，也不必以对错论。而徐芳书中有时也真有"独特"的见解。如胡适那首以"他们的武器：炸弹！炸弹！他们的精神：干！干！干！"著称的《四烈士冢上的没字碑歌》，曾为不少人挖苦，胡适本人恐怕也未必会视为其代表作，然徐芳却全文引述，并表示"特别喜欢"，因为其"用简单的字句，表出强大的力量"。附带说，"力量"是该书论诗的一个重要因素，这是性别的影响，还是少年的锐气使然，我不敢肯定，只能让专家去探讨了。

这本《中国新诗史》印成 32 开本的书有 170 页，如此篇幅，与今日多数本科毕业论文不可同日而语。70 年的时差，北大学生论文篇幅缩水的同时，是否伴随着品质的提高，是值得我们这些教书人反思的。全书另有论歌谣之文数篇以为附录，大约是其担任《歌谣》编辑时的作品。这些论文也都出语平和而颇显识见，如其指出"研究歌谣第一要紧的是要会唱。假使我们有了歌谣，唱不出来，或者唱得不对，那就把歌谣的美点全失了"（173 页）。这是非常重要的睿见，且或不止"美点"，歌谣的"味道"大概也是要通过"唱"才能体会的（陕北或什么地方一种民歌似乎就叫"道情"，那里的"情"，便同在词和唱中）。很多仅从歌词内容"研究歌谣"者，闻此可以三思。

附录中有篇书评温和地指责了一位歌谣搜集者的过度诠释，很让我们学历史的人警惕。那位搜集者把民歌中唱十个手指指纹之"胼"误为盛谷米之"箩"，结果从一个全新的视角来看儿歌。从前人大体相信一个人指头圆纹的多少预示着其人生的贫富苦乐，我们小时也曾唱过"一胼穷，二胼富"一类句子。然而这一关键词变成盛物的容器后，搜集者的解读便分外新颖，终引申出"人的欲望是不满足的，而且很可怕"的结论。此人约是大户人家出身，且在家中也不与仆妇一类人交往，所以全无此类民间"基础知识"；而其想象力的丰富则靠着从学校里得来的经济学、社会学等知识。问题是其采写民歌时恐怕已经带着这类学院产生的"问题意识"，后人在依据这类史料研究民众历史时，得无慎乎！

诗与歌的密切关系真可以说是源远流长，中国本是一个诗的国度，《诗经》时代似乎是全民皆诗的，弦歌之声不绝于耳更是伴随读书人的行为特征。后来写诗或更多成为读书人的专利，但至少唐宋时代白居易、柳永写出来的诗词也还是老妪能唱的。近年很多人看到晚明时生活的活泼多样化，其实我们在唐宋又何尝不是一个老太太也还轻歌曼舞的民族！自从所谓"新史学"的倡导以来，尽管对"民史"的提倡已经超过一个世纪，中国人日常生活的活泼程度，仍远未被史家充分再现出来。

不知从什么时候开始，弦歌之声渐渐疏离于读书社群。到晚清办新学堂时，唱歌和图画、体操等科目的教习都属于难以聘请的一类。但至少写诗和吟诗曾是读书人至少两千年的传统（就像我们那不曾中断的史书一样）。这部分或者与考试相关，但更多可能还是因为孔夫子所说的"诗可以兴，可以观，可以群，可以怨"；以及从"诗言志"到"诗缘情"等古训所提示的各类诗之可以表述者。诗基本成为读书人个体表述自己并与读书群体沟通的主要手段，其次才是（写给众人看的）书信。写诗的习惯直到老一辈无产阶级革命家那一代仍在延续，以后开始衰微；20世纪80年代前期的大学生似乎也还有这传统，如今却是连读诗的人也少了。

反传统是20世纪中国的一大特色，不少传统的确是被有意破除掉的。但与"孔家店"等不同，写诗读诗却是一个没怎么被努力"破除"的传统；尤其新诗，更是新文化人不多的几项创获之一。是什么力量能这样不声不响地消解一个数千年持续的惯性行为，岂非一个重大课题？我的一些同行常慨叹史学的题目快要做完，其实近代中国的未解之谜还真是多了去啦。

旧诗传统的式微也不全是新文化人反传统的结果，它自身到20世纪也确有问题。严复和陈寅恪都特别看重宋代，那时很多事情都呈现出大的转折。北宋时皇帝还能与民同乐，与百姓共观自然体态显露的女子相扑（似乎也因此而受到一些士人的批评）。后来民众似更得到士人关注，朱子的《家礼》便象征着礼下庶人的努力。另一方面，则是诗的典雅化，终至"味同嚼蜡"之讥。这个状况到明清之际有很大的转变，那时的好诗典雅而不迂腐，颇具"可读性"（吴梅村的《圆圆曲》比《长恨歌》更典雅，也不失宏阔的气度和清新之意态）。然而同光体的返宋又不如宋，终使旧诗生气大损，此后作者仍多，而诗本身似亦不免有些苟延残喘的感觉了。

　　我自己少时新旧诗都读一点，后来渐觉旧诗稍胜，不那么欣赏新诗。但徐志摩那"轻轻的我走了，正如我轻轻的来"一类诗作则是新诗中不多的佳品，以轻灵的笔触娓娓道出情意，仿佛随意脱口而出，于平淡中甚显功力。古人说"诗穷而后工"，虽未必人人赞同（陈寅恪就不同意），然也提示出"工诗"那超越于文字的一面（窃以为诗文或不必太典雅，尤其用字更不一定要避俗，即诗中之"语"是否动人甚至惊人，不见得靠字词的雕琢）。诗要能"工"，章法和功力是不能不稍讲究的。

　　不好的新诗一是功力不足，意境多较浅白；一是啊、呀一类呻吟语太多，使所抒之情像是外加的包装。但新诗最具自杀力的，还是其创始人之一的胡适所谓"作诗如作文"并"近于说话"的主张。他曾提倡在诗体上"把从前一切束缚自由的枷锁镣铐，一切打破：有什么话，说什么话；话怎么说，就怎么说"（《尝试集自序》）。其本意或不过矫枉过正，然追随者朝此方向努力，结果可能让人叹为观止（前引康白情的诗，或即贯彻胡适主张的显例）。最主要的问题是，一切束缚都打破之后，便全无章法；若作诗不过如说话，根本连山歌都不如——山歌也还要能"唱"，更何况诗！

　　胡适的好朋友徐志摩在作文和作诗两方面其实都与他所见相反，不过表述得委婉而已。很多人都引用过徐志摩那句"我敢说我确是有愿心想把文章当文章写的一个人"，但很少人注意到这里针对的正是其好友关于作文如说话的主张。基本上，尽管胡适也是新月社成员，所谓新月派的诗风却与他相反，闻一多那句"越有魄力的作家，越是要带着镣铐跳舞才跳得痛快、跳得好"代表着他们的共见，而"出新意于法度之中"正是旧诗长期遵循的准则，也是闻氏曾着力研究的杜甫之所擅长。

从《中国新诗史》中可以看到，镣铐与跳舞的关系成为后来诗论中持续的象征性表述，但新月派中一些人还有一个主张，即模仿外国的形式，这一点恰为一般视为西化象征的胡适所反对。当一批基本为本土造就的诗人开始走入西化的"象征诗"路子时，"镣铐"和"跳舞"的指谓都已改变，而镣铐与跳舞的关系也成为一种新的关系。其结果，新诗越来越疏离于它最主要的读者——边缘知识青年。然而"国破家亡"的语境和救亡的需要改变了一些"象征诗"的要角，将其推向"左倾"（最明显的是何其芳、臧克家等），并培养出另一批以呼喊的"力量"著称的激情诗人，成为边缘知识青年追随的新宠。

再后来马雅科夫斯基等人的诗也曾带来冲击，激起新的追随之风。大体上，诗的形式和风潮一直在变，被崇拜的诗人和崇拜者也在转换，但诗的地位还能维持。直到市场经济起步之后，经过一阵"朦胧诗"的挣扎，新诗也和旧诗一样开始逐渐退隐出多数中国人（包括读书人）的生活。这当然不是商品经济独自的力量，从废科举到"文化大革命"那一系列斯文扫地的举措实为其预备阶段：先有彻底的斯文扫地，然后商品经济的威力乃所向无敌，如入无人之境。

陈寅恪曾经半开玩笑地强调并认真论证了对对子在中国文化中的重要性，但那言论在当年便乏知音，后人更难解其深意。日益"科学化"并带着各种多学科、跨学科"问题意识"的文史"学者",连《柳如是别传》这样的书都感到难以卒读;里面那些曾经是众人皆知的人物在爱情和政治中翻腾,本是电视连续剧都感兴趣的内容,对文史中人竟然变得生疏无味。看到这样的情景,你才知道什么叫传统的消逝。

犹忆我初入大学下乡劳动时,还有人说什么"烟雨作波春若海,青苗成浪草如茵",另有人则从劳作中看到"血泡染金桃"的风采。前者当然是写意的想象多于写实,然遣词造句大致还在传统之中;后者明显带着农业学大寨的遗风,不过尚存附庸风雅的努力。再到后来,则连风雅也不复是想要附庸的目标,旧诗(以及词)终于远离今人。只有在偶尔遇到悼亡一类需要时才看见一些人的大作,也正是在那时你才知道世界已经变到什么程度——当文史"学者"的对联竟然不如"正是桃红柳绿天,老夫人一步出堂前"这样多少还顺口的戏文唱词时,任何人都知道我们已经进入新时代了。

旧诗如此,新诗的命运也没好多少。徐志摩曾说,"我们共信诗是一个时代最不可错误的声音……一个少年人偶尔的抒情的颤动,竟许影响到人类终古的情绪;一支不经意的歌曲,竟许可以开成千百万人热情的鲜花,绽出瑰丽的英雄的果实"。对今人而言,这样的乐观情绪及其"共信"已经明显属于"不免凄恻的尾声"。新诗已经进入历史,现在还可以不经意而"开成千百万人热情的鲜花"的,已是"老鼠爱大米"一类的韵文。志摩公偶从天堂俯视,或大不以为然,但这恐怕还真是如今这"一个时代最不可错误的声音";如其所言,"由此我们可以听出民族精神的充实抑空虚、华贵抑卑琐、旺盛抑消沉"（皆前引《诗刊序语》）。

不久前北京一次读书人的聚会上，大致都快进入"老教授"行列的将无同、苍茫等人在那里兴致勃勃地回顾起郭小川等的诗句曾经那样鼓舞和影响了他们年轻的生命。看着他们眼中闪烁的火花，便不由想起徐志摩等人当年的"共信"。然而诗句何以离他们而远去？是因为"我们不再年轻"，还是别的什么？甚至那眼中的火花究竟是为"我们曾经年轻"而闪烁，还是为了"诗"的本身，也都还有些让人惶惑迷茫。

从长远的眼光看，20世纪的中国其实是创获和扬弃并存的，有些可能是将来的人会特别看重的。以最近的现象看，"社会主义市场经济"或可说是人间一大创造，诗的退隐也可能是华夏民族数千年未有的一大变化。以前主张自由诗的何其芳在40年代对散文化的新诗形式曾感"动摇"，他发现"中国的广大群众还不习惯于这种形式"。曾几何时，部分或即因此非诗的表现形式（当然还有更多其他原因），新诗自己也几成历史，今日多数中国人或真不觉得其生活需要一些"想像的诗式的表现"了。

然而我们这民族、这时期的精神世界将以何种方式表现？发短信？……

诗和历史其实是伴生的。闻一多在1943年曾说，诗人也应懂得历史，因为世上没有"比历史更伟大的诗篇"，他"不能想像一个人不能在历史里看出诗来，而还能懂得诗"（致臧克家函）。依我的陋见，不能在诗里看出历史来，也不算很懂得历史。这本中国新诗史写于 1935 年，在 70 年后的今天看，自然是一册不完全的历史。自传统眼光看，"没有一部分想像的诗式的表现"的历史，则更是"不完全的"。从新诗翘楚徐志摩的视角看新诗那并不容易与平坦的成长历程，以及其背后那逐渐无诗的中国历史，除了"明天会更好"的乐观，能不别有一番滋味在心头？

原刊《万象》8 卷 9 期(2006 年 12 月)

图书在版编目（CIP）数据

昨天的与世界的：从文化到学术/罗志田著. —北京：
北京师范大学出版社，2021.9（2024.6 重印）
（新史学文丛）
ISBN 978-7-303-26949-5

Ⅰ．①昨… Ⅱ．①罗… Ⅲ．①中国历史－近代史－
文集 Ⅳ．①K250.7-53

中国版本图书馆 CIP 数据核字（2021）第 071818 号

营　销　中　心　电　话　010-58808006
北京师范大学出版社新史学策划部微信公众号　新史学 1902

ZUOTIANDE YU SHIJIEDE：CONG WENHUA DAO XUESHU
出版发行：北京师范大学出版社 www.bnupg.com
　　　　　北京市西城区新街口外大街 12-3 号
　　　　　邮政编码：100088
印　　刷：北京虎彩文化传播有限公司
经　　销：全国新华书店
开　　本：880 mm ×1240 mm　1/32
印　　张：13.25
字　　数：275 千字
版　　次：2021 年 9 月第 1 版
印　　次：2024 年 6 月第 2 次印刷
定　　价：75.00 元

策划编辑：谭徐锋　　　　　责任编辑：王艳平
美术编辑：王齐云　　　　　装帧设计：王齐云
责任校对：段立超　　　　　责任印制：马　洁　赵　龙